全新修订版

孩子优秀是教出来的

鲁鹏程 著

团结出版社

图书在版编目（CIP）数据

孩子优秀是教出来的：全新修订版 / 鲁鹏程著 . --
北京：团结出版社，2023.3
　　ISBN 978-7-5126-9480-4

Ⅰ . ①孩… Ⅱ . ①鲁… Ⅲ . ①家庭教育 Ⅳ . ① G78

中国版本图书馆 CIP 数据核字 (2022) 第 117618 号

出　版：团结出版社
　　　　（北京市东城区东皇城根南街 84 号 邮编：100006）
电　话：（010）65228880 65244790（出版社）
　　　　（010）65238766 85113874 65133603（发行部）
　　　　（010）65133603（邮购）
网　址：http://www.tjpress.com
E-mail：zb65244790@vip.163.com
　　　　tjcbsfxb@163.com（发行部邮购）
经　销：全国新华书店
印　装：三河市东方印刷有限公司

开　本：170mm×240mm　16 开
印　张：15.5
字　数：220 千字
版　次：2023 年 3 月　第 1 版
印　次：2023 年 3 月　第 1 次印刷

书　号：978-7-5126-9480-4
定　价：58.00 元

　　每个孩子都是珍贵的存在，孩子出生以后，我们应该怎样呵护这个全新的珍贵的小生命？这是每个父母都应该考虑的问题。

　　教育孩子是一件大事，是为人父母者一生都要做的最重要的一件事。遗憾的是，很多父母并没有意识到这一点，或者已经意识到了，却感觉无从下手，又或者在诸多的教育理念中徘徊，不知如何选择，这中间耗费了巨大的心力，但最终还是没能把孩子教育好。

　　这是结果，原因是什么呢？

　　先来思考几个问题：

　　为什么今天关于教育孩子这方面会有这么多问题？而且问题还越来越多？

　　为什么围绕孩子的问题解决了一个却又出来两个，甚至更多？

　　为什么这么多父母在做家庭教育，而大部分父母却没有把家庭教育做好？

　　为什么父母挨个试着当下流行的中外各种家庭教育理论，还是不能把孩子教育好？

　　为什么家庭教育的方法越来越多，却还是不能发挥真正的教育作用？

为什么看似很有效的家庭教育方法经过试用却发现不能一直有效，反而还有副作用？

为什么在很多父母看来，生养孩子很简单，而教育孩子却变得如此困难？

……

这一切的原因只有一个，那就是没有抓住家庭教育的根本。

每位父母都希望自己的孩子能够非常优秀，一个人优秀并不是天生的，而是教出来的。这里的"教"是父母在家庭中做的。但家庭教育不是盲目的，也不是学校教育的延伸，更不是知识教育的再继续。家庭教育要抓"根本"，而不是抓"枝末"，要务本，"本立而道生"。只有这样，家庭教育才能做对，孩子才能真正教得好，才能真正教得优秀。

要想做好家庭教育，父母就要有理性而清晰的教育观，就不要只看眼前的利益，而应该着眼于孩子人生发展的全局。父母一定要有教育的敏感度、判断力，要懂得怎样教才是有效的。家庭教育一定不能照搬别人所谓的"成功经验"，也不要凭着自己的"经验"而"信心满满"地去教育孩子，更不能看到一种教育观念就立即深信不疑，而是要经过自己的认真思考，对其审视判断，以确认到底对还是不对。

遗憾的是，很多时候，父母对孩子的教育是想当然的，但随后就会感到茫然，因为有些教育是无效的，甚至是有副作用的，应该引起反思。只有深刻反思才能找出问题的症结所在，才能"对症下药"。

孩子优秀是教出来的，优秀的标准是什么？简而言之，是把孩子培养成德才兼备的国家栋梁之材。家庭教育的根本是德行教育，是真会做人，会做"真"人，有一颗"真"心，心中有人世间最高尚的美德，如孝、悌、忠、信、礼、义、廉、耻、仁、爱、和、平，缺一不可。

事实上，今天的家庭教育就是要以立德树人为根本任务，培育和践行社会主义核心价值观，弘扬中华优秀传统文化、社会主义先进文化，培养德智体美劳全面发展的社会主义建设者和接班人。

立德树人，是家庭教育的重要功课。要用德行教育来为孩子打好根基，地基打得牢，孩子根扎得就深，有深根，才有可能长成大树，做栋梁之材。

教育的根本说到底不是技术性的问题，是德行感化德行、生命影响生命，是培根铸魂，父母带动孩子，父母在前面走，孩子在后面学。

俗话说："教育不用管，全凭德行感"，有些人说这话绝对，但是细细思之，却有很深的意味在里面。有的家庭貌似特别注重家庭教育，父母都在努力地寻找、积极地探索，但是到头来孩子却总是不能令他们满意；而有的家庭平静淡然、举重若轻，但是孩子却成长得很好。这就说明，教育子女是有规则和道理在里面的，我们生活在这个世界，是循道而行的，任何符合"道"的行为都会带来美满的结果，反之，则不然。这个"道"就是规则，抓住这个规则，方向才会对，再辅以有效的教育方法，才会让孩子拥有幸福的人生。

所以说，教育孩子其实真的很简单，关键是看有没有遇到对的教育之道与教育之法，并加以实践。

企盼有更多的父母关注家庭教育，认识到家庭教育的重要性，想办法把家庭教育做好，这是所有教育的基础。家庭教育，任重而道远！

祝福天下父母，祝福天下孩子！

鲁鹏程

2022 年 9 月

Contents

目　录

第一章

三种教育形式，家庭教育最重要

一般来说，教育有三种形式——家庭教育、学校教育和社会教育，这是按照一个人成长的时间顺序来排列的。这三种教育形式哪一种最重要呢？有人认为是学校教育最重要，因为学校是培养"人才"的地方，也是孩子接受教育的最正规的场所，从幼儿园，到小学，到初中，到高中，再到大学，孩子都是从各种各样的正规"学校"中度过的。但事实上，学校教育并不是最重要的，最重要的教育恰恰是家庭教育。

只听一个刺耳的声音：这是谁家的孩子？真没家教

家教，如果按照《现代汉语词典》上的解释，有两个含义，一是家庭教育，即家长对子弟进行的关于道德、礼节的教育；二是家庭教师的简称。这两种释义都可以简称为"家教"。当然，在本书中我们讨论的是第一种，也就是家庭教育。

那么，什么是家庭教育？所谓"家庭教育"，就是在家庭生活中，家长（父母或其他监护人）为促进其子女（未成年人）健康成长，对其实施的道德品质、知识技能、文化修养、生活习惯等方面的培育、引导和影响。广义而言，家庭教育也可以界定为生活中家庭成员（包括父母和未成年子女等）之间相互的影响和教育。

我们可能都听过这样一句话——"这是谁家的孩子？真没家教！"这里说的"家教"跟"家庭教育"是有差别的，它的意思是"家庭教养"，俗称"家教"。没家教，反映出来的当然不是知识不够多，学问不够好，而是由于缺失家庭教养而导致的家风不良。

"真没家教"，这当然是一个非常刺耳的声音，只有当一个人无法忍受一个陌生的孩子在公共场合"胡作非为"时，他才会发出这样的声音。当然，如果这个孩子的父母或其他家人听到这个声音后，一定会或多或少有些不高兴，甚至会跟说这句话的人"理论"一番。为什么？因为这个刺耳的声音不仅是对孩子的否定，更是对孩子父母的否定。

有人可能会认为，孩子闹腾一些，那是他的天性，是"活泼"的表现，因为他不可能老老实实地待着。其实，在大多数人的眼里，孩子在公共场合肆无忌惮地闹腾、"胡作非为"根本就不是"活泼"，而是没有教养。

有个七八岁的小男孩，虎头虎脑，单看外表确实挺招人喜欢的。

一天，妈妈要到单位去加班，因为家里没人看这个男孩，就把他带到了单位。本来，男孩在办公室里玩得还算好好的，可突然他喊着要吃棒棒糖。妈妈手上正在检查核对一些样品，就说："现在妈妈没时间，一会儿忙完再带你去楼下买。"

妈妈刚说完，男孩就发飙了，扯开嗓子对妈妈破口大骂，而且还从办公桌上拿起东西砸向妈妈。妈妈很生气，转身要去打他，男孩跑开了。等妈妈回头再工作时，男孩又回来骂妈妈，还继续扔东西。

有个同事实在看不下去了，就劝男孩说："好孩子，怎么能这么对待妈妈呢？"结果，男孩又拿起一个矿泉水瓶扔向这个同事。

这时候，妈妈的脸色已经极为难看了，但好像也很无奈。

最终，男孩一把夺过妈妈手中的样品，狠狠地摔在地上，又在上面使劲儿踩了好几脚……

令人更加意外的情形发生了—妈妈竟然说："好吧，走，我给你买糖去！"

妈妈妥协了，男孩"胜利"了，办公室的其他同事都回不过神来了……

事后，这些同事一致评价这个孩子"真没家教"，这个妈妈"真不会教育孩子"……

类似的场景，我们都不会太陌生。其实除了"没家教"之外，这位妈妈对孩子的妥协也存在很大隐患。买糖，不但没有解决孩子"没家教"的问题，还会制造更多的麻烦，因为孩子以后还会在公共场合撒泼打滚、骂人打人，以此来要挟妈妈满足他的要求。从本质上看，买糖的行为，恰恰是对孩子撒泼行为的奖赏，是一种正向的强化，所以后患无穷……

再说回"没家教"这个话题。一个孩子，在公共场合，可以适度活泼，毕竟我们不能限制他的自由，不能让他像在课堂上那样中规中矩，但是有教育敏感度的父母也不会漠视自己的孩子在公共场合出现让人"唏嘘"的言行举止。

还有的孩子，到别人家做客时，一去就是一顿乱翻，拉抽屉，开柜子，满屋子乱窜……孩子的父母不去制止，主人也不好意思说什么，但事后总会有一个评价："这孩子真没家教！"

孩子，总归是要有一定规矩的，尤其是在家庭之外，更应如此。

我们都不希望自己的孩子被别人说："这是谁家的孩子？真没家教！"因为这好像就是在骂我们。既然如此，我们就要反思一下，为什么人家会这么说。

第一，这是谁家的孩子？

看，人家说的是"这是谁家的孩子？"而不是说"这是哪个幼儿园的孩子？"也不说"这是哪个学校的学生？"为什么？很明显，没有规矩的孩子，不被或不能被管教的孩子，是家庭或父母"培养"出来的，与学校无关。学校，在大多数人的眼里，是教知识的地方，而家庭，则是教知识之外的内容（如德行、品格等）的地方。

第二，真没家教！

"这是谁家的孩子"里有个"家"，而"真没家教"里，依然有个"家"，可见，孩子没规矩，不懂礼貌，这是"家庭"的问题，不是"学校"的问题。

由此可见，孩子的教育，最根本的还是家庭教育。

这一点，我们还可以从另外一个侧面看出来。例如，一个孩子各方面表现都非常出色，有教养，有优秀的品格，有好的成绩，人们一般也会问："人家的孩子是怎么教育的呢？"这里，孩子的"施教者"一般是指父母，而不是老师。

好像有点咬文嚼字了，但我还是感觉有必要在开篇重新审视这句话——"这是谁家的孩子？真没家教！"只有反思，才会发现这句话背后的深意，也只有这样，我们才能真正认识到问题的严重性和家教的重要性，进而改正做法，把孩子培养得更好。

再回到家庭教育这个话题上来。

家庭教育是终身教育，它开始于胎儿期，甚至在母亲怀孕前就已经开始了。当然，更多的人可能会认为家庭教育始于孩子出生的那一天，如果能从这一天开始注意对孩子进行最好的教育熏陶，那也是不错的，至少比不注意营造好的教育环境和温馨的家庭氛围要好得多。婴儿时期的家庭教育其实是"人之初"的教育，在孩子的整个人生中起到非常关键的奠基作用。而孩子上了幼儿园、小学、初中、高中、大学之后，家庭教育一方面是学校教育的坚实基础，另一方面是学校教育的有益补充和继续延伸。

说到底，家庭教育是大教育的组成部分之一，是学校教育和社会教育的基础。如果家庭教育做不好，学校教育想做好，是非常困难的。社会教育亦是如此。家庭教育是对一个人一生影响最深远的教育，在很大程度上决定一个人是否真正获得成功，获得幸福的人生。

为什么说"至要莫若教子，至乐无如读书"

关于教子和读书这两件事，古人有"至要莫若教子，至乐无如读书"的说法，就像一副对联。

这两句话，有这样几个出处：宋代学者家颐在《教子语》里提到了类似的两句话："人生至乐无如读书，至要无如教子。"他认为读书是人生最大的乐事，而教子则是最重要的事。由此可见，读书与教子非常重要。清代学者史典在《愿体集》里提到："至乐无如读书，至要无如教子。"北宋词人柳永在《劝学文》里也说："父母养其子而不教，是不爱其子也。虽教而不严，是亦不爱其子也。"可见，读书是"至乐"之事，而教子则是"至要"之事，必须重视。

所以，有孩子一定要好好教育他。而人这一辈子，每一天都应该读书学习。人生之中，这两件事最重要。

先说"至要莫若教子"。

有人可能说，难道孝养父母不重要吗？其实"至要莫若教子"和孝养父母是一回事。想想看，如果教育不好孩子，我们的父母会安心吗？他们不安心，怎么能说我们孝养父母呢？而如果把孩子培养成人、成才，把良好的家风传承下去，让父母安心，又怎么能说不孝敬父母呢？所以，教子与孝亲，并不矛盾。

古圣先贤在几百年、几千年前就提出"至要莫若教子"的重要见解，实在难能可贵。想想看，世界四大文明古国中的古巴比伦、古埃及和古印度都已经不复存在了，为什么中国却能历经岁月洗礼而绵延至今？就是因为中国人特别注重教育，尤其是家庭教育，特别重视家风的传承。

金山银山，不如孩子这座"宝山"。一个人的事业再成功，地位再高，也无法弥补子女教育失败的缺憾。所以，"至要莫若教子"，无论古今，都是这个道理。不要让自己赢得了所谓的事业，赢得了金山银山，而错失了教育孩子的大好时机，否则悔之晚矣。

我们要把做父亲、做母亲当成自己最重要的事业，要坚定不移地去落实，是家庭的幸事，也是家族的福分，更是社会国家的希望所在。

再说"至乐无如读书"。

前面讲的是"教子"，这里讲读书。"至乐无如读书"，这是对"两个人"说的，一个是"我们自己"，一个是"孩子"。我们不读书，人生就会遇到很多无法战胜的困难、挫折，孩子读书也是一样的道理。我们和孩子都要通过读书来获得知识，增长智慧，过上幸福的生活。

在古人看来，能使人愉悦的莫过于读书，他们能在书中发现快乐，并通过读书提升自己，所以说，"腹有诗书气自华"，可见读书是一件乐事，正所谓"学而时习之，不亦说乎"！因为古人读的是圣贤书，读书就好像跟圣贤对话，是在聆听圣贤的教诲，所以增长智慧，他们因此也深感快乐。

但今天一些人却认为，"学而时习之，不亦苦乎"。为什么？因为心浮气躁，很难静下心来看一本书。再者，读书要有选择，不能胡乱读书。否则，杂七杂八，什么都读，可能读得越多，大脑就会越乱，人生就会越迷茫。

总之，"至要莫若教子，至乐无如读书"值得我们用心去思考。

如此，我们就要下定一个决心，做好两种准备：

第一种准备：无论如何，都要下气力把孩子培养好。

第二种准备：人生再忙，都要花点时间读点好书，也要重视培养孩子读好书、好读书的习惯。

现在在过年期间，我们还能看到一些人家贴的春联："第一等好事只是读书，几百年人家无非积善"；"欲高门第须为善，要好儿孙必读书"……这也充分说明读书的重要性，而且春联里也蕴含着教育的智慧，以及对子孙向善的希冀。可见，读书跟教育是结合的，或者说读书就是传承教育的。当然，还有积善，这也是人们必须做的，更是教育必须要教的。

古人说"富不过三代"，为什么今天会"富不过一代"

相信，几乎所有的父母都希望自己的家庭，自己的孩子能有富裕的生活，这是为人父母者的心愿。因为，财富不仅可以满足家庭所需，满足孩子的基本生活所需，更可以为他学业和事业的发展创造条件。所以，我们重视财富的创造，更希望孩子具备致富、守富的能力。

然而，纵观社会现象，父母的这种心愿实现了吗？好像还没有。

古今中外，有很多家族兴衰史表明：一个家族很少能有三代保持富裕状态的。这种现象如同定律一样，被人们称为"富不过三代"。

那么，这是怎样造成的呢？为什么现在有的家族连一代都富不过了？

我们都知道，财富是优秀能干的人创造出来的，而能继承财富、保住财富并继续创造财富的后代也一定具备致富、守业的能力。换句话说，只有优秀能干的后代才能保住财富，而且从某种意义上讲，后代要比前辈更优秀，才能使家业代代相传。

一位经济学家曾说："守业往往比创业更难。因为创业者大多从青少年时期就经过磨砺，这个过程锤炼了他们坚强的意志，培养了他们杰出的才能，使他们最终能够成就大业。而其后代面对的是已经富裕起来的家庭，不必经历创业的艰难，自然难以懂得财富来之不易。此时，后代如果没有接受良好的教育，就很容易败掉家业。因此，一个没有人才辈出的家庭是难以富过三代的。"看来，"富不过三代"的真正原因是家庭没有培养出能致富、保富的人才。

所以，问题的关键不在于我们是否能为孩子留下更多财产，而是我们是否有能力培养出优秀的后代。由此可见，对于父母而言，如何赚钱变得次要了，而如何把孩子教育好才是第一等要务。

"富不过三代"，这是现实。而这种现实背后的原因，确实值得反思。某种程度上，今天的一些为人父母者忽视了对下一代的教育，而根本的东西更没有教给下一代。

例如，为了给家庭创造更多的财富，一对父母从儿子上小学开始就下海经商了。因为没有时间照顾儿子，儿子就一直在寄宿学校，一个月才与父母见一次面，直到高中毕业。

父母的辛苦没有白费，在短短的几年内就积累了不少财富。

然而，儿子的学习成绩却不尽如人意，和父母也没有共同语言。接着，儿子被父母送到国外上大学。3年的国外留学生活没有使儿子学业有成，反而败光了他们的大部分积蓄。

在现今社会，这并不是特例。父母教育意识淡薄，以为创造了财富就等于拥有了一切，殊不知，一旦忽视对下一代的家庭教育，自己拥有的一切很可能就会在未来的短时间内变成过眼云烟。想想看，一个好逸恶劳、贪图享受、不知上进的孩子有能力创造财富吗？恐怕很难。非但如此，他们可能还是挥霍财富的高手。

回到"富不过三代"的这句古语。这句话完整的是："道德传家，十代以上，耕读传家次之，诗书传家又次之，富贵传家，不过三代。"这与儒家经典《大学》中的"有德此有人，有人此有土，有土此有财，有财此有用，德者本也，财者末也"（有德就会有人拥护，就会有创造财富的"土地"，有了财还要能善用——用之有道。德为本，财为末，不要本末倒置）不谋而合。这说明，要想让孩子长久地保有财富，对他进行德行教育才是根本。

德行教育就是做人教育，只有落实德行教育才能打破"富不过三代"的定律。

若想让孩子有能力致富、守业，就必须把勤劳正直、遵纪守法、艰苦奋斗、勇于奉献等优秀的品质教给他。例如，孩子若具备了勤劳奋进的精神，不怕吃苦，不怕磨难，能经得起挫折，他就会懂得珍惜现有的一切，不会肆意挥霍财富；孩子若具备勤俭节约的品质，就不会浪费财物，会懂得有计划、合理地使用财物，让其真正发挥作用。像晚清重臣曾国藩的家族之所以可以数代不衰落，而且代代都能才俊涌现的关键，就在于他倡导勤俭的良好家风。

除此之外，我们是否把"君子爱财，取之有道"的道理教给了孩子？是否让他明白，如果以不正当手段获取了钱财，即使再节俭，也不可能守得住？即《大学》中所说的"货悖而入者，亦悖而出"（用不正当的方法获得的财物，也会以不正当的方法被别人拿走），因为"保富"的前提是光明正大地获取财富。

一代国学大师南怀瑾先生也有自己的看法，他说："有了资本以后赚钱，那是一半靠聪明，一半靠运气。只有从勤劳节俭得来的，才是根基踏实。赚钱发财很难，但有了钱财以后，用钱更难。用得其时、用得其分、用得其当，并不容易。而且必须要知道财富是不属于你的，是属于整个人类社会的。纵使有了财富，也只是有一时的使用权而已。它毕竟非你之所有，只是属于你一时所支配。"是不是说出了取财、用财、财权的真谛呢？

还有，我们是否把"因"与"果"的关系告诉了孩子？就像医生给病人看病，病症是"果"，只有找到了与病症相对应的"因"，才能"下准药"，才能把病治好。所以，孩子面对的很多事情，可能都是表象的结果，一定要他学会寻找背后的原因。要想保有财富，其实也需要懂得"因"与"果"之间的关系。曾国藩的外孙、著名实业家聂云台先生写了一本书，名叫《保富法》，提出了"散财为善"的做人道理，劝告人们应该懂得散财，懂得用财物帮助他人，以此修福、修善。聂云台认为，只有"深信因果，培福开源，懂得惜福，爱惜福报，宽大心量"，才是保福保富的最佳途径。

综上所述，我们就会明白，孩子只有具备了高尚的品德，才不会使万贯家财付诸东流，才会成为富贵之人，成就富贵人生。

对孩子"爱之不以道，适所以害之也"

有一篇新闻报道我们是否还都记得？

一位中年母亲在机场迎接在国外留学回来的儿子。儿子得知妈妈没有给自己凑够留学的费用时，竟然怒不可遏地用水果刀连捅母亲顾某数刀，结果母亲当场昏迷。

很多读者看了这篇报道后，都认为这个儿子非常残忍，没有人性。

这位中年母亲顾女士的妹妹和哥哥则对记者坦言，顾女士对儿子过度宠爱，对儿子的要求是有求必应，结果把儿子给惯坏了。而顾女士自己也承认，儿子以前回来，有时直接去住宾馆，连家都不住。

这就是当时的新闻事件。从表面看来，一般会认为儿子对母亲太不孝，甚至是非常凶残，但真正分析来看，正是做母亲的害了孩子，当然也害了自己。

本来是母亲爱孩子，但"爱"到最后，却把孩子和自己给害了。

有位智者曾说，爱孩子是老母鸡都会做的事。按理说，我们人类就更会爱孩子了。可事实上并非如此。因为我们很多人只有爱孩子的心，却不懂得如何爱孩子。甚至可以说，很多做父母的，做爷爷奶奶、外公外婆的，用自己想当然的爱，正在一点点地残害着孩子。最终，把孩子残害得体无完肤而浑然不觉，依然以自己特有的方式去"爱"孩子。

早在1000年前，司马光在《资治通鉴》里就说："爱之不以道，适所以害之也。"意思是，如果爱孩子却不以正确的方法去爱，结果就会害了孩子。我们对孩子的"爱"就成了孩子幸福的"杀手"。清代学者申涵煜也说过类似的话："爱子不教，犹饥而食之以毒，适所以害之也。"

而在《触龙说赵太后》中，左师公也有句名言："父母之爱子，则为之计深远。"意思是说，如果父母是真的爱自己的孩子，就应该为他们的将来着想，为他们的未来做长远的打算。遗憾的是，我们对孩子"急功近利"的爱，就造就了如此之多的"小皇帝""小公主"，他们在蜜水里成长，缺乏自立能力，不想吃苦，总也不想付出，只会花钱，只会贪图享受，甚至有的最终走向犯罪的道路。

那么，什么样的爱才是"为之计深远"，每一位父母都应该用心思考这个问题。

关于爱孩子，南怀瑾先生也说过，现代一般人看到、学到一句关于"爱的教育"的皮毛，就一味只以"爱"的方式教养子女，最后多半变成"爱"之反而"害"之了。希望大家要"好学""慎思"，去"明辨"它才对。这也给我们一些提醒和反思。

有一位出租车司机曾委屈地讲述道：我们家并不富裕，我和我爱人尽一切能力让我们唯一的儿子有好日子过。我们宁可吃得很差，也经常给他买鸡腿。有一天我生病了，我爱人看我身体比较虚弱，就把鸡腿拿到我的面前说：你吃这个鸡腿吧，补充一下营养。可是，就在我爱人把鸡腿递给我的那一刹那，突然"啪"一声，儿子给了我爱人一记耳光，接着他吼道：鸡腿是我的！我和我爱人都呆住了，心里难受得很，难道我们为他做了那么多就不值这个鸡腿吗？

如此，我们的艰辛付出，和孩子的自私冷漠形成了鲜明的对比，到底是哪里出了问题？

在以前的家庭中，长辈是家庭的权威，吃饭时，都是长辈先动筷子，晚辈才能开始吃。为什么今天却出现了这种"本末倒置"的现象？而且，孩子对我们的付出并不感恩，甚至熟视无睹。所以要反思一下，我们是不是已经走入了"爱"孩子的误区？

对父母而言"爱"的误区：

• 只重成绩提升，不重德行、孝道培养；

• 认为"再苦不能苦孩子"，舍不得让他吃苦；

• 为了孩子的安全，过度地保护他；

- 有求必应，无限满足孩子的欲望；

- 孩子有错不纠，认为"树大自然直"；

- 经常对孩子进行物质和金钱奖励；

- 袒护孩子，让他活在父母的"羽翼"下；

- 不做孩子的领路人，而做他的"奴仆"；

- 事事包办代替，不让孩子自己动手；

- 无原则地迁就孩子，让孩子变得十分自私；

- 到处夸耀孩子，让孩子变得爱慕虚荣；

- 纵容孩子懒散，生活、学习没规律；

- 舍不得让孩子参加体育锻炼；

- 以"爱"的名义控制孩子；

- ……

对祖父母而言"爱"的误区：

- 给孩子太多零花钱、压岁钱；

- 只管吃喝拉撒睡，疏于教育；

- 把孩子当"小皇帝""小公主"来养；

- 纵容孩子的不良行为，还认为那是"可爱"；

- 替孩子承担责任，成为他的"避难所"；

- 子女教育孩子时，横加干涉；

- 经常用物质手段"讨好"孩子；

- 不注重独立性培养，让孩子成了"草莓族"；

- 给孩子特殊待遇，使他不懂得分享；

- 不让孩子做任何力所能及的事情；

- 生活上不敢放手，性格上却敢于放任；

- 给孩子太多零食、垃圾食品与饮料；

- ……

这些误区其实也是隔代教育普遍存在的误区。

以上仅仅是简单列举了一些常见的误区，而在实际生活中，家长（指父母、祖父母、外祖父母或孩子的其他监护人）所走入的误区远比这些更多，所产生的结果更令人可怕。

这些误区让我们反思，我们真的会爱孩子吗？问问自己。

写到这里，想起一句看似玩笑却蕴含着深刻哲理的话："你有了儿子，你就是儿子；你有了孙子，你就是孙子。"我们可千万别在生活中"践行"这句话。家庭成员，一定是各守其位，正本清源，家庭关系才能和谐，下一代才能真正教育好。

美国著名心理学家弗洛姆在其著作《爱的艺术》中指出："母爱的真正本质是关心孩子的成长，也就是说，希望孩子独立并最终与自己分离，母亲必须容忍分离，而且必须希望和支持孩子的独立与分离。"我们对孩子的想当然的爱，能达成这个目标吗？

说一千道一万，我们自认为的爱，其实是溺爱，是简单粗暴的爱，是期待过高的爱，总之，就是无知的爱，想当然的爱，是"不以道"的爱，结果当然是对孩子的害。

第一，溺爱。

溺爱，就是过分宠爱，表现形式有很多，比如，过度保护、包办代替、过分迁就、庇护其缺点、无原则地满足其各种要求等。这样做的结果不是使孩子养成了自私贪婪、唯我独尊的性格，就是导致孩子独立性差、经不起挫折，他们只会接受爱，却没有爱别人的能力。

著名法国小说家巴尔扎克笔下有一个面粉商高老头。他十分娇惯女儿，为了让女儿们挤进上流社会，过上贵妇人的生活，就把自己大部分财产给她们作陪嫁。他还经常无原则地满足女儿的要求，如帮女儿的情人还债。可女儿们在榨取了他的最后一点养老金之后，就把他无情地抛弃了。他临终前才明白，女儿们根本没有爱过他。

高老头虽然是小说里的人物，但现实版的"高老头"越来越多。这些"高老头"们都犯了一个错误——溺爱孩子。在溺爱中成长的孩子虽然个性迥异，但共同点就是不懂得感恩，他们不会感谢父母为自己付出的一切，反而还嫌弃父母给自己的不够多。这正是因为溺爱使孩子丧失了付出的能力，丧失了给予爱的能力，丧失了感恩的能力。

第二，简单粗暴的爱。

有的父母总是用打骂、斥责的方式表达对孩子的爱，又有些父母在与孩子相处时，总是要把自己的"威严"拿出来，对孩子说话简单粗暴、没有耐心，总以为一对孩子和颜悦色，孩子就会不知天高地厚。他们遵循的教育原则是：给孩子一个好心，不要给孩子一个好脸。

这种爱法本身就是错误的，导致的结果就是当孩子有了反抗能力的时候，也会用类似的方式表达对父母的不满。例如，不给父母好脸色，顶撞父母，长时间不理睬父母。这样一来，父母自然会觉得孩子不爱自己了。

第三，期待过高的爱。

很多父母都对孩子期望过高，以为这也是对他的爱。

一位妈妈希望女儿在音乐方面有所建树，并打算送她出国深造。为此，她不仅为女儿请了当地最好的音乐老师，还把房子卖掉作为出国资金。全家人的喜怒哀乐全由女儿的音乐成绩决定，女儿背负着巨大的精神压力，最终在不堪重负的时候给妈妈留了遗言……

虽然这个女孩的做法很极端，但孩子一旦承载着父母期待过高的爱，成长的快乐就会荡然无存。最后，孩子不但没有达到父母的期望值，还因长期生活在患得患失中而形成不健康的个性。想想看，这种爱是害，还是爱？

可见，一旦我们爱的方式方法不对，孩子就无法学会爱我们。他不会爱父母，就很难去敬爱老师、友爱同学，长大后也不会与同事、领导保持良好的关系，婚后也无法关爱另一半和下一代。如此一来，他生活在一个无爱的世界里，人际关系岌岌可危，事业家庭处处不顺，还怎么能获得幸福？

那什么是真正的、正确的爱？

所谓"爱"就是用心体会对方的需要。爱孩子首先要了解孩子的内心世界，懂得用心去感受孩子的真实需要，就如同"爱"的繁体字"愛"所阐述的意义一样。

例如，他需要鼓励时，我们不要责备；他需要安慰时，我们不要讽刺；

他需要休息时，我们不要给他施加压力；他需要大胆面对自己的错误时，我们不要庇护；他对人与事物有疑惑时，我们指导他，给他传递正确的价值观……

总之，我们要通过不断学习来提升教育敏感度，掌握教育方法；在恰当的时候给予孩子真正的需要，让他能够身心健康发展；培养他爱的能力，让他生活在爱的世界里。

家庭教育出了问题，到底应该怎么办

我们都对一个场景很熟悉：父母一脸严肃"正气"，对孩子"苦口婆心"说教，或是批评，或是训斥……而孩子则是一脸委屈，一脸无辜，一脸不服气……如果我们是旁观者，大概就会"心领神会"——这孩子又不听话了，父母在"教育"他。可是，我们有没有认真想过一个问题：为什么是"孩子又不听话了"？为什么就不是"父母有问题"呢？

孩子从出生后就跟着我们，就按照我们的"教育"在一步步走自己的人生之路，那么他有了问题，怎么会是他的错呢？很可能是因为父母的指导出了问题。换言之，孩子是无辜的，而我们恰恰才是孩子问题背后的那个根本原因所在。

人无完人，这个道理我们很清楚，但好像并不会将这个道理往我们自己身上套，结果，我们误以为自己是没有问题的，我们认为自己会教给孩子正确的东西，当然也会提醒他什么是错误的。

但是，孩子对周围事物的接收却是一视同仁的，尽管我们告诉了他什么是错误的，可他却会以一种很另类的判断"标准"来决定自己是不是要"延续"那个错误，比如，他会认为，只要是父母能做的，只要是其他长辈们能做的，那么他也能做。这是不是很危险？

可见，我们对孩子的教育存在着种种风险与隐患，我们一个看似不经意的错误，却很有可能会导致孩子"有样学样"地将这个错误延续下去。

所以，假如孩子的表现并没有如我们最初的预期那般满意，那么先别急着说孩子不对，先好好反思一下自己的做法是不是正确。如果真是我们的问题，那么再训斥孩子也于事无补。还是要从我们自身去改正，孩子的错误才有可能会被改掉。

这就好比孩子是复印件，而我们自己是原件，当原件有错误时，再怎么用先进的复印设备，也不会把复印件复印正确。所以，只有改正了原件，原件正确了，复印件才会正确。教育孩子，不也是这个道理吗？我们自己有问题，孩子会没有问题吗？

归根结底，家庭教育这件事，我们是发起者，是主动施教的，孩子会从最开始的无意识被动接受，到后来的有意识主动学习。不管怎么说，他都要从我们身上获取他想要的东西。所以，多多反思，不要总以教育者的姿态自居，敏锐地察觉问题，果断地改正错误，我们的家庭教育才会越来越益于孩子的成长。

我们是孩子问题的根源，改变孩子，从改变自己做起。

第一，不忽视自己的责任。

为人父母，便无法逃脱地拥有了一生都难以推卸的责任，那就是对孩子的教育。但是，并不是所有父母都能认识到这一点的。

例如，有的父母忙于自己的事业，在孩子出生后就将其交给自己的父母长辈教养，等到了上学年龄，又把他送给学校去管教，平时自己对孩子就只管提供吃喝住，对孩子的家庭教育一点儿也不用心。再如，有的父母又认为教育是一个人的事，这样的想法大多出现在父亲身上。结果使孩子受到的家庭教育是不完整的，尤其缺乏父亲的陪伴和教育。

从有了孩子那一刻起，教育这个重担就已经落在了为人父母者的肩膀上，所以不要逃避。即便工作很忙，也应该调整事业与家庭的关系，重心应该落在教育孩子上，否则赚再多的钱，换来的却是一个败家子，这样的未来对孩子、对我们将会是多么痛苦！

第二，对孩子要因材施教。

只要我们教育得法，孩子总会有属于他自己的成就。别人的成绩不能成为我们孩子成长的参考，毕竟每个人都拥有只属于他自己的成长轨迹。所以，别拿自己的孩子跟别人的孩子比。孩子出生后，按照他的性格、喜好、潜质，去选择适合他的教育之路，正所谓"因材施教"，这样他成长得轻松，我们教育得也不会太疲惫。

第三，经常进行教育反思。

其实很多父母成为父母也不过是一瞬间的事，似乎还什么都没准备好就不得不磨枪上阵了。这没什么，虽然是在摸索着前进，但只要我们肯负责，一切问题都好解决。

但关键是，正因为我们本身也是在摸索的，所以势必会问题连连，而这就需要我们及时反思。不要觉得自己既然是父母，那么就不会有错，只要是我们说的孩子就该听，我们的教育也会有出岔子的时候，错了就要及时改，别等着孩子出了大问题我们才追悔莫及。

第四，务必注重德行教育。

说到底，孩子的教育离不开做人的教育，永远离不开德行的培养。这是关键中的关键，核心中的核心。我们要改变一个观念，并不是现代的、时髦的就是好的，教育理念也是如此。我们应该让孩子从小就接受中华传统文化的熏陶，并接受传统的道德观、价值观的教育，树立孩子可以安身立命的良好家风，代代传承，永远自重，以祖上有德为荣，也力争让祖上以有这样好的后代而骄傲。这样，我们的教育就会有一个良性的发展。

当然，这一切还需要我们做父母的具备教育的智慧，拥有正确的家庭教育价值观。这也是我们在接下来的章节中要着重阐述的。我们肩负家庭教育使命，任重而道远！

第二章

家庭教育的根本目的——教孩子做人

家庭教育很重要，这一点已经几乎是做父母的共识。但是，家庭教育的根本目的是什么，却是"仁者见仁，智者见智"。这里，我想表达的是：家庭教育的根本目的就是教孩子做人。会做人，是一个人配得上"人"这个称呼的基本要求。人做好了，做事、学习、生活，以及未来的事业和人生，都将会更好。

要判断的三件事：会做题，会做事，还是会做人

无论是在讲座时，还是在与家长面对面的沟通、交流时，我都会问这样一个非常简单的选择题：您认为，我们到底要教会孩子什么？会做题，会做事，还是会做人？

当然，几乎所有的家长都会回答：会做人！这当然不令人感到意外。因为一个稍有正确的价值观判断的人，都会做出这样的选择。可令人感到意外的是，几乎所有的家长都认同教孩子学会做人是最重要的，但他们在实际的教育中，却把"会做题"当成了自己教育孩子的绝对目标。这非常遗憾，因为这些父母是典型的"说一套，做一套"，这样的教育当然不会成功。为什么可以下这个断定？

古往今来，大凡真正成功的人，莫不以做人为先。做人为大，做事次之，做题又次之。例如，只是会做题，难免会培养出眼高手低、只会空谈或只会纸上谈兵的人。而欲成大事，眼界一定要宽，心胸一定要大，格局一定要广，战略一定要明……这是什么？这是会做事。做事的关键是要能够执行，如果一个想法再好，而没有去执行，也会成为镜中月、水中花，一切都是虚无的泡影罢了。做题和做事的基础就是做人。也就是说，做人是做事和做题的根本。

所以说，如果给"做题""做事""做人"这三者排个顺序的话，在我看来，一定是"做人"位列第一，"做事"位列第二，"做题"当然是位列第三的。

有人说："做人是一种境界，需要技巧；做事是一种技巧，需要境界。做

人就是做事，做事就是做人，当做人和做事相互交融时，做人中掺入了技巧，做事时透出了境界，生命的意义会变得更加深刻、更加丰富，为人也会更加洒脱和自信。"的确如此。

关于做人和做事，著名学者周国平先生有这样的观点：

"做人最重要的是诚实地面对自己，在自己良心的法庭上公正地审视自己，既不护己之短，也不疑己之长，从而对自己有一个清楚的认识。这是一种巨大的精神力量，足以使他哪怕在全世界面前坦然承认自己的错误，也淡然面对哪怕来自全世界的误解和不实的责骂。

"做事即做人。人生在世，无论做什么事，都注重做事的精神意义，通过做事来提升自己的精神世界，始终走在自己的精神旅程上，只要这样，无论做什么事都是有意义的，而所做之事的成败则变得不那么重要了。

"做事有两种境界。一是功利的境界，事情及相关的利益是唯一的目的，于是做事时必定会充满焦虑和算计。二是道德的境界，无论做什么事，都把精神上的收获看得更重要，做事只是灵魂修炼和完善的手段，真正的目的是做人。因此，做事时反而有了一种从容的心态和博大的气象。

"人生在世，既能站得正，又能跳得出，这是一种很高的境界。跳得出是站得正的前提，唯有看轻沉浮荣枯，才能不计利害得失，堂堂正正做人。如果说站得正是做人的道德，那么，跳得出就是人生的智慧。人为什么会堕落？往往是因为陷在尘世一个狭窄的角落里，心不明，眼不亮，不能抵挡眼前的诱惑。相反，一个人倘若经常跳出来看一看人生的全景，就不太会被那些渺小的事物和次要的价值绊倒了。"

是不是能够给我们一些启示？为什么要做事？为什么要做人？做事、做人又该如何做？孩子从小就会做事、做人，我们做父母的还有什么好担心的呢？

我们再来联系一下"做题"。不能否认的是，今天很多孩子被训练成了做题的机器、考试的机器，他们不关心国家大事，不注重提升道德修养，害怕困难，无法面对挫折。想想看，这就是我们千辛万苦要培养的"人才"吗？而要扭转这种风气，就必须让我们的孩子真正得以身心健康地成长，而这里所说的"成长"绝不仅仅是教他们会"做题"，能考上大学，获得所谓的"成功"。更为重要的是，教他们学会做人！做事先做人，做题更要先做人。总之，教孩子学会做人，比教他学会做事重要得多，比教他学会做题更重要得多。

当然，这并不是说"做题"不重要，而是说我们的教育要分清主次。这一点，"感动中国"人物胡忠和谢晓君夫妇就做得很好。他们把学校教育分成三块：做题、做事、做人。学做题是为了考试和升学，学做事是为了生存和自理，学做人是为了成为一个好人。在他们看来，教育的核心首先在于教孩子做人——要努力把孩子教成一个好人，绝不能成为一个坏人！这一点是非常值得我们借鉴的。

胡忠和谢晓君夫妇对教育的理解非常到位，而且他们做的也是实实在在、真真正正的教育。他们把做人当成教育的重中之重，这样做下来，社会上就会多一些好人，自然也就少一些坏人。试想一下，做题做得再好，如果不会做事，不会做人，那基本上是不行的。如果做事做得很好，却不会做人，那也非常危险。

纵观今天的教育，很多教育者（包括老师和父母）在对教育的理解上出现了偏差，把做题放在了非常重要的位置。当然，这跟教育的某种考评机制有关。但是，作为一个有理想的教育者，作为一个真心为了孩子未来的教育者而言，应该努力去改变这种局面。要知道，做人做得好，做事也不会太差，做题更不会太差。也就是说，做人决定做事，做人更决定做题。教育如果没有这样的智慧，没有这样的教育坚持，而是"随波逐流"，是不会把孩子教育好的。

联合国教科文组织指出，21世纪教育的使命是帮助学生学会做人、学会做事、学会学习、学会共处。从这一点也可以看出，今天的教育绝不应该仅仅是教诲孩子掌握文化知识，更重要的是教他学会做人。

所以，要把教孩子做人放在第一位，教孩子学会做人，比教他学会做题要重要得多。

家庭教育不是知识灌输，家庭不是第二个知识传授所

我们都知道，学校是教知识的地方，或者说很多学校的教学都是围绕知识传授来进行的，尽管有课外活动或其他兴趣班、社团等，但知识的教授是重中之重，这就是学校教育。

家庭教育与学校教育不同，家庭教育不是对孩子进行知识的灌输，家庭也不能成为第二个知识传授所。不妨思考一个问题：我们这样辛苦地抓孩子的学习，孩子的学习真的搞好了吗？成绩真的提升了吗？如果没有，那我们的"家庭教育"是有效的吗？

我们应该让家成为孩子成长的地方，成为他教养的起点。其实，对于每个人来说，家都是人生中最重要的场所。而对于孩子来说，家一定是他成长的最重要的地方。孩子在家里，可以学到一些基本的技能，可以提升综合素养。比如，孩子可以学到如何做人，如何做一个有孝心的孩子，可以学到规矩和礼仪，可以学会做家务，可以培养解决细节问题的能力，可以培养仁慈博爱、敬畏天地自然的心，可以接受生命教育，可以培养担当感、责任心，还可以培养各种良好的生活习惯，更能学会做一个好"管家"——管理时间，管理财富，管理自己，管理学习，等等。

家，是孩子温馨的港湾，是修养身心的地方，如果再成为第二个知识传授所，孩子吃得消吗？他会心甘情愿地在家里接受知识的灌输吗？

有的父母对此可能并不认同，在他们看来，自己并没有给孩子灌输知识，而是尊重了孩子的兴趣，让孩子在快乐中成长，比如，跟孩子一起做游戏。好，就说做游戏！

一位妈妈给3岁的孩子买了套塔玩具，孩子非常感兴趣，坐在地板上开始玩起来。妈妈也顺势坐在了孩子身边，但她并不是坐在那里看着孩子玩儿，而是随时准备指导孩子。

果然，孩子还没套两个，妈妈就开口了："先套大的，再套小的，你这样

不对。"说完，还动手去"帮"孩子，孩子只能看着妈妈做这一切。

接下来，孩子继续套，结果妈妈又发话了："要把红色的那个放在底下，那个绿色的放在红色的上面，知道了吗？"孩子只得照做。

就在这位妈妈要第三次发话的时候，孩子却不套了，说："不好玩儿，我不玩儿了！"而妈妈却感到很意外："这不是套得挺好的吗？都套对了，多好玩儿啊！"

可孩子依旧说："不好玩儿！"说完就离开了套塔游戏的现场。

这个场景，我们是不是有点熟悉？看上去，这位妈妈并没有对孩子进行知识灌输，但孩子为什么不玩儿了呢？显然，孩子感觉不到乐趣，他感觉到的是妈妈的干涉，是某种游戏"知识"的灌输。如果这位妈妈没有意识到这一点，在孩子以后玩游戏时她还如此"参与"其中的话，孩子当然还是不会感觉到快乐。

有的父母除了让孩子完成老师布置的作业之外，自己还给孩子布置额外的作业，希望以此提升孩子的成绩。结果，非但孩子没有不想做父母布置的作业，甚至连老师布置的作业都不想做了。于是，他就开始磨洋工，作业总是做不完，以此来逃避父母布置的作业。

所以，家庭教育不能再是学校知识教育的延续，家庭也不要再成为知识的传授所。家庭教育要做的事就是弥补学校知识教育的不足，就是要为孩子的一生打下真正坚实的基础，让家成为孩子成长的地方，成为他教养的起点。

做人教育是教育的核心，是重中之重

家庭教育，就是要给孩子的成长指一条明路。尽管很多父母都知道这个简单的道理，但却并不是所有人能去躬身践行这个道理。孩子的成长比成绩更重要，做人比分数更重要。所以，不要把孩子培养成做题的工具，而要把他培养成一撇一捺写就的真正的人。

鲁迅先生曾说："角逐列国是务，其首在立人，人立而后凡事举。"立人，就是立身做人。所以立人就是教育的最终目的。人做好了，其他事情还有什么难的呢？陶行知先生说："千教万教教人求真，千学万学学做真人。"意思是说，教孩子做学问前一定要先教会孩子做人。可见，学会做人比学会做学问更重要。

如果我们对孩子只是育智，而不是育人，无异于舍本逐末。教孩子学会做人，是我们给孩子上的第一课，对孩子来说也是最重要的一课，孩子未来人生的成功一定是源自他做人的成功。

我们要有正确的判断力，要提起教育的敏感度，不能人云亦云，应该根据时代发展的需要，根据当今及未来社会对人才的需求标准，从孩子的实际出发，积极引导孩子，使他成为具有孝心、爱心、诚信、谦虚、感恩、宽容等优秀品质的一代人才。

第一，要发挥榜样的力量。

教孩子做人，父母首先要学会做人，自己先做一个堂堂正正的人。要求孩子做到的事情自己先做到、做好。身教重于言教，如果父母自己都偏离了做人的轨道，就是用再动人的语言来教育孩子也是苍白无力的，注定不能培养出会做人的下一代。

这就要求我们的言行举止要格外小心谨慎。我们在生活中以正面形象、正能量示人，孩子就能学到正面形象，就能汲取到正能量。我们要做一个好人，多做好事，不怕好事小，就怕不去做。我们的"人"做好了，还怕孩子未来的路不顺吗？

第二，教孩子做正人君子。

教孩子市井之气，要小聪明，钻各种漏洞和空子，这不是在教孩子"处事"，这是让孩子远离君子风范，孩子最终学到的都是歪脑筋，甚至是歪门邪道，最终害人又害己。

说到君子，有人可能会有疑问：这个年代还有正人君子吗？是，正因为正人君子少了，我们才要让孩子去做这个正人君子，只要我们认真教，孩子认真学，君子就会不再遥远。

不要搞错因果关系，不要认为是社会有问题，我们才去教孩子学坏，学一点歪门邪道，而恰恰是因为没有教孩子学好，才给社会造成了更多问题。正如《易经》所言，"积善之家，必有余庆；积不善之家，必有余殃"，教孩子做君子，就是在"积善"。

第三，认识做人之本是什么。

教孩子做人是教育中最大的事情，可是做人之本又是什么呢？前面提到了孝心、爱心、诚信、谦虚、感恩、宽容等优秀品质，这些当然都属于做人教育的内容，但核心却是第一个——孝心。因为人之本为德，德之本为孝。也就是说，要想培养一个会做人的孩子，就必须要培养他的孝心。而我们自己要想人生事业都顺利，也必须有一颗孝心。

孝心一开，就会积聚正气，之后就会有好的运程，运程好之后自然会身显达，身显达自然父母喜悦，父母喜悦家就会祥和，家祥和自然会百事顺，所谓"家和万事兴"，这是顺理成章的事。关于孝心，这个做人的核心内容，在接下来的章节中再作具体阐述。

"道德"不简单，一定要重新认识"道"与"德"

我们经常听到"道德"这个词。有人认为，今天的教育一定要补足"道德"教育这一课，要做有德的教育，而不是做缺"德"的教育。也有人对"道德"二字很反感，认为满嘴仁义道德的人，并不见得德行有多好，也就是说，他们不信任"讲道德"的人，大概是因为个别"讲道德"的人"说一套做一套"。不过，这不应该成为为人父母者不去深入了解"道德"二字的借口，更不能因此而忽略了自己和孩子道德素养的提升。

其实，"道德"这两个字还真是非常不简单。教育者，都应该真正认识这两个字背后的深意，重新认识"道"和"德"，只有对"道德"有了重新的认识，才会重视"道德"，也才会在教育的过程中补足"道德"教育这一环。

以下，我们把"道德"拆解开来，分别讲述"道"和"德"。

先说什么是"道"。

道，就是认识超越时空的大自然运行法则。大自然有特定的运行法则，这个法则无论我们是否看到，它都实际存在着。而且，这个大自然运行的法则是超越时空的。只要是存在于这个大自然中的万事万物，就一定要遵循它的正道。

例如，八大行星一定有它们运行的"道"，而且必须不能离开运转轨迹而运转，不然，它们就有相撞的危险。这是自然之道。

人当然也是万物之一，自然也必须要遵循正道。道，永远是合理的，人走得不合理，那是人的问题，不要把责任推给"道"。孔子曾说："人能弘道，非道弘人。"人的心正，就会走正道，人的心歪，就会走歪门邪道。人的"道"就在人与人相处的学问之中，被称为"人伦大道"或者是"伦常大道"。人与人之间的关系有五种，所谓"五伦"，即君臣、父子、夫妇、兄弟、朋友，如果人们都做到了君臣（上下级）有义、父子有亲、夫妇有别、长幼有序、朋友有信，人与人之间就不会有对立、就不会有冲突，自然就会和睦相处。这就是人类遵循了自然法则或自然之"道"的必然结果。

今天的"五伦"关系运转得怎样？好像不是太好。例如：上下级关系紧张；夫妻关系不好，离婚率居高不下；父子冲突、对立严重；长幼无序，兄姐不友爱弟妹，弟妹不恭敬兄姐，甚至为争夺财产而不惜对簿公堂；朋友相互利用，不讲信用。

"五伦"关系处理不好，人与人之间就会发生摩擦与冲突，吃亏的不仅是对方，更是自己，人生当然也不会幸福，社会因为价值观混乱也不会有好的秩序，天下也没有和谐可言。所以说，"五伦正常，天下大治；五伦反常，天下大乱；治乱之别，在于教育。"

我们的今天要靠教育把已经偏离正确轨道的"五伦"关系扭转过来，要齐心协力去做这件事，首先要从"我"开始做起，从我们自己的家做起，"我"要做一个好爸爸、好妈妈，之后我们的孩子才会成为一个"好儿子""好女儿"。

说一下父子有亲（父慈子孝）吧，父子有亲也包含母子有亲、父女有亲、母女有亲。父慈子孝就是超越时空的大自然的运行法则。2500年前，人应该做到父慈子孝，2500 年后的今天，我们依然需要做到父慈子孝，即使再过 2500 年，未来的人依旧要做到父慈子孝。这就是我们要遵循的"道"，做父母的一定要慈爱孩子，而做子女的一定要孝养父母。

其他的，如"夫妇有别"即夫妻关系，这是"五伦"关系的核心。而且，我们要更正一个观念，中华传统文化告诉我们，一个家庭中，最重要的关系是夫妻关系，而不是亲子关系，夫妻关系搞好了，亲子关系自然会好，所以不要本末倒置，一切关注点都在孩子身上，要是因此而破坏了夫妻关系，那就得不偿失了。

再有，上下级关系、长幼关系、朋友关系等，都需要在"道"上。

要真正身体力行这些"道"，只有身体力行才能称得上为道德之人。再来看这个"道"字，右边是"首"，左边是"辶"部，"辶"代表要实践，所以"道"就代表着首先要去实践的、要去落实的、要去力行的，只有做到才是有道之人，做不到是骗人。

再说什么是"德"。

德，就是顺应大自然的运行法则，不违越地去做人，去做事。行道而有所得，就是"德"，所以说，"德行"的意思其实是"行德"。

当一个人不违越父子有亲的"道"去做人时，做父母的尽到自己对孩子的慈道，做子女的尽到对父母的孝道，那他们就是有德之人。所以，父慈子孝的"慈"就是父母之德，"孝"就是子女之德。

父子关系是不是有人规定的？不是，这是一种天然形成的秩序。

一个孩子刚出生，没有人规定他的父母就一定要慈爱孩子，但是做父母的会自然流露出这种慈爱孩子的天性，就会本能地去关怀孩子，希望孩子能够健康快乐地成长，这种情怀与期待没有人能阻挡得了。

同样，对于孩子来说，他从小对父母尤其是对母亲是非常依恋的，那是天性使然。我们可能都有这样的经验，孩子在两三岁的时候，如果我们管教他，比如说拍打他，越是拍打，他越是往我们的怀里钻，我们拍打得越是用力，他就会抱我们抱得越紧。孩子没有上学之前，张口就是"我妈妈说""我爸爸说"。所以说，父慈子孝、母慈子孝，这是父子间、母子间的那种天然的亲情，是不加掩饰的，是自自然然的。

但是现在，为什么这么天然的关系或秩序被扭曲了？要找背后的原因。今天，如何慈爱孩子？也是有智慧的。否则用错了方法，就成了溺爱，就成了"爱之不以道，适所以害之也"。所以，我们一定多学习真正的智慧，多学习传统文化里的教育之道，学习如何为人父、为人母，要依"道"而行，才不会让自己的家庭教育之路走偏。

当我们每个人都遵循着伦常关系的正道前行，自然就会有德行彰显出来。正所谓"父子有亲，亲是德；君臣有义，义是德；夫妇有别，别是德；长幼有序，序是德；朋友有信，信是德。"

人与人之间的关系处理好了，很多问题也就容易解决了。想想看，一个人懂得尊重他人，他的内心就会有恭敬，就会有仁慈博爱之心，他就会爱惜万事万物，当然更不会去做伤天害理的事。如果一个孩子从小就懂得这些，就具备这样好的素养，我们还有什么放心不下的呢？对他还有什么好操心的事呢？所以，无论是社会上的问题，还是家庭教育的问题，虽然暂时没有处理好，但如果我们有智慧，学到了这些"道"，并按照"道"去做，问题是很容易解决的，就看我们能不能真正去力行了。

最后说"道德"。

有了"道"与"德"的讲述，再说道德就很简单了。道德，就是先有"道"，再依"道"而行，自己有所得，就是修道有德，这就是"道德"。就这么简单。

如果我们评价一个人有没有"道德"，就看他是不是做到了依"道"而行，是不是自己有所得，是不是让对方也有所得。人应该将心比心，应该换位思考，要看跟我们自己相处的人是不是也同样有所得，如果仅仅是我们自己有所得，而对方有所失，那就不是"德"。所以，我们有所得必须要兼顾对方，兼顾别人，这是真正的道德。

判断一个人是否有"道德"，简单来说，可以看以下几点：第一，是不是孝亲尊师；第二，是不是心存仁厚；第三，是不是懂得谦卑；第四，是不是言行一致；第五，是不是有豁达的心胸……这就基本能断定一个人是不是有德行了，他有德，就会有所得，而对方也应该有所得，所以是真正的"道德"。

其实，这是我们做人的目标，更是教育孩子的目标。

"学"这个字里蕴含着教育大智慧

中国文字都是非常富有智慧的文字，这里要特别提一个字——学。对于"学"我们都不陌生，因为我们每个人都是从小"学"到大，一直要"学"到老。尽管如此，但我们可能也并不真正了解这个字里所蕴含的教育大智慧。

对篆体"学"字解读。

看这个篆体字的"斆"，也是个会意字。上半部分左右两边分别是一只手，两只手的中间是"爻"——两个叉（×），与前面讲的"教"一样，上面的"×"是教育者画的，下面的"×"是受教育者画的，代表受教育者模仿教育者，是跟教育者学的。所以，教育者要做好榜样。下半部分类似一个罩，罩里是个孩子。想一下，罩把孩子罩住后，孩子会快乐吗？他还能看到外面的世界吗？不快乐，也看不到外面的世界。这个罩代表着某种障碍，或者说是对外界的一种误解，如对生活的误解、对周围的人的误解、对人生的误解、对中华文化的误解等。因为这个"罩"，我们和孩子就看不清前面提到的这些，

所以就容易跟人发生冲突，结果就会很苦闷，很烦躁，人生会变得很累。怎么办？要学，要拿掉"罩"！拿掉后，就较容易看清楚世界，就会慢慢明白人生智慧，就知道父子有亲、君臣（上下级）有义、夫妇有别、长幼有序、朋友有信……就会认同传统文化的道。如果孩子从小就明白这些，他的人生就会少走弯路。

对"学"的拓展分析。

通过上面对篆体"斆"字的解读，应

该能明白两点：

第一，智慧是每个人本来就有的，只是暂时被遮蔽、阻碍住了。正如王阳明先生所言，"圣人之道，吾性自足"。教育并不是为了让受教育者增加知识，而是教育者帮他拿掉障碍，启发他本有的智慧，让他的智慧重见光明。学习也是一样的道理，也是为了让自己本有的智慧重见光明。

第二，孩子出生时并不是白纸一张，而是携带了大量的天赋信息，需要外界的刺激来唤醒内在的天赋系统，也就是开启孩子本有的智慧。有时候，我们读圣贤人或智者留下的文字，就会发现自己非常认同他们的观点，甚至有一种相见恨晚的感觉。其实，我们本来就有这样的智慧和认知，只是暂时被某种东西（罩）给遮蔽住了，是圣贤人或智者开启了我们的智慧，帮我们拿掉了这个"罩"，让我们本来就有的智慧重见光明。可见，智慧与愚钝之间，就隔了一个"罩"而已。那么，对孩子的教育是不是也明白了一些呢？孩子本来就是有智慧的，但却因为有一些障碍物的遮挡，而不能完全显露出来，教育者就是要帮他拿掉障碍，仅此而已。所以说，教育，永远不是知识的灌输，而是智慧的开发！

通过上述分析可见，教育并不是高高在上地教孩子，而是在做示范，是一个示范者。在某种意义上，孩子也不是用知识"灌输"出来的，而是有赖于教育者对他的启发引导。所以，教育是唤醒，不是灌输知识。

在一次骨干教师培训上，我讲完半天的专题课之后，一位教师站起来发表自己的感慨，他说："他对这个'学'字的解法印象非常深刻，以前总是认为国外的教育理念很先进，没想到一个'学'字里竟然有这么多的智慧，以前我们还学习西方教育心理学里的建构主义学习理论，现在一个'学'字全都解决了！"

的确，"学"的智慧跟"建构主义学习理论"很相似，甚至可以说，比"建构主义学习理论"更先进，而且要比这个理论早得多。

关于"建构主义学习理论"。

建构主义学习理论，最早提出者可追溯到瑞士心理学家皮亚杰。皮亚杰认为，儿童在周围环境相互作用的过程中，逐步构建起关于外部世界的知识，从而使自身的认知结构得到发展。

第一，建构主义学习理论对学习的理解。学习不是知识由教师（当然也不会是父母）向学生（孩子）的传递，而是学生建构自己的知识的过程，学习者不是被动地吸收新知识，而是主动地建构信息的意义，这种建构不可能由其他人代替。而这就意味着，学习是主动的、积极的，学习者不是被动的接受者，他们必须对外部的信息做主动的学习和加工。其实每个学习者都在自己原有经验系统的基础上对新信息进行编码、分析、检验和批判，并将其与其他信息联系起来，以便在保持简单信息的同时建构起自己对复杂信息的理解。当然，学习者原有的知识也会因为新信息或经验的进入而发生调整和改变。

第二，建构主义学习理论对学习者的理解。学习者在任何时候都不是空着脑袋进入学习情境的。他们在日常生活中和以往的各种形式的学习中，已经形成了丰富的经验，即使有些问题他们并没有接触过，也没有现成的经验可以参考借鉴，但是当问题出现时，他们却往往能够基于之前的经验，依靠已有的认知能力，形成对问题的解释。也就是说，他们在遇到这些问题时，并不是束手无策，也不是胡乱猜测，而是从他们的背景经验出发，推断出符合逻辑的假设。所以，教育者不能无视他们的这些经验，而是要把现有的知识经验作为新知识的生长点，引导孩子从原有的知识经验中"生长"出新的知识经验。教育教学并不是知识的传递，而是知识的处理和转换。教育者不仅仅是知识的呈现者，也不是知识权威的象征，而是应该重视孩子自己对各种现象、问题的理解，倾听他们现在的想法，洞察他们这些想法的由来，并以此为依据，引导孩子去丰富和调整自己的理解。

第三，建构主义学习理论对知识的理解。知识虽然包含真理性，但它只是对现实的一种更可能的解释或假设，并不是问题的绝对正确的最终答案。相反，它会随着人类的进步而不断地被革新，从而随之出现新的假设。而且更重要的是，这些知识在被个体接收之前，可以说它对个体是毫无权威可言的。所以，教育者不能把知识作为预先决定的东西交给孩子，不能用对知识正确性的强调作为孩子接受的理由，也不能用科学家或者教科书的权威来压服孩子。孩子对知识的接受只能靠自己的建构来完成，以他们自己的经验、信念为背景来分析知识的合理性。

综合上文，建构主义学习理论实际上就是，在整个教学过程中，作为知识意义的主动建构者的孩子并不是教育者传授知识的被动接受者，而是在一定的社会文化背景下，利用已有的知识经验，借助教育者或学习伙伴的引导和帮助，充分调动自身的积极性、主动性和首创精神，最终达到有效地对当前所学知识进行意义建构的过程。

看到这里，是不是发现"学"里的智慧跟建构主义学习理论在某种程度上是非常相似的？

所以，我们要给自己一个信心：中华传统文化中确实蕴藏着很多做人处世、教育子女的大智慧，这些比西方所谓的先进教育理念更先进，只是我们因为种种原因而暂时没有发现。今天我们要去学祖宗圣贤的智慧，经营好自己和孩子的幸福人生。

摆正"德""学""才""艺"之间的关系

现在有很多父母非常关注孩子的"艺"（艺术），或者是"才"（才能），或者是"学"（学习或学问），而没有关注到这些方面的根本——"德"。所以，在这里我们要谈谈如何摆正"德""学""才""艺"之间的关系。

现如今，父母让孩子参加各种兴趣班、才艺班也已经不是什么新鲜事了。但是，孩子们学了这些艺，看似长了才、长了艺，却唯独缺少了最根本的"德"字，在学才艺的孩子身上几乎看不到"德"的影子。

孩子可以学才艺，但父母也应该弄清"德""学""才""艺"之间的关系。"德"，是根基，是一个大大的基础；有了"德"做根基，"学问"才会发挥作用；有了"德"，再有了"学问"做基础，才能进一步发展"才能"；有了"才能"，即所谓的特长，才可以进一步把这种"特长"提升到"技艺"或"艺术"的层次。"德""学""才""艺"是层层递进、拔高的，是"金字塔"式的。而

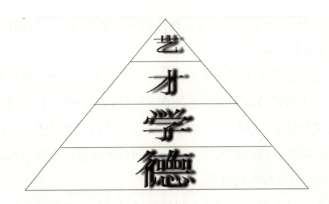

如果一上来就想有"才能"，有特长，想学"技艺"或"艺术"，那就如同空中楼阁一样，没有基础做支撑，"才"与"艺"又怎么能真正学得到呢？

所以说，如果孩子的内心不够纯净，只是想靠着"才"和"艺"而一举成名，名利双收，那出问题的可能性就比较大。无数的事实已经证明，无德而有"才"有"艺"只会让人心蒙上世俗的尘埃，找不到人生的真正方向，即使暂时取得了一点成功，积聚了一点名气，最终也会因为无德而把所有的名与利都给败掉，到时就悔之晚矣。

孩子如果没有这个智慧看清这件事，那我们做父母的就必须要看清楚，之后要给孩子正确的引导。只有我们能很好地摆正"德""学""才""艺"之间的关系，我们对孩子的培养才能回归正道。

关于"德""学""才""艺"的关系，《弟子规》上也有非常好的讲述——"惟德学，惟才艺，不如人，当自砺"。

"惟"同"唯"，即只有，"德"即品德，"学"即学问，"才"即才能，"艺"即技艺，"砺"即勉励。每个人都应该注重品德、学问、才能和技艺的培养和提升，如果这些方面不如他人的话，就应当不断自我勉励、奋发图强。而孩子也应该从小做到这些。

一个人的一生是否能够有所成就，取决于他的品德、学问、才能和技艺。如果这几方面不如他人的话，就应该通过自己的努力去赶上并超越他人。那么，我们应该如何引导孩子提升自己的品德、学问、才能和技艺呢？

如今，很多父母都有一颗好高骛远的心，希望孩子能快速掌握一门学问或技能，想要孩子快速取得成功。在父母的影响下，很多孩子无论学习什么都心浮气躁，想一步登天。所以，我们首先要端正心态，也要告诉孩子，想要掌握一项才艺或一门技能，需要长时间认真、深入地学习，不断、反复地练习，只有这样，才能奠定良好的根基，正所谓"台上一分钟，台下十年功"。

《中庸》里讲道："好学近乎知。"意思是说，好学的人跟智者接近。如果孩子不好学，看到他人各方面都比自己强，还不肯自我勉励，不肯提升自己，那就是自甘堕落，将会一事无成。只有孩子拥有好学的精神和态度，才有可能学得好。

我们常说："天下无难事，只怕有心人。"也许孩子目前的品德、学问、才能和技艺都不如他人，但是只要孩子有心学好，肯努力，就可以取得属于自己的成功。《中庸》里还讲道："人一能之，己百之；人十能之，己千之。"他人一次就能学会的，我们学一百次一定能学会；他人十次就能学会的，我们学一千次一定能学会。所以，我们要引导孩子刻苦学习，只有付出比他人更多的努力和汗水，才有可能超越他人，有道是"勤能补拙"。

《论语·雍也》中还有这样一句话："知之者不如好之者，好之者不如乐之者。"这就表明，兴趣其实是最好的老师。当我们对某一事物感兴趣的时候，就会带着极大的积极性和热情全身心地投入到学习中。当孩子对培养和提升自己的品德、学问、才能和技艺感兴趣时，他也一样会满怀热情地投入到学习中，就会感受到学习的乐趣，自然也能学得更好。

孩子就像一匹"千里马"，有待我们这个"伯乐"去努力发掘。因此，我们应该尽可能地为孩子提供一些展现自己的机会，从中发掘出他表现出来的特质和天赋，从而尊重和支持孩子的兴趣，并帮助他在兴趣之路上有所作为。

在一个人成才的道路上，德行和才能是缺一不可的。那么，"德"和"才"孰轻孰重呢？司马光在《资治通鉴》里说过，"德胜才谓之君子，才胜德谓之小人。"孰轻孰重，不言自明。

试想一下，如果一个人缺失德行，他能拥有学问、才能和技艺吗？也许，他会因为自己的天赋而获得这些。但是，即使他的学问、才能和技艺达到非常高深的境界，也会因为德行的缺失而遇到瓶颈，甚至会给他人或自己带来麻烦或祸害。例如，一个人的武功几乎达到了炉火纯青的境界，但是他没有武德，那么他就可能会凭借着自己高超的武艺去达到自己不良的目的，可能会作奸犯科，给他人和自己带来灾难。

要想在这个社会上立足，要想获得幸福的人生，学问、才能和技艺起着至关重要的作用。但是，这一切必须以德行做先导，必须先奠定德行的根基。因为，德就好比一棵大树的树根，如果根没有扎好，即使树干长得再高，树荫再大，也只是无本之木，经受不住狂风暴雨的袭击。

其实，对孩子的教育也是一样，他需要全面发展，而根本是德行教育。因此，我们需要着重培养孩子的德行，一定要为孩子扎好德行的根基。而德行教育要回归到家庭教育，要回归到"孝"，关于"孝"这个重要的教育原则，后面将会全面讲述。当孩子奠定了德行的根基之后，再去培养和提升自己的学问、才能和技能，就变得非常容易了。

关于孩子才艺的培养，我们要注意以下几点：

第一，不要用"成名"逼迫孩子学才艺。

为了能让孩子坚持不放弃才艺学习，有的父母会用"成名"来进行引诱，有时候还会刻意让孩子在外人面前表现一番，并利用周围人的夸奖或捧场来激励孩子。这样的做法很容易就会激起孩子的虚荣心，最终他一定会变得功利起来，从而也就丧失了心中原本的安宁。

关于才艺，孩子想学、爱学，他才会真的去学，否则强逼着让他学，甚至不惜用功利来诱惑他，这样的才艺学来何用？倒不如干脆放手，任孩子选择自己更加喜欢的事情去做。

第二，鼓励孩子先摆正对才艺的态度。

如果孩子真的喜欢了某项才艺，我们可以告诉他这项才艺会对他的生活产生怎样的影响，让他多接触与此才艺有关的内容。比如，孩子想要学画，那么，不妨带他多看看名家画作，引导他学会欣赏，鼓励他从画中看出更丰富多彩的世界。孩子的内心越纯净、越单纯，他对画的领悟与理解才能越有味道，越有自己的见解，这才是真的在培养他的才艺。

第三，孩子参与"才艺大赛"须谨慎。

父母不惜一切代价培养孩子的才艺，恨不得孩子琴、棋、书、画样样精通。而孩子一旦有了才艺，父母就希望有可以让孩子一展才艺的平台。于是，在父母这种功利思想的影响下，各种商业运作的才艺大赛应运而生。

才艺大赛受到了越来越多父母的热捧，一些父母更是不惜重金领着孩子参加各级、各类的才艺大赛。有的父母是抱着让孩子见见世面和锻炼一下的想法，而有的父母却是抱着让孩子多拿几个证书的功利心。

无论这些父母带孩子参加才艺大赛的初衷如何，而是才艺大赛真真假假，难以辨别。有的才艺大赛虽然冠以"国际""全国"之类的名目，但是却在冠名、收费、评奖等方面非常混乱。一些父母花费了大笔资金，却发现这好似一场披着"华美外衣"的骗局。

对于孩子来说，多参加一些才艺比赛本是一件好事，因为他可以在比赛的过程中向别人学习，可以相互交流各自的学习心得和体会，也可以通过比赛得到锻炼、增加信心。然而，现在很多才艺比赛的商业气息、功利性太重，给孩子的成长带来了负面的影响。

因此，面对各种形式的才艺比赛，父母一定要谨慎对待：一要详细了解才艺大赛的相关情况，不要盲目让孩子参加。凡是需要缴一大笔钱的比赛，都不是单纯地为孩子提供一个展示才艺的舞台，更多的是商业赚钱行为。二要明确让孩子参加才艺大赛的目的，千万不要抱有功利心。让孩子参加比赛的目的，是为了锻炼他的能力，是为了让他享受比赛的过程，而不是为了让他拿那一张奖状或一个奖杯。最后，一切以有利于孩子的成长为原则，要尊重他的自然发展规律，掌握好让孩子参加才艺大赛的"度"。如果为了让孩子参加比赛而进行"揠苗助长"式的魔鬼训练，或者让他参加过多的比赛，甚至参加成人类别的比赛，都很容易损害他的天性，也会带给他更大的压力，甚至会让他产生逆反心理，反而得不偿失。

第四，艺术仍要回归到"做人"上来。

著名翻译家傅雷给儿子傅聪的家信中有这样一句话："先为人，次为艺术家，再为音乐家，终为钢琴家。"在傅雷看来，做人与艺术是相通的，做人追求真善美，艺术也是如此。音乐是艺术中的一个门类，对音乐的理解需要艺术中其他门类的支撑。钢琴是艺术的一种载体，是音乐家表达情感和对艺术理解的一种形式。音乐脱离不了精神上的"美"，所以最终仍要回到"做人"上来。

如果父母真的希望孩子接受艺术教育，那么就要淡化功利心，不要出于让孩子学艺术是将来成为音乐家、舞蹈家、画家等的目的，而是让他做一个追求真善美的人，让他接受艺术的熏陶，提高他对艺术的鉴赏和审美能力。

教育要培养有德有才的"正品"，而非培养"毒品"

哈佛大学心理学家罗伯特·科尔斯教授指出，品格胜于知识，德行最重要。我们古圣先贤也是以德立身的。

早在 2500 年前，儒家经典《大学》中说道："德者，本也；财者，末也。"也就是说，对一个人来说，最重要的就是德行，财富是次要的。孔门四科（孔子门生必修的四门课程）分别是：德行、言语、政事和文学，也是把德行放在第一位，而文学，即知识的学习放在最后一位。《论语·学而》说道："弟子入则孝，出则悌，谨而信，泛爱众，而亲仁。行有余力，则以学文。"这就是学习的次第问题。其中，孝、悌、谨、信、爱众、亲仁，都是德行的范畴。

遗憾的是，今天的很多父母，都忽略了对孩子德行的培养。没有了道德教育作为根基，智能教育能走多远？发挥的作用能有多大？

如果一个孩子没有才能，至少他不会危害社会，但是，如果孩子没有德行而有才能的话，他所体现出的价值往往是负面多过正面的，正如那些高科技犯罪一定比小偷小摸的危害性大很多。所以，一个孩子掌握的知识再多，学历再高，如果没有德行，那就是"毒品"。

记得有一阵子，某品牌的感冒药需要实名购买，而且一次购买不得超过3 盒。后来才得知，原来是官方担心有不法分子用感冒药提炼毒品。想想看，我们会用感冒药提炼毒品吗？你的家人、亲戚、朋友会用感冒药提炼毒品吗？好像不能。谁能做到这件事呢？那些懂得生物化学的高学历"人才"才能做到这件事。这就可以明白，高学历有知识，但如果没有德行，那他本身就会成为社会的"毒品"。

民间有一句很粗俗的话，叫"流氓不可怕，就怕流氓有文化"，这句话不中听，但话糙理不糙，只有高学历却没有好德行做支撑，那么高学历可能就会变成犯罪的帮凶。而这也应了司马光在《资治通鉴》里提到的那句话，"才胜德谓之小人。"

来看一下这两个案例：

案例一：十多年前，某重点大学的博士生张同学在接受电视台的专访时表示，"我博士毕业出来，我连住的地方都没有。博士毕业有用吗？博士后毕业有用吗？"接着他就要求父母在北京全款为他买房。可是，父母的经济能力有限，显然不能满足他。

案例二：某市区的某派出所曾经介入调查一件家庭案件。身为某名校工商管理硕士的某某，彼时是一位高学历的公务员。但是，他竟然在4个月的时间里多次暴打并辱骂亲生母亲，同时他还多次与父亲发生肢体冲突，撕咬、暴打父亲。在被记者问及时，某某竟然以"家庭矛盾"来敷衍搪塞。

这样的案例还有很多，令人唏嘘不已。可是想想看，这样的人是谁培养出来的呢？难道仅仅是他就读的大学培养的吗？当然不是。这些"毒品"能有今天的结果，一定跟父母对他的教育有很大关系。难道不是吗？

一位妈妈就说："现在社会竞争这么激烈，孩子不多学点怎么能行？怎么能拼得过别人？多背几个单词，多做几道题，比什么都强。品德，学校不是发了课本了吗？有学校教就行了。再说，品德又不考试，知道有这么个东西就可以了。"

另一位妈妈也说："除了学习，其他的你什么都不用管！"

还有一位妈妈这样说："德行好有什么用？又不当饭吃！还是老老实实地看书做题吧！"

　　甚至有的爸爸对孩子说："爸爸赚钱的秘诀就是把'道德'两个字都忘掉，只要不违法就行，可以打'擦边球'，这样才能赚钱，以后你就会明白了！"

　　这些话，我们耳熟吗？自己说过吗？听别人说过吗？类似这样的话是不负责任的，是对孩子绝对错误的引导，孩子会认为学习好比德行好更重要，有了好成绩就可以为所欲为；会认为赚钱可以钻空子，要是老想着"道德"二字就赚不到钱……其实不是孩子自己要成为"毒品"的，是为人父母者没有意识到这个问题的严重性，没有及时对孩子进行正确的德行教育。在今天这个时代，没有人可以为所欲为，任何人做事都必须受法律和道德的约束。

　　对孩子的培养，当然要让他学知识、长才能，但这必须有个前提——德行的培养一定要跟上。试想，如果我们把孩子培养成了名牌大学的博士，但他却以极其傲慢的态度应征某企业的重要职位时，主考官能把这个重要职位留给这个无礼博士的概率有多少？即使他获得了这个职位，他与同事、领导能够友好相处的概率又有多少？没有友好相处为根本，保住这个职位的概率又有多少？所以，一个没有德行的人，即使再有才，连展示才能的机会可能都得不到，即使得到了，也是短暂的。再比如，把孩子培养成博士，他毕业了结婚了，结果不好好经营婚姻，搞外遇，当第三者，那他有没有德行？算不算人才？我们操心不操心？难过不难过？因此，请我们做父母的还是回归根本，让孩子知道才能的展现是需要承载物的，而这个载体就是——德行。

　　不过，任何事情都不要走极端，不要因为我们说德行重要，就一门心思地培养孩子的德行而忽略了对孩子"才"的方面的培养。孩子知识的学习和德行的提升要做到"双管齐下"，在学习知识的同时，孩子自然也会对德行有更深层次的理解与感悟。

　　事实上，中华民族历来都重视教育孩子不仅要学会知识，更注重教会孩子如何做人。而家庭教育的职责就是为孩子的道德修养打基础，学校教育才是知识与技能的教育。父母一定要重视对孩子的德行教育，把孩子培养成为德才兼备的人。

　　我记得以前听过一个强调健康重要的说法：你的妻子是0、孩子是0、票子是 0、房子是 0、车子是 0、位子是 0、面子是 0……如果前面没有健康这个 1 作保证，那一切都是 0，有健康作保证，才是真正的财富——1000000000……以前对这个说法我也曾深信不疑，但现在，我倒是非常想在这个大大的数字前面再加上一个"±"（正负号），"+"代表有德行，"-"代表没有德行。怎么讲？如果一个人非常健康、非常强壮，但没有德行，他对社会的危害会比那个身体不健康也没德行的人更大。是不是这个道理呢？

第三章

德行是做人之本，而孝道是德行之本

教育孩子，就要培养他的德行，这是做人的根本。但是，德行的根本又在哪里呢？也就是说，我们从哪里入手来培养孩子的德行呢？孔子在两千多年前就告诉我们："夫孝，德之本也，教之所由生也。"德行，是一个人的安身立命之本，而孝道则是德行的根本，也是一切教育的出发点。不教孩子学孝道，孩子就很难成才。今天有些孩子做出的事情能令成人瞠目结舌，不敢相信，但如果他能有一颗孝心，他还能做这样伤风败俗、害人害己的事情吗？当然不能。教孩子学"孝"这件事，是最重要恰恰也是我们最容易忽略的。

通过"教"这个字来看透教育的次第

中国的文字是有智慧的文字，"教"这个字里同样蕴含着极大的教育智慧。"教"这个字是左右结构，拆解开来，左边是"孝"，右边是"文"，这样一左一右，就把教育的次第，也就是教育的先后顺序非常清楚地表现了出来。

教育的次第是什么？就是先教孩子学"孝"，再教他学"文"。现在呢？学校在教什么？教"文"！为人父母者在教什么？还是教"文"！只教"文"，不教"孝"，能不出问题吗？想想看，如果我们辛辛苦苦地把孩子培养成了博士，但他对我们却没有半点的孝心，那我们的教育算不算是失败的呢？如果他再不好好工作，做一些违法乱纪的事，我们的脸上还会有光吗？可见，没有"孝"做这个"文"的支撑，孩子也很难真正成人、成才。

人生处处是学问，人生处处是考场。没有智慧，就没有判断力，就不会发现教育孩子的真智慧在哪里，家庭教育这门课程的考试就不会过关。所以，我们要重视对孩子的教育，更要找对教育孩子的方法，用好古圣先贤留下来的教育智慧。

教育的首要任务与次要任务是什么？

教育孩子这件事是一门大学问，需要我们去判断、思考：什么是教育的首要任务，什么是次要任务？教育的次第一定要弄明白。

《大学》中讲道："物有本末，事有终始。知所先后，则近道矣。"万事万物都是根本，有枝末，也有开始，更有终了，知道次序，才会接近明了事物的规律，就离"道"不远了。而"教"这个字所透出来的信息就是教育的"道"所在。如果我们还跟孩子说"你只要好好学习就行了，其他事情你都不用去管"，那是我们的无知，是对孩子不负责任！

当然，"孝"很重要，"文"同样也很重要，不要顾此失彼，也不要顾彼失此。在对孩子施以教育的过程中，一定不能漏掉"孝"这一环，在"孝"的基础上，再让孩子学"文"。

说到这里，我就想起了《弟子规》总叙的最后两句话——"有余力，则学文"，当然，这是有前提的，那就是"首孝悌，次谨信，泛爱众，而亲仁"，而后，"有余力，则学文"。

为什么《弟子规》告诫我们"有余力，则学文"？

如今是一个知识爆炸的时代，很多父母都认为，没有知识是非常可怕的，是无法在这个社会上立足的。于是，努力学习文化知识几乎成了这些父母对孩子唯一的要求了。但是，《弟子规》中却告诫人们"有余力，则学文"。这是为什么呢？

南宋理学家朱熹夫子在《论语集注》中说："未有余力而学文，则文灭其质；有余力而不学文，则质胜而野。"意思是说，如果一个人没有多余的时间，他的内在修养还不够，却不顾一切地学习知识，也许他的知识很丰富，但是他的本质有问题，那么他所学的知识反而会埋没了他的本质；如果一个人有多余的时间，内在修养也差不多了，却不学习知识，那么他的外在行为就会显得有点野蛮。

可见，无论是"未有余力而学文"，还是"有余力而不学文"，对一个人的成长都是没有益处的。事实上，真正有益的做法就是"有余力而学文"。

有空余的时间，一定要提升自己的学问。

对于成长中的孩子而言，怎样才算是"有余力"呢？其实，就是指在践行了孝、悌、谨、信、爱众、亲仁后（至于是否完全做到，那是另一回事，因为那需要一个长期的过程），还有空余的时间、多余的精力，就要努力"学文"了。学文必须要以孝、悌等6大项为根本，用做这6大项之外的时间学文，而不是必须将这6大项完全做到之后才去学文。

如果孩子没有践行孝、悌、谨、信、爱众、亲仁，只是努力学习知识，那么纵使知识渊博，也很难成为一个真正有用的人。如果孩子只是践行孝、悌、谨、信、爱众、亲仁，而不努力学习知识，就容易陷入自己的主观偏见中。所以，当孩子落实了这些做人的根本之后，就要努力学习知识，从而提升自己的学问，充实自己的人生。

庄子曰："吾生也有涯，而知也无涯。"的确是这样，人的生命是有限的，但知识却是无限的。人类几千年积累下来的知识，是不可能在短时间内学完的。所以，我们每个人都应该有终身学习的态度，正所谓"活到老，学到老"。

学"孝"是全家人都要修的重要一课。

当我们对教育的次第很清楚时，就要按照这个次第去教孩子。尽管之前我们可能没有意识到教孩子学"孝"的重要，但从现在开始去补上这一课，还不算晚。如果现在明白了这个教育次第而不相信，或者半信半疑而不去落实的话，对孩子的成长来说，是极为不利的。我们有责任帮孩子积攒一些福气，教孩子学"孝"这件事必须去做。当然，我们也应该做一个孝敬父母的好儿子、好女儿，给自己积攒一些福分，也让我们的父母在晚年能够开心，更是给孩子做一个好榜样。所以，学"孝"是全家人都要修的重要一课。

要重新认识"教育"这两个字

上一节是从"教"这个字的写法或结构来看教育的次第，而这一节，我们则是要重新认识"教育"这两个字。这两个字大家当然认识，一方面经常提到，另一方面也是自己每天要做的事，尽管如此，我感觉还是有必要来重新认识一下这两个字。既然是重新认识，那就表明，之前我们对这两个字的认识还不够，或者说还没有认识到这两个字的真正意义。

在这里，我不想谈教育学上对"教育"这两个字所作的定义，而是想透过《说文解字》这本书对"教育"两个字的解释来说明如何重新认识这两个字。

《说文解字》，简称《说文》，由东汉的经学家、文字学家、语言学家许慎所著，是世界上最早的字典之一，也是我国第一部按部首编排的字典，成书于汉和帝永元十二年（公元100年）到安帝建光元年（公元121年）。

对教育，《说文解字》是这样解释的：教，上所施下所效也；育，养子使作善也。短短两句话，就把教育的核心给我们点了出来。教育，就是这么简单的一件事，就是我们教育者（父母和老师）以身作则，率先垂范，给孩子做个好榜样，让他接受良好的熏陶，去模仿。我们要做善，时刻把善心、善行"演"给孩子看，他就会学着我们的样子去做善；我们爱读书、爱学习，他就会学着我们的样子去读书、去学习。

教，上所施下所效也。

想让孩子成为怎样的人，我们自己就要首先去努力成为那样的人。不要试图把自己没有实现的梦想加到孩子的身上，也不要试图说一套做一套，只让孩子去学习，自己却在看电视；只让孩子去上课外班，自己却去做着各种休闲娱乐活动……那样做，我们对孩子是没有任何说服力的。

有一个叫"三个笨鸟"的小故事，或许能给我们一点启发：

孩子成绩不好，父母很着急，用了很多方法都不管用，于是就给他讲了《笨鸟先飞》的故事，谁知，孩子不但不认同，还对这个故事进行了反驳："我觉得，笨鸟有三种！"

父母很好奇，就问："三种？哪三种？"

孩子则说："一种是自己喜欢飞的，就先飞了；一种是不喜欢飞的，所以就后飞；还有一种是自己不飞的，就下个蛋，然后寄希望于这个蛋，希望蛋能飞起来！"

看，如果我们做父母的做不好，孩子怎么会认同我们的"教育"！所以，我们只有做到"上所施"，孩子才会做到"下所效"。

还有一个小故事，是父子间的一段对话，值得我们反思：

孩子考试成绩不太好，爸爸就很着急，于是就说："人家能考100分，你为什么不能考100分？"

结果，孩子也不甘示弱，立即反驳道："人家能当局长，您为什么当不上局长？"

爸爸立即无话可说。

是啊，我们自己做不到，又怎么好意思要求孩子去做到呢？所以，从现在开始，跟孩子一起成长吧，而且要比孩子成长得更好，要把路走在孩子的前面，这样我们在前面带路，孩子自然会跟着，是自动自发的，而且没有任何"怨言"。

育，养子使作善也。

这里面，特别提到了"使作善也"，也就是说，要让孩子有一颗善良的心，要培养他去做一个善人，当他有善心善行时，自然会感召很多善良的朋友，他的人生一定会遇到能处处提携他的贵人，人生哪会不幸福！孩子幸福了，我们不就心安了吗？

我们要跟孩子探讨什么是善，什么是恶，让孩子具备善恶的分辨能力。其实，《弟子规》就是一把衡量善恶的尺子，符合《弟子规》的就是善，不符合《弟子规》的就是恶。当孩子真正去读诵、落实《弟子规》时，他也就慢慢具备了善恶的分辨能力。

另外，有一部经典叫《了凡四训》，里面提到了这样一个观点：如果对"善"辨别得不清楚，有时候以为自己是在做善事，其实是在造恶。这部经典对"善"的讲解非常透彻，里面提到：善有真、有假；有端、有曲；有阴、有阳；有是、有非；有偏、有正；有半、有满；有大、有小；有难、有易。

如果想法、念头、言语都是利于他人，这个善是"真"；如果想法、念头、言语都是为了自己，这个善是"假"。

处处为他人、为家庭、为社会着想，不夹杂一丝一毫的个人私利，这是"端"；内心不端正，处处为自己着想，这是"曲"。

做了好事不被人所知，这个善是"阴"善；做了好事被他人知道，这个善是"阳"善。

如果行善的影响面很广，影响的时间很长，这个善是"是"；如果行善的影响面很小，影响的时间很短，这个善是"非"。

做好事、善事，就是"正"；做坏事、恶事，就是"偏"。如果以好心做了坏事，称为"正中偏"；如果以恶心做了好事，称为"偏中正"。

一心为善，而内心没有任何夹杂，这个善是"满"；内心有夹杂，即使做再多的善事，也是"半"。

一心为天下国家，这个善是"大"；一心只为自己，这个善是"小"。

哪怕行善遇到再多的困难，也能坚持去做，这个善是"难"；具备行善的条件，做善事容易，这个善是"易"。

如果我们想要详细了解其中的内容，可以抽时间好好看看这部经典。只有我们具备了善恶的分辨能力，才能去引导孩子分辨善恶。

平日里，我们可以根据发生在身边的事情，或者报纸、电视等媒体上报道的案例，与孩子一起探讨这些事情是善还是恶，以什么样的标准去判断，如果这件事情发生在自己身上，又该如何去做。这样的探讨会给孩子留下深刻的印象，让他更深刻地了解善恶。

所以，对于中华传统文化，对于祖宗留下的教诲，我们一定要有信心，要用心去学习、去思考、去践行。如果我们真正能够深入圣贤经典的教诲，就一定会越来越佩服古圣先贤，也会学到更多让自己、孩子和家庭受用不尽的大智慧。

家庭教育的"本"到底是什么，"末"又是什么

我们先看下面这幅图，思考这样一个问题：如果要给这棵树浇水，水应该浇在哪里？问题非常简单，答案当然也一目了然——当然是浇根了！我们当然都明白这个道理。因为要想让一棵树长成参天大树，一定要给它的根部以水和养分，所谓"根深叶茂"。

我有一年夏天去深圳，那时台风"韦森特"刚过，据报道，深圳市有11.5万棵树被台风吹倒。为什么？不是台风太大了，而是那些树没有深深扎根。因为不是所有的大树都被吹倒，而且可以看得出，那些被台风吹倒的大

树，树冠很大，但根部很小，仅仅是个"土疙瘩"，难怪会被风吹倒。

所以有句话讲："树根扎得深，不怕台风吹。"为什么这么讲？其实是想说，教育孩子也是一样的道理，家庭教育就是"扎根教育"。遗憾的是，我们对孩子的教育并没有给他"扎根"，所以"水"也没有浇到"根"上，而是拿喷壶把水喷到了叶子上，是在侍弄盆景，孩子又怎么能长成参天大树呢？

看到这里，相信你已经大概明白了家庭教育的"本"到底是什么，而"末"又是什么了！没错，家庭教育的"本"就是教他做人，就是教他学孝道，而"末"才是教他学文，指导帮助他提高成绩。做人教育永远是教育的核心，人做不好，即使有好成绩，也难以成为有益于家庭、社会、国家的真正人才，当然也难以一生幸福。做父母的会跟着他操心一辈子。做人，就一定要先学孝悌，正如《论语·学而》所指出的，"君子务本，本立而道生。孝悌也者，其为仁之本与"，孝悌是本，是做人的基本资格，君子一定要以此为本。

但是，我们在家庭中是否培养孩子的孝心了呢？是否教他学孝道了呢？好像没有。我知道，父母在一起交流最多的是：怎样提高孩子的学习成绩；怎样给孩子选好的教辅书和测试题、测试卷；给孩子报什么课外班；哪个学校教学质量更好；等等不一而足，但唯独没有谈论怎样教孩子学做人，怎样教孩子学做一个有孝心的人！这应该引起我们的反思。

在古代，只有当孩子的道德修养得到提升之后，才能去学习知识，老师会教孩子去孝敬父母，父母也会教孩子去尊敬老师。结果，孩子在学堂表现很好，很努力，很用功，不用父母操心；孩子在家表现也很出色，懂得孝敬父母，尊敬长辈，空闲时间还会去读书做学问，不用老师嘱咐。遗憾的是，这样的场景在今天已经难得一见了。

你可能会说，老师又没有教孩子学孝道！对，但是要想一下，你在家里教孩子去尊敬老师了吗？其实很多关系都是相互的，如果我们眼中看不到老师的好，那老师的眼里也看不到父母的好。所以，我们要反思自己，要找自己的原因，而不是把责任推给别人，推给社会。

既然现在就是这样的现实，那我们就自己来教孩子学孝道，自己给他做"扎根"的教育，从小就做，不要等他长大再做。如果在孩子小的时候不教育他，长大了之后，他的本性就会随着外界环境而改变，我们就很难再对他进行教育了。所以，在孩子很小的时候，我们就要对他进行"扎根"教育，教给他做人的道理，教他孝道，教给他处世待人的态度。

一旦孩子扎下了孝道的根基，当他面对学习的时候，他就会认为学习是自己的一种责任。而且，为了不让父母担心，为了让父母高兴，孩子就会加倍努力学习，从而提升自己的学问。可以说，孝心这个"本"的提升一定会带动学问这个"末"的提升。反之，仅仅是学习成绩这个"末"的提升，并不一定能够让他的孝心这个"本"变好。所以，"本"的教育是必需的，是第一位的。无论是家庭教育，还是学校教育，如果没有以孝为"本"的教育都是不完整的，都是"无根教育"，当然是不能让孩子真正受益的。

我知道有的父母会很希望看到一些事例来佐证，其实事例不用刻意去说，每天新闻报道中呈现的负面案例，足以用"本"与"末"的教育理念来解释，我们身边发生的真实故事，也可以用"本"与"末"的教育理念来解释，甚至可以说，我们的孩子为什么不爱学习，我们的孩子为什么不听管教，我们的孩子为什么让我们各种操心？究其根本原因，还是没有对他进行"扎根"

教育，没有培养他的孝心，没有培养他的恭敬心，没有培养他的仁爱心，或者说，在我们自己身上，就看不到这些"根"的存在，我们整天就在关心"末"的东西，而不去注重对自身的"本"的提升，又怎么去教育孩子呢？

再请各位思考两个问题：第一个，中华民族上下五千年来，花最多时间和精力教育下一代的是哪一代人？是我们这一代！第二个，那这五千年来，哪一代人教育下一代的效果最差？还是我们这一代！为什么？其实，我们这一代做父母的所有的苦难，就是因为我们没有辨别清楚教育的"本"与"末"，就是因为我们没有对孩子进行"本"的教育。

教育就是这么简单的一件事，要用心去体悟，体悟到了，就用心去实践。

孝，其实才是一切教育的生发点

在很多次讲座中，我都会特别提到一句话，就是孔子在《孝经》开篇所说的，"夫孝，德之本也，教之所由生也！"意思是，孝是一切德行的根本，也是所有教化产生的根源，是一切教育的出发点，所有的教育都应该从教孩子学孝道开始。

一个懂得孝道的孩子，他一定会好好学习，一定会积极乐观地生活，以后也一定会有好的工作，有好的前程，更会有幸福美满的人生。那么，我们为什么不教孩子学孝呢？我们为什么不带头学孝呢？

孩子学会了孝，就会对父母生起感恩之心。对孩子而言，父母是无私的奉献者，如果孩子对于这样的给予都不懂得感恩的话，他还能感恩其他人吗？换个角度说，家庭是孩子成长的摇篮，孩子从小对父母的态度就是他长大后对周围一切人的态度，如果一个孩子不尊重父母、关心父母、设身处地为父母着想，他对周围一切人也会显出自私、冷漠、傲慢、无礼；如果他恰恰对外面的人恭敬、热情、体恤的话，只能说明他是违心的，一定有什么企图。正如儒家经典《孝经》所说："不爱其亲而爱他人者，谓之悖德；不敬其亲而敬他人者，谓之悖礼。"显然，一个不爱父母、不尊敬父母的孩子，要说他对别人有爱、有敬，那一定是骗人的。每位父母都想让孩子在未来的人生中遇到贵人，就目前我们孩子的这种情形，想想看，别人会喜欢他吗？别人愿意提携他吗？当然，如果孩子没有教好，他可能就会跟一些不三不四的人交往，甚至形成一个"坏朋友"的圈子，"圈主"可能会"提携"他！这是多么可怕的事！为什么我们做父母的不能做到"未雨绸缪"呢？

一个孩子如果在家庭中就学会了孝敬，就有了这个坚实的做人德行之基础，他就会更容易懂得感恩、关爱、礼敬、谦逊，而且他也自然而然地会用这种态度与周围一切人相处。试问，哪个人不喜欢这样的孩子？哪个老师不愿意培养这样的孩子？这样的孩子长大后走向社会，他一定会找到好的工作，一定会与同事相处融洽，一定会深得领导的喜爱，哪个领导不希望提携这样的好员工？而且他也一定会找一个同样有孝心的爱人，一定会拥有一个幸福的家庭，他一定会踏对人生的脚步。当然，他的人生之路也一定会走得非常踏实。

再次特别强调：孝道是中华五千年伦理道德的核心和基础，是亘古不变的做人法则。每一位教育者（包括父母和老师）都应该培养孩子的孝心，这是最根本的教育。孩子有了孝心，他会幸福一生；孩子有了孝心，父母会幸福一生，他不用你操一点心，也不用担心自己老了孩子不管你，这是永远也不会发生的。为什么？就是因为孩子有孝心，孝道的力量是巨大的，是超乎你想象的。只要你相信，只要你培养，就一定会受益无穷。

"孝"是家庭和谐、社会安定的根本。

《弟子规》开篇第一件事，就是教人学孝。孝，是首要的一件事，也是最重要的一件事。要想学习孝道，《弟子规》确实是一本很好的书籍，此书只用56句话，168个字，就将一个孩子该如何表现孝道讲述得清清楚楚。这些行为都不难，做起来非常简单，当孩子不仅会念而且还能做到时，孝道就已经开始在他身上生根发芽。

我们看这个"孝"，上面是个"老"字头——"耂"，下面是个"子"，就是"子"在"老"身边，背着"老"一代。可见，上一代与下一代，融为一体，就是孝。"孝"字还说明，上下两代人是不可分割的整体。千百年来，中国人为什么如此重视这个"孝"字？因为它是家庭和谐、社会安定的根本。

孩子从父母那里继承了血脉和家训，孩子就是父母的分身。我们是父母，但我们也是父母的分身。如果一个人不孝敬父母，他就失去了做人的大根大本。也正是因为这个原因，古语才说："夫孝，天之经也，地之义也。"也就是说，孝敬父母，是天经地义的事。

当然，教孩子学孝，首先要求我们做父母的要做到孝。我们要对父母尽孝，比如，经常带着孩子、爱人回家看望父母，经常与父母联络感情。

行孝，不能离开敬，我们要从内心恭敬父母。孔子曰："至于犬马皆能有养，不敬何以别乎？"孝养父母，没有一定的形式，但皆要出自敬爱之心。如果只是给父母吃的，而不敬重父母，那跟养马又有什么区别呢？所以，对父母，一定要心存恭敬。

孝顺父母，还有一个关键，就是给父母一个好脸色。《论语·为政》有这样一段话："子夏问孝。子曰：'色难。有事，弟子服其劳；有酒食，先生馔，曾是以为孝乎？'"意思是说，子夏请教老师什么是孝。孔子说："做孩子的要尽到孝，最不容易的就是对父母和颜悦色。今天所谓的孝，就是有一些要做的事，孩子们都会抢着去干；在一个物质条件不怎么丰富的情况下，尽量做到让父母长辈有吃有喝。但是，这样做就可以算'孝'吗？"

其实，给父母吃喝，满足父母的物质生活并不难，难的是给父母一个好脸色。所以，孝顺父母并不是只给他们吃的、穿的，而是随时都给父母一个好脸色。否则，我们即使让他们天天吃山珍海味，而对父母恶脸相向，父母也不会开心。

也许给父母一时的好脸色不难，难的是一辈子给父母好脸色。所以，我们为人子女者应该永远记得"色难"这两个字，永远给父母一个好脸色，让父母永远开心。好脸色是孝的基础，只有时刻给父母好脸色，我们才会主动去为父母做力所能及的事，真正让他们感到宽慰。

我们做到了孝，家庭就和谐了，社会就安定了。

因为《弟子规》里开篇总叙里提到的是"首孝悌"，所以，这里也有必要再谈一谈"悌"，前面也曾提到，"孝悌也者，其为仁之本与"。可以说，一个家族想要兴旺发达，一定离不开"孝"与"悌"，要教孩子学"悌道"，要让孩子传承孝悌的家风。要知道，孝悌家风的传承是当今家庭教育的关键所在。

毫不迟疑地把孝悌的家风传承下去。

"慈母手中线，游子身上衣。临行密密缝，意恐迟迟归。谁言寸草心，报得三春晖。"唐代诗人孟郊的这首《游子吟》，生动表达了中国人深厚的家庭情结。家庭是社会的基本细胞，是人生的第一所学校。无论时代发生多大变化，无论生活格局发生多大变化，我们都要重视家庭建设，注重家庭、注重家教、注重家风，紧密结合培育和弘扬社会主义核心价值观，发扬光大中华民族传统家庭美德，促进家庭和睦，促进亲人相亲相爱，促进下一代健康成长，促进老年人老有所养，使千千万万个家庭成为国家发展、民族进步、社会和谐的重要基点。

写到这里，想起两位圣贤人，一位是孔子，一位是范仲淹，他们都有着传承千秋万代的良好家风。孔子的家族，至今已经绵延两千五百年而不衰，而且后人遍布世界，入孔氏族谱的后人就有二百多万人，而如果全部统计算下来，孔子的后人已经有四百多万人。而范仲淹的家族至今也有近一千年，后人无不受人尊敬。孔子的家族、范仲淹的家族之所以能经久不衰，就是因为他们有好的家风传承。我在讲课的时候，经常会问大家一个问题："我们是否想过，自己的家族能够绵延多久？"现在，我们也可以想一下这个问题。

那么，什么是家风呢？家风，指的是对子孙后代立身处世、持家治业的教诲，是留在孩子心目中的风范、德行，而不是我们名片上面的那一大堆的虚名。家风是中国传统文化的重要内容，也是家谱中的重要组成部分，在历史上，对古人的修身、齐家，甚至是治国平天下发挥着重要的作用。古人都有家风的传承，今天几乎没有了。我想，既然我们已经开始在找最彻底、最有效的家庭教育方法，就应该有自己的家风，要有家风的传承。这个家风，我们想，应该是什么呢？在我看来，最基本的，也是最根本的，就是孝悌的家风。要想让自己的家族绵延不衰，孝悌是关键。

我们确实应该好好思考，为什么要传承孝悌的家风？因为这是家庭教育的关键所在，是家族兴旺、民族发展、社会和谐的关键所在。

你所希望孩子的一切，几乎都能从"孝"中来

看到这个标题，有人可能不会认同，以为我在说大话，其实不然。你所希望的孩子的一切，几乎都能从"孝"中来。

想想吧，你对孩子的希望是什么？远一点来说，不外乎希望他有一个幸福的人生，能够在社会上有一份好的工作，有一份属于自己的事业，能建立一个美满的家庭，能对社会国家做一个有用之才；近一点来说，希望他能好好学习，天天向上，能考个好成绩，上个好大学。

大概就类似这些吧！都没有问题，一个"孝"字，问题几乎全解决。

先说近一点的，就当下我们都十分关注的学习问题。

孝，能让孩子自动自发地学习。

我在前面提到过，孝是一切教育的起点。在家庭中，我们对孩子进行教育，也要从教孝道开始。有的父母可能就会有疑问："教孩子学孝道真的管用吗？"答案是肯定的。

我们可以想一下：一个孝敬父母的孩子，会不让父母操心，无论是在学习上，还是在生活上，他都会尽力让父母开心。例如，《弟子规》后面提到的"亲所好，力为具"，如果孩子掌握了这句话的精髓，那他就懂得如何去做了。我们做父母的，都希望自己的孩子学习好。而一个有孝心的孩子，知道父母希望他能学习好，他就会主动地学习，根本就不用父母在后面催逼，更不需要父母用物质、金钱奖励来诱惑。所以，孩子有孝心，他就会学习好。在孩子看来，学习好就是对父母尽孝。这样，他的成绩还会不好吗？

一个懂得孝敬父母的孩子，也会懂得尊敬老师，正所谓"孝亲尊师"。我们想想看，如果孩子懂得尊重老师，老师讲的课程他会认真去听，也即"亲其师，信其道"，而不用老师千叮咛万嘱咐，学习对他来说是一件自动自发的事，成绩想不好都难。

我有一个朋友，对父母非常孝敬。他从来不强迫孩子去学习，而孩子的

学习却是自动自发的。对孩子的学习，这位朋友曾这样对我说："很多时候，我都限制他学习，比如说晚上他学到很晚，都是我让他熄灯睡觉的。有时候早上我还没起床，他就已经早早起来看书了。孩子对我说，他不想让我操心他的学习，他一定会奋发努力的。"

后来，这个孩子以优异的成绩考入北京中医药大学。这位朋友孝敬父母，孩子从小就看在眼里，在孩子心里，他能做的就是主动地、积极地去学习，不让父母失望。在他看来，这就是对父母尽孝。

这个孩子在做人处世方面也比同龄孩子优秀很多，如他会利用大学寒暑假的时间回乡义务为患者诊疗。现在，他在攻读中医学博士学位的同时，还在北京的著名医院出诊，为患者服务。

我想，这就是为什么我们要教孩子学孝道的原因之一吧。

一个懂得孝道的孩子，绝对不会做出让父母操心的事，他做事前一定会好好掂量，做这件事是否有违孝道。所以，我们的孩子如果有了孝心，那我们这一生都会安心了，孩子的人生之路也会走得非常踏实。

再有，一个有孝心的孩子，一定会尽全力做最好的自己。

孝，能让孩子做最好的自己。

孝是中国伦理的基础。人人都应该有孝心，做孝子。一个有孝心的人，如果做学生他会是一名好学生，如果做农民他会是一个好农民，如果做工人他会是一名好工人，如果做下属他会是一个好下属，如果做领导他会是一个好领导，如果做官员他也会是一个好官员……为什么？因为一个人如果德行有缺失、人生有污点的话，那都是对父母的不孝。

《弟子规》上讲："身有伤，贻亲忧；德有伤，贻亲羞"，为人子女身体有不适、有伤害，父母会非常担忧；而一旦德行上出了问题，则会让父母蒙羞。如果一个孩子懂得"孝"，那他就不会做让父母亲人伤心的事，他就会知道，孝道的落实要从爱护自己的身体开始。

（1）"身有伤，贻亲忧"，孝道的落实从爱护身体开始。

做父母的人都深有体会，从怀孕起，我们就开始提心吊胆，除了希望孩子四肢健全、身体健康之外，别无所求。当母亲承受着剧痛生下孩子的瞬间，根本顾不上自己的安危，就会急切地问医生："孩子是不是健康？"

养育孩子的过程更是让我们费尽心力，孩子稍有感冒发烧，我们就开始着急，想方设法地给他求医寻药；他在成长的过程中，身体若有伤痛，我们便会无比担心，真是应了这句"身有伤，贻亲忧"，孩子的身体一旦出现状况，最担忧的就是父母。

一位老师为了开启学生们的孝心，给学生们详细描述了母亲从怀孕到生产的身心状况，特别描述了母亲生产的艰辛。学生们听得汗毛竖起，明白了父母生养自己的不易，而且也感受到了父母对自己身体健康的重视程度。之后，学生们都表示要爱惜身体，不让父母担忧。

当然，这样的引导，我们也可以自己在家里做，给孩子讲一讲，交流一下。老师不说，我们不说，别人都不说，孩子是很难自己发现这些道理的。

如果孩子能够深入理解"身有伤，贻亲忧"这句教诲的含义，他便不但不会做出损伤身体的事情，还会为维护自己的健康做出努力。因为他知道，父母对他最基本的期盼就是健康和平安。

（2）"身有伤，贻亲忧"，引导孩子理智面对逆境。

"身有伤，贻亲忧"这句教诲不仅能鼓励孩子维护身体健康，更能引导他理智地面对逆境。

一个懂得"身有伤，贻亲忧"的孩子，人生中无论遇到什么困难，他都会坚强，都会用合理的方式排解负面情绪，而不是因一时想不开而做出伤害自己的行为，因为那完全是不为父母考虑的不孝举动。如果一个孩子能稍微体谅到父母的不易，便无论如何也不会做出这种蠢事。

那么，到底怎样才能避免呢？对，就是对孩子进行孝道教育。如果一个孩子真正有孝心，真正想到要孝敬自己的父母，他无论如何也不会选择这种极端的行为。

《孝经》上讲："身体发肤，受之父母，不敢毁伤，孝之始也。"意思是，一个人的身体、四肢、每一寸肌肤、每一根毛发，都是父母给的，不能随意损伤，这是孝道的开始。对于这个身体，我们只有使用权，所有权是父母的。就好像我们租房子，我们只有使用权，而没有所有权，所以，你没有权利对房子进行破坏，没有权利改造、装修房子。一样的道理，我们的身体是父母给的，我们没有权利毁伤它，要尽最大可能保全自己的身体，这才是对父母的孝。如果做不到这一点，就是对父母的大不孝。如果我们的孩子都有一颗至诚的孝心，那么，即使遇到再大的苦难，再大的不幸，他都不会做毁掉身体的愚蠢举动。

（3）"身有伤，贻亲忧"，想到自己的父母，也会想到别人的父母。

另外，不伤害自己的身体，是孝敬自己的父母。每个孩子都是父母所生，都是父母所养，他们的身体都应该是完好、不受损伤的。那么，我们就要引导孩子，一想到自己的父母，就要想到别人的父母。孩子体会到这一点后，他就会具备一颗大孝之心（小孝孝自己的父母，大孝孝天下所有父母，正所谓"小孝孝于庭闱，大孝孝于天下"，当然还有更高一级的至孝，那是普利天下一切众生），就不会因各种原因而伤害别人的身体。这样，那些因恋爱不成就杀死对方，甚至一起殉情的极端事件就不会发生了。

如果我们的学校、家庭能够真正落实这样的教育，我们的下一代真的具备这种大孝之心，甚至是至孝之心，他们就真的不会做出各种令人遗憾的傻事。而我们也可以预见，在不久的将来，我们的社会将会变得更好，因为每个人都多了一份理性，多了一份大爱。

可见，教导孩子懂得"身有伤，贻亲忧"是保障孩子身体健康、生命安全的法宝，所以我们要和孩子一起学习这句教诲，为他的幸福人生打下坚实的基础。

我真的希望，能有越来越多的孩子从小与圣贤同行，接受传统文化教育，让自己因学习古圣先贤的智慧而受益一生。

（4）"德有伤，贻亲羞"，不因自己的不良品行让父母祖上蒙羞。

孩子的品行、德行代表着他所受到的家教和他应当传承的家风，所以，每一个孩子都不应让自己的不良品行辱没了父母和祖宗，不能给他们脸上蒙羞。

我想，在这个世界上，还没有哪个父母不希望孩子具备高尚的品德，如果孩子做出伤天害理的事情，父母不但会伤心，还会感到羞耻。

"德有伤，贻亲羞"就是说，如果孩子的德行有所缺失，就会给父母和家族蒙羞。

一位服刑的犯人学了《弟子规》之后，写出了这样的心得："以前，我觉得父母对我不够关心，所以就故意做坏事报复他们，当我进了监狱时，我居然觉得如愿以偿了。但是，自从学了《弟子规》，特别是学到这句'德有伤，贻亲羞'的时候，我才知道我以前的想法是多么错误，我真是太不孝了。想想看，虽然我一个人身在监狱，而我的父母也同样像生活在监狱里一般。他们不敢出门，生怕街坊邻居在背后戳他们的脊梁骨，他们也很少与亲戚往来，因为他们总觉得抬不起头来。每次想到这儿，我就特别难过。我下定决心，服刑期满出狱后，绝不再做伤天害理的事情，绝不让他们再蒙羞了。"

是啊！孩子的行为反映了他的家教，如果他的行为有所偏颇，别人就会说："有人养，没人教"，"没家教"。我们当然不希望听到这样的话。所以，要让孩子明白，他的言语行为绝不仅是他个人德行的体现，同时也代表着他的父母、家族，甚至是祖宗的道德品质。因此，人们看到坏人干坏事的时候会说："他们家祖上没积德，出了这个败家子。"

相反，如果孩子品德高尚、学业有成、有所建树的话，不但我们感到光荣，家族也会以孩子为荣，真可谓是光宗耀祖。正如《孝经》所云："立身行道，扬名于后世，以显父母，孝之终也。"孩子能以自己的德行显示父母的德行，就是孝的终极体现。如果孩子懂得这番道理，怎么会不努力修正自己的行为、激励自己成为品德高尚的人呢？

写到这里，这一节就告一段落了，是否还记得这节的主题？"你所希望的孩子的一切，几乎都能从'孝'中来！"现在，你是否认同了呢？

在生活中怎样教孩子学孝道

既然孝道的培养对孩子来说如此重要，那么，我们在家庭中又该怎样教孩子学孝道呢？这一点也不难，只需要把握以下几个原则就可以了。

第一，给孩子做有孝心的榜样。

有这样一个故事：一对夫妻将老母亲装在筐里，准备丢到河里。他们3岁的儿子说："你们丢完奶奶之后，不要把筐也丢了啊。以后我用它也好丢你们！"夫妻听后吓出了一身汗，立刻将老母亲从筐里扶出来，从此好好地侍奉。

故事中蕴含的道理不言自明。现在很多年轻父母，当着孩子的面，对父母不孝不敬。要知道，这一切都烙印在孩子心中，很可能在将来某一天，孩子就会同样对待你。

所以，父母在把自己最好的东西给下一代的同时，不要忘记对上一辈老人的孝敬。千万不要忘了那句老话——"弃老而取幼，家之不祥！"

可见，要想培养有孝心的孩子，要想教孩子学孝道，就一定要以身作则，这是最重要的原则，就是我们做父母的要时时刻刻给孩子做个好榜样，时刻懂得孝敬自己的父母。

例如，经常打电话问候父母，常回家看看；如果条件允许，经常带父母外出走走；记得给父母过生日，祝福他们；自己生日的时候，要记得感恩父母；父母如果生病了，有条件的话尽可能地要悉心照料他们；经常跟父母聊聊天，说说心里话；父母错了，要原谅他们，并善于规劝；定期带着父母去医院做一下体检；记得给父母买爱听、爱看的戏曲碟片；无论如何，都不说伤害父母的话；一定要懂得关心父母的精神生活；无论何时，都要给父母一个好脸色；等等。

有一则众所周知的公益广告：一位母亲给自己的婆婆（也可能是妈妈）洗脚，儿子看到了，也颤颤巍巍地端来一盆水，准备给妈妈洗脚。

孩子的世界是纯净和空白的，他从父母那里学习语言和行为，当孩子看到父母给爷爷奶奶捶背的时候，"捶背"这个动作就第一次映入了孩子的视线；当孩子看到父母对爷爷奶奶的态度，孩子就知道：可以用这样的态度对待自己的父母；当父母把老人时时刻刻都放在心里，经常去关怀、问候、体贴、照顾，孩子就会知道：爷爷奶奶在爸爸妈妈的心里很重要。这种重视本身就无形中使孩子提起了对长辈的尊敬，同时也从父母那里学会了孝敬。

还需要注意一点，就是我们在做事之前想一下，自己的行为是否能够给孩子带来正面的影响。也就是说，我们对长辈的尊重和关爱一定要发自内心，不能知道孩子会模仿，就假装做样子。这种假装同样会被孩子发现，被他学会。

有一位父亲，自从明白了要以身作则教孩子孝顺，就在一天早晨，临出门时，当着儿子面给自己的父亲鞠了一躬，说："爸爸，我们出门了。"

他和儿子出去后，儿子就问："爸爸，您刚才给爷爷鞠一躬，是做给我看的吧！"

父亲哑口无言。因为平日里父亲对爷爷没有特别恭敬，父亲此时的鞠躬，让儿子感到真的是在"表演"。

所以，我们要用真诚心去孝顺自己的长辈、尊敬身边的每一个人，这样，才是把真实的孝敬传达给孩子。

第二，教孩子懂得"知恩报恩"。

要让孩子感受父母的恩德，知恩，感恩，报恩。

有人曾总结出慈母的十大深恩：第一，怀胎守护恩；第二，临产受苦恩；第三，生子忘忧恩；第四，咽苦吐甘恩；第五，回干就湿恩；第六，哺乳养育恩；第七，洗濯不净恩；第八，远行忆念恩；第九，深加体恤恩；第十，究竟怜悯恩。

而做父亲的，也付出了很多，比如，孩子的生日就是"父忧母难日"，父亲为整个家庭的经济来源拼搏付出。

这些，我们都应该告诉孩子，让孩子从小就明白的道理。

如何告诉孩子呢？这就需要我们做父母的用点心思了。其实方法也很简单，就是夫妻要懂得配合。

第三，夫妻之间要做到相互配合。

所谓"夫妻配合"，就是说，做父亲的要告诉孩子母亲为家庭付出的辛苦，做母亲的要告诉孩子父亲为家庭打拼的不易。换句话说，父亲要把母亲的恩德告诉孩子，母亲要把父亲的恩德告诉孩子。

例如，父亲可以跟孩子说："母亲怀胎十月，非常辛苦，还经常呕吐，吃不下东西；生产的时候也是非常痛苦，但一看到你，所有的痛苦都化作了快乐；你出生后，妈妈寸步不离地照顾你，把你养大，实在是付出了太多。你可以不孝敬我，但你不可以不孝敬你的母亲。"

做母亲的可以这样跟孩子说："你父亲为这个家辛苦奔波，为了让咱们能过上好日子，拼命地工作，挣钱养家，非常辛苦。你可以不孝敬我，但你不可以不孝敬你的父亲。"

当我们这样跟孩子讲的时候，孩子一定会思考：原来爸爸妈妈为我付出了这么多，我一定要好好地孝敬他们，报答他们。这样，孩子的孝心就被激发出来了。

夫妻配合，但也要注意教育原则要一致，不能一个说东，一个说西。古代，夫妻双方都不用讨论如何教育孩子，但今天，很多父母已经搞不清楚了，不知道怎样教育孩子。为什么会这样？因为古人有家风、家训的传承，今天的人已经没有了。怎么办？那就需要透过学习，学习教育的智慧。所以，夫妻双方，一定都要学习《弟子规》，这就是我们的家风、家训的纲领、原则。全家都深入学习《弟子规》，做到活学活用，孩子就一定能教得好。

第四，教孝道时要做到"亲师配合"。

在古代，父亲带孩子第一次到私塾见老师的时候，是要给老师行三跪九叩的大礼的。在孩子眼里，父亲就是天，父亲竟然给老师行如此的大礼，孩子在内心是非常震撼的，日后，他一定会非常听老师的教诲，而不会跟老师顶嘴。对老师有一分的诚敬，学生就能得到一分的利益；对老师有十分的诚敬，他就能得到十分的利益。

父亲三跪九叩，就代表把孩子交给老师了，老师也非常负责任，一定会教孩子做人，一定会教孩子孝敬父母。因为父母对孩子说，你要孝敬我，他说不出口来；老师对孩子说，你要尊敬我，他也说不出口。所以，亲师配合。也就是说，父母教孩子尊师，老师教孩子孝亲。一个人只有孝亲尊师，他才能有大的作为。在历史上，这一点得到了充分的证明。

今天，我们依然需要亲师配合。但我们还要跟老师行这样的大礼吗？当然不需要，我们学圣贤的教诲，学的是实质，而不是形式。但是，我们做父母的依然需要对孩子的老师恭敬，更不能在孩子面前说老师的坏话。这样，孩子看到父母如此尊敬老师，他自然也会对老师生起恭敬之心，自然会认真学老师教的课程。因为，有些老师并不会在课堂上教孩子要孝敬父母，所以父母还应该跟老师沟通，请老师适当地点一下孩子，提醒或引导他孝敬父母。

做到这几点，一个有孝心的孩子就被培养出来了。当然，最重要的一点还是，我们做父母的要给孩子做个好榜样，这样他才会有样学样！

在圣贤教育中，不存在所谓的"愚孝"

有人说，孝顺，不就是完全要听父母的话吗？不就是完全要顺着父母吗？不管对错，都要顺着父母，那才叫"孝顺"呢？其实，这也是一种误读。我想作这样一个说明：真正的孝道，没有愚孝。或者说，在圣贤教育中，在中华优秀传统文化中，不存在所谓的"愚孝"。

"父母教，须敬听；父母责，须顺承。"

就从《弟子规》上这句"父母教，须敬听；父母责，须顺承"开始吧！有人可能会从字面上解读这句话，认为父母说的，就一定要听；父母责备批评，就一定要顺从。其实不完全是这样的。如果孩子犯了错误，做父母的能不去教育他吗？当父母在教育他的时候，他所表现出来的态度就应该是恭敬地、虚心地聆听！我们在批评他的时候，他可以"一言九顶"吗？当然不能这样。如果孩子这时候顶撞我们？我们的内心会做何感想呢？会舒服吗？

所以，我们要鼓励孩子践行"父母教，须敬听"的教诲，使他成为能受谏的有福之人。俗话说"福在受谏"，一个人有没有福气，就看他能不能听取谏言。对孩子来说，也是如此。一个孩子的道德学问能不能不断提升，个人的发展空间会不会越来越大，人生之路走得顺畅不顺畅，很大程度上就在于他愿不愿意听劝、受谏。如果孩子面对父母、老师、长辈的教导，或面对朋友、同学提出的建议，总是表现出一副傲慢不屑，不愿意接受的样子的话，久而久之，就没人愿意劝导他，他就会因此而止步不前。相反，如果孩子用恭敬心认真听取他人的劝导，并抱着"有则改之，无则加勉"的态度，他就会不断进步。而对方也因孩子的恭敬，而愿意不断地帮助他，不断地给他提出有价值的、有效的意见，那么，对孩子而言，这样的人不就是他人生中的贵人吗？所以，我们与其天天祈祷孩子遇到能帮助他、提携他的贵人，不如培养孩子具备接受他人建议的心量和谦虚、恭敬的态度。而这种素质的具备，很大程度上需要通过践行"父母教，须敬听"这句教诲才能实现。

当然，这并不是说，做孩子的要在任何情况下都要不加辨别、不加变通地老老实实地做到"父母教，须敬听；父母责，须顺承"。否则，就等于是把圣贤的教育给学呆了、学死了，自己不但不会受益，而且也不能让别人信服。

写到这里，想起了"曾子受杖"的故事：

"小杖则受，大杖则走。"

曾子是孔子的学生。一次，曾子与父亲在瓜地里劳作，曾子不小心斩断了瓜苗，父亲看他不爱惜植物，做事不谨慎，于是很生气，便举起手上的大棍子向曾子的背部打去。曾子知道"父母责，须顺承"的道理，就一动不动地让父亲打，没想到，父亲用力过猛，曾子的身体又承受不了，结果曾子就晕过去了。

曾子醒过来后，不仅问父亲费了这么大力气教育自己，身体有没有不适，还到房间拿出琴，开始弹奏起来，以表示自己的身体无恙。

故事讲到这里，我们也许会觉得曾子太孝顺了，甚至会觉得曾子简直太愚蠢，是愚孝的行为。

可事实上，故事并不是到这里为止的，这仅仅讲了一半。接下来的一半是这样的：

孔子知道这件事后，就责怪曾子不孝，并告诉弟子们"小杖则受，大杖则走"的道理。也就是说，如果父母拿小棍子打你，你就要受着；如果拿大棍子打你，你就要赶快跑。为什么？因为父母生气的时候，情绪比较难以控制，假如拿大棍子打失手了，把孩子打伤了，甚至打死了，那伤心的还是父母。所以，一个真正有孝心的孩子不会把父母陷于不义的。

可见，孔子并没有教曾子去"愚孝"，而是教他懂得灵活应对父母的训诫，而不是盲目地去"顺承"。由此我们就知道，如果父母责备批评我们时情绪异常激动，甚至要打我们，我们还是先走为妙。

所以说，《弟子规》的教导或圣贤的教诲并不是死板的，是灵活的。只要我们存着一颗孝顺父母、恭敬父母的心，并把这种态度延伸到生活中的每一处，我们和孩子必将获得幸福美满的人生。

既然我们说到了孔子和曾子，那就再讲一段他们之间的对话吧！

"从父之令，又焉得为孝乎？"

在《孝经·谏诤章》中有这样一段话：曾子曰："敢问子从父之令，可谓孝乎？"子曰："是何言与，是何言与！……父有争子，则身不陷于不义。故当不义，则子不可以不争于父……从父之令，又焉得为孝乎！"

这里的"争"通"诤"，就是直言规劝的意思。整句话的意思是：曾子说："请问做儿女的一味地遵从做父母的，就是孝吗？"孔子回答说："这是什么话呢？这是什么话！对父母而言，如果有敢于直言进谏的孩子，父母就不会陷于不义之中。因此，如果父母要做不义之事，孩子不可以不劝阻，如果只是盲目地遵从父母的命令，又怎么称得上孝顺呢？"

没错，做子女的如果明知父母有重大过失，却睁一只眼闭一只眼地任由父母做错事而不劝谏的话，那就是陷父母于不义之中。

可见，并不是什么事情都顺从父母才算是孝。

这里再顺便提一下《弟子规》上讲的"亲所好，力为具"。我知道有的人会因为这句话而反对《弟子规》，也不许他的孩子去读。其实，他又错解了意思。针对这句话，他们会发出这样的疑问："父母喜欢我们做的，我们就一定要尽力去做，那要是父母喜欢我们去抢银行呢，也要去做吗？"其实这个问题在现实生活中基本不可能发生。第一，父母即使没有太高的觉悟，即使没有学过圣贤的教诲，大概也知道抢银行是犯法的吧，他不会让自己的孩子去干犯法的事；第二，万一有父母真要求孩子这么做了，做孩子的还是应该会有点辨别力吧，也不会轻易去做这件事，还应该会劝谏一下父母，至于劝谏的方式那就另当别论了。而且，《弟子规》的后面也写到了"亲有过，谏使更，怡吾色，柔吾声"，告诉我们遇到类似的情形应该怎么做，如何有智慧地劝谏父母。这还有什么问题吗？

"亲有过，谏使更，怡吾色，柔吾声。"

再说回来，其实《孝经·谏净章》的教诲与《弟子规》上这句"亲有过，谏使更，怡吾色，柔吾声"不谋而合，都告诉我们，当父母有过错时，做子女的一定要劝谏，使父母改正。而"怡吾色，柔吾声"就强调了劝谏的态度与方法，也就是说，子女劝说父母的时候，表情要和悦，说话的语气要柔缓，不能怒气冲冲地用指责、命令的口气劝导，否则父母很难接受。

这一方面是说，父母不是圣人，也会犯错，所谓"人非圣贤，孰能无过"，所以，子女要懂得劝谏；另一方面是说，劝谏，要注意方式方法，不可以对父母大声呵斥，因为父母是长辈，即使他们做错了，子女也应该从内心去恭敬他们，而不是去批评、呵斥他们。

然而，在当今社会，很少听说哪个孩子会苦口婆心地劝谏父母，无论父母吵架也好，闹离婚也罢，或者和兄弟姐妹打官司，孩子似乎都不会劝谏父母。为什么会这样呢？因为现今孩子的人生观和价值观都是从父母那里"继承"下来的，父母看不到自己的问题，孩子自然也不认为父母有什么过错，看不出父母的错，还怎么劝谏？

但是，古代就有很多孩子有能力劝谏父母。

例如，西晋时的王览，看到母亲总是百般刁难同父异母的哥哥王祥，则常常劝母亲。后来，他得知母亲想用毒酒毒死哥哥时，就夺过毒酒准备以死劝谏，好在母亲打翻了酒杯，挽救了他的性命。但从此，母亲彻底悔悟，待哥哥如亲生儿子一般。

古人从小就读圣贤书，书中明确阐述了做人做事的道理，他们看到父母的行为与书中所说的行为规范不符合时，自然就知道父母的对错，也知道为人子女应该上前劝谏，于是，就落实了"亲有过，谏使更"的教诲。

可见，让孩子通过读书而明理，是具备劝谏能力的基础。如果孩子学习了《弟子规》，树立了正确的价值观，他就能在父母走错路的时候，提醒父母，帮助父母回到正途。

劝谏态度不同，效果也不一样。

一个小女孩的爸爸非常爱抽烟，家人总是劝说，但效果不明显。

爸爸正要抽烟，奶奶说："别抽了，身体都不好了。"

妈妈也说："别抽了，抽得乌烟瘴气的。"

但是，爸爸边点烟，边往阳台走去，表示自己不在屋内抽烟。小女孩一看爸爸不听劝，等爸爸刚坐在阳台的椅子上，她就一把夺下爸爸的烟，严厉地说："不许抽烟！"

平时温和的爸爸见此情景，也毫不客气地说："拿过来！"

结局是小女孩哭着向妈妈告状，爸爸则毫无反应地继续抽着烟。

小女孩虽然是为爸爸好，但是劝说的方式错了，这一错，往往结局就会更糟。

如果小女孩学过"亲有过，谏使更，怡吾色，柔吾声"的话，可能会轻柔地对爸爸说："爸爸，您别抽烟了，抽烟不但对您身体不好，对大家的身体都不好。您的身体要是有个三长两短，我们都会很担心的，可谓'身有伤，贻亲忧'，爸爸，您少抽两根，好吗？"

相信任何一位父亲听到女儿如此懂事的劝导，都不忍点燃烟头了吧？

可见，"怡吾色，柔吾声"的力量有多大！我们往往以为大声说出的话最有震慑力，殊不知，作为规劝的语言，只有柔声细语才能真正打动人心，让人心甘情愿地接受。所以，能把《弟子规》的教诲应用在生活中，是多么可喜可贺的事情，那我们就要为孩子做出榜样。

"君君，臣臣，父父，子子。"

有时候，我也会提到"君君，臣臣，父父，子子"，因为这也是大家误解传统文化是教人"愚孝""愚忠"的一个点，是他们的一个"重大论据"！

在很多人看来，"君君，臣臣，父父，子子"的意思就是"君让臣死臣不得不死，父让子亡子不得不亡"，做臣子的、做儿子的，就没有一点人格尊严，君上、父亲想让他们去死，他们就得没有任何反抗、没有任何怨言地去死！所以，在作讲座的时候我就会问大家：你们是从哪里听到"君让臣死臣不得不死，父让子亡子不得不亡"这句话的？他们回答：电视上！好吧，看来还是要对孩子加以正确的引导。

那么，"君君，臣臣，父父，子子"到底是什么意思呢？其实，这是孔子回答齐景公问政时说的一句话，原文在《论语·颜渊》中：齐景公问政于孔子。孔子对曰："君君，臣臣，父父，子子。"公曰："善哉！信如君不君，臣不臣，父不父，子不子，虽有粟，吾得而食诸？"翻译一下：齐景公向孔子请教政治的问题。孔子回答说："做君王的要像个君王，做臣子的要像个臣子，做父亲的要像个父亲，做儿子的要像个儿子。"齐景公说："对呀！如果君王不像君王，臣子不像臣子，父亲不像父亲，儿子不像儿子，即使粮食再多，又能吃得到吗？"很显然，这是说，无论是君王还是臣子，无论是父亲还是儿子，都要各正本位，都要做好自己，行好自己的"道"，成就自己的"德"，而哪里有"君让臣死臣不得不死，父让子亡子不得不亡"的影子呢？

在南怀瑾先生看来，"君君"就是说领导人做到自己真正是一个领导人，领导人有领导人的道德，这"君君"两个字，就可以写一部关于"领导人的道德修养及其哲学"的书，也可以作为政治系或哲学系同学写博士论文的题目。"父父，子子"，就是做父亲的是一个父亲，要符合一个父亲的标准，儿女则尽到自己的孝心本分，所谓父慈子孝。

《大学》里也有这样一段话："为人君，止于仁；为人臣，止于敬；为人子，止于孝；为人父，止于慈；与国人交，止于信。"说的也是一样的道理，就是做好自己，家庭、社会、国家等各方面都会有秩序。这里说到了"五伦"关系的"三伦"，分别是君仁臣忠、父慈子孝和朋友有信。

说到这里，再顺便提一下古代的"三纲五常"吧！"五常"是仁、义、礼、智、信，这一点今天的人还大多比较认同，而对"三纲"（君为臣纲，父为子纲，夫为妻纲）就很不认同了。之所以不认同，也是误解了其中的意思，认为做臣、子、妻的要分别无条件顺从、听从、服从君、父、夫的。其实不是这样的。"纲"表面含义就是提网的总绳，就如同撒网抓鱼一样，一网撒下去，手里一定要握着这根提网的总绳，不然网就收不回来了。这根总绳实际上具有统领性、规范性、表率性、代表性的作用，否则如果它断了、坏了、偏了，照样抓不到鱼，渔网的存在还有什么价值呢？所谓"提纲挈领""纲举目张"，说的也是这个意思，由此可见，"纲"不是约束的意思，也没有压迫的意思，而是表率、榜样的意思。具体解释就是，上级应该成为下级的表率，父母应该成为孩子的表率，丈夫应该成为妻子的表率，也就是一个人身处某个位置，就应该承担相应的责任，要正人先正己。可见，"三纲"不仅不是压迫，反而是对处于上位人的一种约束，恰恰是对为君、为父、为夫者所定的高标准、严要求。至于说仁、义、礼、智、信这"五常"，就更是现代社会中必不可少的道德标准了，具备这样的道德素养，谁又能不喜欢呢？人与人的相处又怎么会不和谐呢？

说了这么多，就是想说明一个问题，圣贤的学问不是教人"愚孝"，也不是教人"愚忠"。

孝道，是非常有深意的，也是非常有智慧的。只有深入学习，才能真正理解；只有切实力行，才能真实受益。这是对为人父母者说的，也是对孩子们说的。

学孝道，一定要学"实质"而不是"形式"

我们学孝道，一定要学孝道的"实质"，而不要学习那些表面的形式。其实，圣贤的教诲就是重实质而不重形式的。因为时代在发展，我们对圣贤的学习也要与时俱进。比如，在古代，学习圣贤的教诲要靠读古书，要去上私塾请先生来教。今天呢？古书我们大多读不懂了，也没有私塾了，那是不是我们就不能学习圣贤的教诲了呢？当然不是，我们完全可以借助现代的工具去学，如利用互联网去观看那些传统文化的讲座，看一些新出版的解读圣贤经典的书，也可以跟志同道合的人去交流，等等。

再比如，古代见到君王，要跪拜，今天没有君王了，但有各级领导人。见到领导人还需要跪拜吗？当然不需要，但该有的礼节还是要有，比如，鞠躬、握手、点头、微笑等，这些都是与时俱进的。还有古代用毛笔写字，今天我们当然可以用普通的圆珠笔、签字笔写字，这个没有关系，但练习书法还是应该用毛笔，我想这一点大家都没有什么异议。

现在再说到孝道上来。学孝道也是一样的道理，我们要学孝道的实质，而不是形式。比如，《弟子规》里就提到了"亲有疾，药先尝，昼夜侍，不离床"，我们如何去学习落实呢？

先讲"二十四孝"中的"汉文尝药"的故事吧：

汉朝的汉文帝刘恒是个大孝子，他对母亲非常孝顺。一次，母亲患了重病，他非常担忧。为了让母亲尽快好起来，他每天都亲自为母亲煎药汤，每次煎完，自己总是先尝一尝，看看汤药苦不苦、烫不烫，自己觉得温度差不多了，才端给母亲喝。

不仅如此，他日夜守护在母亲床前，看到母亲入睡了，他才趴在母亲床边小憩一会儿。母亲醒了，他就赶忙问母亲有什么需要，哪里不舒服。而母亲这一病就是三年，刘恒也这样服侍了三年。

当时，他孝顺母亲的事被广为流传，人们都称赞他是个仁孝之子。而后人为了颂扬他，把他列为二十四孝之第二孝。

这句"亲有疾，药先尝，昼夜侍，不离床"就是出自于汉文帝孝顺母亲的故事。"疾"就是病，"药先尝"就是药煎好了要先尝一下，看看是不是太烫。因为过去只有中医，所以古人都喝中药，倘若一煎好就给父母喝，可能就会烫到父母，所以子女要尝一下，待温度合适再给父母喝。接下来的"昼夜侍，不离床"就尽显了孩子的一片孝心，意思是无论白天或晚上，时时刻刻都要守护在父母床边，服侍生病的父母，盼望父母尽快好起来。

当然，这句教诲放在今日应用，孩子也要懂得适当变通。现在人们不是只喝中药，倘若我们是吃西药片，孩子要不要先尝一尝？当然不用了，但可以尝一尝服药用的水会不会太烫或太凉。而且，孩子不能拿错药，还要确定药物的名称、有效期和用量，绝不能出一点儿差错，这关系到父母的生命安全。所以这句"亲有疾，药先尝"主要是说，孩子在侍奉生病的父母时，要谨慎，不要因用药不慎而让父母更加痛苦。

同理，"昼夜侍，不离床"也不是一定要不分昼夜地守在父母床边，是否要这样做，主要看父母身体需要，以及孩子的身体情况。但是至少做子女的要尽心尽力照顾生病的父母，使父母早日康复，这才不枉为人子女一场。

所以，我们学孝道，教孩子学孝道，都要体会孝道的真谛。孝的形式不重要，关键是对父母有一颗真诚恭敬的心。

"丧三年，常悲咽。居处变，酒肉绝。"

这句话也是《弟子规》里的，字面意思是，当父母去世后的前三年，孩子要常常感到悲伤，"咽"是声音因阻塞而低沉，也就是表示悲哀的意思；在守丧期间，子女的生活起居要有所改变，不能贪图享受，整天吃大鱼大肉，好像毫无悲痛可言的样子。

的确是这样，父母去世后，孩子应该从内心表达出对父母的感怀与思念。当然，表达的方式不是统一的，但为什么古人要守孝三年，而且三年期间要常怀念父母呢？

《论语·阳货》记载，孔子有个学生宰我对守孝三年的时间提出了质疑，他说："三年之丧，期已久矣。"认为这个时间太长了。而孔子告诉他："子生三年，然后免于父母之怀。"一个孩子从出生到真正学会走路、离开父母到处走之前，父母要把他在怀里抱三年，在三年里，生活起居都要完全靠父母照顾，父母的辛苦可想而知，这还不算母亲怀胎十月的辛苦。所以，父母过世，孩子守三年孝，是天经地义的事，也是为人子女的本分。

但其实，孩子对父母的思念绝不仅是三年，而是一生。但如果孩子过度悲哀，往往会影响自己的身体健康和正常的工作与生活，那也不是父母所希望的。正如《孝经》云："三日而食，教民无以死伤生。"就是父母去世三天后，子女就要吃东西，不要因悲哀而损伤了身体。因此，孩子要领会"丧三年，常悲咽"的内涵精髓，并不是这三年一直要哭哭啼啼，而是要时常感念父母的恩德，不忘父母的教诲，把父母留下的家风、德风传下来，才不愧对父母的养育之恩。

有一次，我跟一位年轻的母亲聊天。她听别人说用《弟子规》教孩子不错，就买了一本"儿童易解版"的《弟子规》给 3 岁的孩子读，因为她自己也不知道《弟子规》里讲些什么，还是文言文，也读不太懂，于是就看"易解"，结果看到"丧三年，常悲咽"这句解释：父母去世三年，要经常伤心哭泣。这位年轻的母亲就看不下去了，认为《弟子规》是糟粕，坚决不给孩子读了，从那以后，她自己对这本小册子排斥得不得了。

当时，我就跟她沟通，"丧三年，常悲咽"绝不是字面理解的这个意思，而是有深刻的内涵的，在今天，我们也应该学其中的精髓，领悟其中的精神，而不要学表面的形式，更不能因为这样一个简单的"易解"而全盘否定《弟子规》。经过沟通，她明白了，原来她自己看到的、认为的，其实还是表面的东西。

这也是我为什么多次在这本书里提及《弟子规》并把它跟家庭教育联系起来的原因之一。我希望能有更多的父母认识到这本小册子的真正价值，而不是对表面的字义有所误解，更不应该因此而排斥它，否则，自己将会错过一部绝佳的、真正有价值的人生智慧书籍。

好，再说回来。"居处变，酒肉绝"也是对父母哀思的表达。在古代，人们大多在遇到高兴的事情时，用饮酒食肉方式作为庆贺。所以，遇到父母离世这种令人悲哀的事情，就不再喝酒，不再吃肉。在今天，这句教诲当然可以变通，但是一个孝顺的孩子会因父母离开而悲哀，是不可能有心情整日歌舞升平、饮酒食肉，尽情享乐的。因此"居处变，酒肉绝"不是谁规定要如此对父母表达哀思，而是一个孝子自然而然的表现。

以上仅仅是为了说明学孝道的实质而不是形式所举的几个简单的例子。其实，这样的例子还有很多，单是"二十四孝"中就有 24 位大孝子，他们的孝心孝行惊天地、泣鬼神，但我们今天是不能拿现代人的眼光、观点去衡量那些大孝子的行为形式的，因为时代不一样，做事形式也会有所不同，你可以不学那些形式，但那些孝子的心地，我们却不能不用心去体会，那种对父母的真诚心、恭敬心、大爱大孝之心，是孝道的精髓，是值得我们学习的。

孝敬，重在"敬"；孝道，重在"道"。在之前的章节里，我也曾提到过，道是大自然运行的法则。只要人类还是由父母所生，做子女的就没有不孝父母的道理，无论是过去，或是现在，抑或是将来。这就是"道"！

第四章

孝道之外，孩子必修的人生课程

孝道是我们应该学的，更是应该教给孩子的。除了教孩子学孝道之外，还有几件很重要的事要做，比如，要教孩子建立正确的是非判断标准，这样他才能踏对人生的脚步；要教孩子尊师重道，他会受益匪浅；教孩子从小就怀有一颗感恩之心，他的人生就会处处遇到善的缘分；教孩子有一个宽广的心胸，他就会拥有广阔的人生舞台；教孩子讲诚信，就等于给了他一张行走于社会的超级"通行证"；教孩子学礼，他才能"立"；教孩子懂得珍惜福气、培植福气、积攒福气，他的人生才会有福田；还要给孩子一颗知耻心……

教孩子建立正确的是非判断标准，踏对人生脚步

先讲一个小故事吧：

有个孩子犯了罪，被公安机关抓获。公安局就打电话给这个孩子的家里打电话，电话是孩子的妈妈接的。警察在确认信息后，就对这位妈妈说："您的儿子伤人了，就在我们公安局，您过来一下吧！"他的妈妈立刻回答说："绝对不可能，不可能是我的儿子，一定是同名同姓的，你们搞错了，我的儿子是不会伤人的！"警察说："没错，您来一下吧！"

放下电话，这位妈妈赶紧去公安局。到了一看，果然是她的儿子，警察正在做笔录呢？这位妈妈说的第一句话就是："一定是被那些坏朋友带坏的！"

故事讲完了。现在我们有什么感想吗？

在我看来，一方面，就如《大学》所提到的，"人莫知其子之恶，莫知其苗之硕。"意思是说，很多人都不知道自己的孩子有潜伏的恶性习气，正如不知道自家的稻粱麦黍的苗芽天天成长得很大很好很旺盛一样。可见，很多人是发现不了自家孩子的错误、过失的，或者发现了也不愿意去承认这些错误、过失的存在。

　　另一方面也不难发现，这位妈妈把自己教育孩子的责任，把孩子交友不慎的责任，给推得一干二净。但是，推得这么干净有用吗？没有。这位妈妈显然没有教孩子如何交友，如何判断什么样的人可以做朋友、与什么样的人绝对不可以交往。而且，我们也可以推断，这位妈妈本身可能就没有建立起正确的是非判断标准，她自己的价值观可能都不清晰、不明确，又怎么会去教孩子呢？

　　这里提到了价值观。价值观，就是一个人对周围客观事物的意义、重要性的总评价和总看法。在一个家庭中，如果父母拥有健康积极的价值观，能正确理解真善美，能够判断是非善恶，那么孩子也会在父母的熏陶下培养起自己正确的价值观，从而具备强大的判断力，当然，他也会踏对人生的脚步，拥有幸福的人生。

从"孟母三迁"说起。

　　我们都听过"孟母三迁"的故事，孟子的母亲之所以三次搬家，是因为环境对孩子有很大的影响。孩子接触良好的环境，常常与有良好行为习惯的人相处，时间一长，他的言行举止也不会太差。相反，如果他总是接触不良的人、事、物的环境，迟早也会染上不良的习气。

　　一开始，小孟子和母亲住在离墓地比较近的地方，孟子就常常学大人们号哭送葬的样子，玩一些办理丧事的游戏。母亲见状，就举家搬到了集市附近，没过几天，孟子又学起商人做生意和屠宰猪羊的事，母亲紧锁眉头，决定再次搬家。这一次，他们搬到了学校附近，孟子则学起学生读书的样子，母亲一看，感叹道："这里才是适合我们居住的地方。"

　　这个流传已久的故事，说明孩子的模仿能力很强，在他没有建立是非观念的时候，他只会一味地模仿，模仿得次数多了，就会内化成自己的行为。

　　如今的社会风气如何，我们有目共睹，所以很多父母就非常担忧，在现在这样一个大环境中，孩子会不会受到不好的影响呢？

　　如果孩子有判断是非善恶的能力，有抵制不良习气的能力，他就不会受到社会上不良习气的影响了。也许我们无法效仿孟母的做法，为了让孩子拥有一个好的环境而数次搬家，从而远离不好的环境，但是我们可以通过培养和提升孩子判断是非善恶、抵制不好习气的能力，让孩子自觉远离社会上的不良环境。

当然，这些能力的培养和提升不是一时半会儿就能做到的，需要长期的熏陶，除了我们做个好榜样之外，更需要借助经典的力量。如果孩子时常读《弟子规》，他自然就会以《弟子规》为评判标准，去衡量是非善恶。

当孩子有了判断是非善恶的能力，他就懂得如何去取舍，自然就会避免社会上的一些污染。而且，不好的朋友就会远离孩子，而善良的朋友就会亲近孩子，那么，孩子就不会受到不好的影响，正所谓"近朱者赤，近墨者黑""方以类聚，物以群分"。

益者三友，损者三友。

在人与人之间的关系中，朋友关系是"五伦"关系之一。而且，在一个人的一生中，朋友扮演着非常重要的角色。我们都有这样的体会，有时候，自己遇到了挫折、困难，想要倾诉的对象不是父母，不是长辈，往往是自己最亲近的朋友。朋友对我们如此重要，那么，对于孩子的择友问题，我们就需要慎重对待了。

在平日里，我们除了帮助孩子选择对他有益的朋友之外，还需要告诉孩子哪一类朋友是可以结交的，哪一类朋友是必须要远离的。其实，朋友可以分为简单的两类，正如这一节中提到了"损友"和"益友"。

所谓损友，就是对自己有害的朋友。所谓益友，就是对自己有益的朋友。那么，哪些朋友是对自己有害的？哪些朋友又是对自己有益的呢？在《论语·季氏》中，孔子做出了详细的解释，他说："益者三友，损者三友：友直，友谅，友多闻，益矣；友便辟，友善柔，友便佞，损矣。"

"友直"即正直的朋友，"友谅"即诚实、不欺骗人的朋友，"友多闻"即见闻广博、知识面广的朋友。这三类朋友都是对孩子有益的，我们应该让孩子多与这三类朋友相处，引导孩子向他们学习，从而提升自己的德行，完善自己的修养，丰富自己的学识。

"友便辟"即喜欢奉承讨好的朋友，"友善柔"即两面三刀、巧言令色的朋友，"友便佞"即言过其实、夸夸其谈，只会耍嘴皮子的朋友。这三类朋友都是对孩子有害的，我们应该教育孩子尽量避免与这样的朋友接触，更不要向他们学习。

所以说，如果前面故事中的那个孩子懂得"益者三友，损者三友"，那他还能去交那些坏朋友吗？就像我在前面提到的，一个有德行的孩子一定会感召善的朋友跟他相处，相反，一个本身就没有好的品行的孩子，自然也会感召那些坏的朋友跟他相处。道理就是如此简单。

不听、不谈别人的是非。

在这个复杂的社会环境中，是非天天都在发生着。但我们要明白一点，来说是非的人都是有一定的目的的，要么是来诋毁他人，要么是来拉拢我们。凡是是非，就会对他人或集体造成不必要的麻烦，甚至伤害。所以，我们要做到不听别人的是非，也不去谈论别人的是非。尤其是在家里，不要说这个人不好，那个人不怎么样，谁穿得怎么样，谁吃得怎么样，谁有钱，谁有车，不要谈论这些事情。这一点我们自己要做到，也要教孩子知道、做到。

所以，古人曾说："彼说长，此说短，不关己，莫闲管。"遇到有人谈论他人的是非长短，如果与自己没有什么关系，听一听就算了，不要去过问、干预，更不要参与其中。

当有人在谈论他人是非时，不关自己的事情，我们要远离是非之地，不要参与其中。

即使谈论的是非与自己有关，我们也要有判断是非的能力，要用智慧去处理。我曾经听到一位长者说，如果有人在他面前谈论他人的是非，他都会说不想听，你不用说了。面对有人谈论是非，这位长者不仅制止了来说是非的人，还表明了自己的观点和立场。我想，来说是非的人以后肯定不会到这位长者面前谈论是非了，而且他可能也会反思自己的行为。

我们也可以将这位长者的处理方式告诉孩子。这样，如果有人专门在孩子面前谈论他人的是非，他就会懂得如何去应对。那么，那些喜欢谈论是非的人就不会当着孩子的面谈论他人的是非了。当然，孩子也可以以沉默应对，不作回应，这样次数多了，来说是非的人也就不愿意与孩子谈论他人的是非了。如果孩子有能力的话，也可以劝导来说是非的人不要谈论他人的是非，因为谈论他人是非是有损德行的行为。

另外，对于经常谈论是非的一些人，孩子应该尽量少与他们接触。因为接触多了，孩子就会受到不好的影响，很容易就会卷入是非之中。我们要告诉孩子：当有人三五成群地聚在一起说一些是非时，你要迅速离开，千万不要因为好奇而凑上去一起说。

判断一个人的标准不是外貌，是德行。

无论是我们还是孩子，都会对相貌出众的人颇有好感，也难免会倾慕对方的美貌，甚至会因此而格外敬重人家。当然，尊敬他人是我们应该做到的，但是仅凭外表而对别人有所评判，难免为时过早。而且，这种判断标准不但是盲目的，对孩子也是没有好处的。

例如，孩子刚到一个新班级，想交一些朋友。结果，他看到谁长得好看，就去接近人家，与其交朋友。一开始孩子可能很高兴，但时间一长，可能逐渐发现对方很自私、很爱慕虚荣、很傲慢，这些不好的品性总会给孩子带来伤害，孩子可能就会被对方熏染，也会变得跟那个人一样。想想看，这就是"以貌取人"的坏处啊！

孩子如此，我们成年人不是也有相似之处吗？很多男性找配偶的第一个条件就是：漂亮。殊不知，婚后每天与之相处的不是一张美丽的脸，而是一个活生生的人，如果这个太太虽然漂亮，但自私贪婪、心胸狭窄、脾气暴躁的话，男人就会觉得，自己更需要一个温柔贤淑、善良宽容的女性做妻子。

事实证明，以貌取人有弊端，相貌不是换取敬重的前提，正所谓，"行高者，名自高，人所重，非貌高"，一个品行高尚的人，名声自然会高，因为人们所敬重的是一个人的道德品质，而不是看他的相貌有多好，这里的"行"是德行、品行，"名"是名气，"重"是重视、看重。

的确，即便一个习惯以貌取人的孩子，也更愿意和那些品德高尚的人相处，因为品德高尚的人可以用言语行为滋润孩子的心田，让孩子感觉到积极向上的力量。

因此，我们要借由这句教诲让孩子在与人交往中提升判断力。首先，无论他人相貌如何，都要尊重对方，不以人家相貌丑陋而排斥，不以人家相貌美丽而有意接近；其次，孩子要在平等交往的基础上，通过观察对方的言行举止，判断对方的德行高低，如果对方的确是一个品德高尚的人，就要向人家学习，常常与人相处；如果对方一身恶习，孩子就要懂得敬而远之。这样一来，孩子慢慢就明确与人交往的标准了。

说得好，不如做得好。

一个博学多才、能力卓越的人，名望自然会大，因为人们所佩服的是他的真才实学，而不是他多么会吹捧自己。的确，一个滔滔不绝、口若悬河的人，如果没有才华和能力，迟早会被人看不起，人们会觉得他只知道嘴上功夫，却无法凭真才实干来服务大家，这样的人，还不如那些既不能干，又不会说的人来得实在。

而今，一些人好像也失去了判断力，看到一些人能讲大话、能吹牛，就认可说："这个社会，就是要懂得推销自己，否则，谁知道你的才能。"乍一听，还有点道理，但是实际上，仅凭一个人会说，就判断他的才能，未免为时过早。

例如，有的人确实有一张能言善辩的嘴，口才好得无人能及，但是让他干几件实事，他就为难了，没有办事的能力，还会用自己的辩才为自己推脱。一次两次能蒙混过关，几次之后，人们才感叹："哎呀，原来他只会说啊！"

是啊！口才虽然也是一种才能，但是能"说到做到"才是真本事。因此，我们不要让孩子羡慕那些能夸夸其谈的人，更不要仅凭此认为那样的人值得交往，而是观察他的言行是否一致，是否能干实事，由此来判断对方的才能。

相反，如果一些人不善言谈，孩子也不能认为他没本事、没能力，因为有没有本事和能力不是靠嘴说的，是实际行动证明的。所以，只有通过更深一步地了解，才能知道他到底有没有能力和才华。

读书不是关键，关键是读好书。

孩子的心灵本来都是纯净纯善的。如果从小时候开始，孩子所接触的书籍都是关于暴力、色情的，那么在他的心中充满的都是这些乌七八糟的内容。试想一下，他还有心思去学习吗？他还会身心都健康成长吗？这样的孩子长大之后，会有作为吗？而且，这些乌七八糟的书会让孩子原本纯净纯善的心灵变质，无论我们花费多长的时间，付出多大的努力，都很难让孩子的心灵恢复到纯净纯善了。

如今，我们通过一些新闻报道得知，有些少年犯是因为从小看了一些乌七八糟的书而堕落的。比如，一些书中讲到的哥们义气，只是吃喝玩乐，打架斗殴，如果孩子没有是非判断能力，他就会为了"哥们义气"而走上歧途。另外，还有一些成年人罪犯也是因为看了一些暴力、色情等书刊而走上犯罪道路的。

所以，读书不是关键，关键是要读好书。这是对父母和孩子共同的要求。我们要防患于未然，要防止这些污染，那就是不让孩子读那些乌七八糟的书（以及视频、游戏等），而是让他读一些有利于身心健康的书，让他的心灵一直保持纯净纯善。

父母要有正确的是非观。

前面说了很多，但最主要的一点还是在父母这里，也就是说，父母要有正确的是非观，有正确的价值判断，这样才能真正指导孩子、教育孩子。

是非观是做人最基本的要求，我们自己首先就要明白什么是对的、什么是错的，更要能明确区分最基本的对与错、善与恶、美与丑，要能在自己内心架起评判善恶是非的天平。

如何做到这一点呢？要透过学习，学习古圣先贤的智慧，认同并去践行"孝、悌、忠、信、礼、义、廉、耻、仁、爱、和、平"传统美德，不妨多看看《弟子规》《论语》及其他经典，如果觉得读这些经典有困难，也可以读权威专家解读这些经典的书，如《论语别裁》《论语诠解》《弟子规四十讲》《朱子治家格言讲记》等，或者在网上看一些关于这些内容的视频讲座。

只有多学习，才能从心底建立起更为牢固正确的价值观，才会有正确的价值判断。相信，看过这些之后，我们的眼前就会一片光明，头脑中就会生出无穷的智慧。这样，我们自己、家人、孩子，甚至周围的邻居、亲戚朋友、同事等都会因此而受益。

滴水之恩，当涌泉相报，教孩子从小学会感恩

给孩子一颗感恩的心。无论是学校还是家庭，无论是老师还是父母，都应该做这件事。感恩，并不是西方人的专利。感恩节虽然发端于西方，但这个节日所呈现出的精神，值得每个地球人学习，当然，我们也不例外，孩子更不例外。感恩的心弥足珍贵，对于孩子，对于我们自己，都是如此，所以，我们不能不重视对它的培养。

说到感恩，可能有的父母认为，感恩是一个看不见摸不着的东西，孩子有没有这样的心，又有怎样的关系呢？其实不然，孩子有一颗感恩的心，他在人生的旅程中，就容易处处遇到贵人，时时得到他人的提携。难道我们不希望自己的孩子遇到贵人吗？难道我们不希望自己的孩子得到他人的提携吗？当然希望。既然如此，我们为什么不重新认识一下"感恩"呢？

其实，感恩是一种对待生活的态度，也是一个人获得幸福的重要基础。因为我们每个人面对同一件事情，都有不同的心态，自然会产生不同的感受，而这种感受是不可能互相替代的。一个心态越平和、越懂得感恩的人，越会感到生活的美好和幸福。

有人用橘子比喻人的一生：有一种橘子大而酸，有一种橘子小而甜。得到大橘子的人会抱怨橘子太酸了，而拿到小橘子的人则抱怨橘子太小了。人在抱怨中生活，就会觉得自己很苦，因为人生不如意之事十有八九，总是没有圆满的幸福。正所谓"一个人心中有多少恩，他就有多少福；一个人心中有多少怨，他就有多少苦"。

如果我们习惯于去关注生活中的缺憾，怎么还会看得到人生中的美好呢？如果我们能够怀着一颗感恩之心去看待生活，生活就会发生改变。若我们拿到了酸橘子，就应该感恩它是大的；如果我们拿到了小橘子，就该感恩它是甜的。如此一来，内心便感到幸福。原来，幸福如此简单，它不在于我们得到了什么，而在于我们是不是拥有一颗感恩之心。

将一颗感恩之心传递给孩子吧，让他懂得对这个世界感恩。感恩是孩子幸福生活的源泉，感恩会让孩子更健康、更阳光，感恩的对面是抱怨，而抱怨却会把孩子推向痛苦的深渊。然而，我们如果对生活、对人事物处处都有不满的话，是无法影响孩子去感恩生活境遇的。所以，在教孩子学会感恩之前，我们首先应该学着感念人生。

一个人如果觉得周围的一切是给他的恩惠，他无疑会非常愉快地回馈，随之而来的就是强烈的幸福感。所以说，感恩的世界一定是幸福的世界。相反，如果一个人总是觉得大家都欠他的，他肯定会带着埋怨心生活，怨气不但使他感觉不到生活的美好，而且周围的人也会因为反感而远离他。对于孩子来说，也是一样的道理。

我们应从孩子小的时候起培养他的感恩之心，教他懂得"滴水之恩，当涌泉相报"的道理。当他懂得用感恩之心来对待周围的一切人、事、物时，他的人生前程一定会变得更加美好！当然，我们也要给孩子做一个好的榜样。只有这样，我们会和孩子一起生活在感恩的世界里。那么，我们应该从哪几个方面教孩子学会感恩呢？

第一，教孩子懂得感念祖国的护佑。

今天，世界上还有一些国家处于战乱状态，许多孩子无家可归，他们失去父母，失去兄弟姐妹，流浪街头甚至奔波于枪林弹雨中。这一切是生活在和平国度的孩子无法体会，甚至无法想象的。他们的生活环境中充满了杀戮，他们不但不能安稳地上学，没有温饱的生活，甚至连生命的安全都没有保障，他们的身心也无法得到安宁。

相比之下，我们的孩子是幸福的，在祖国的护佑下能够过上安宁而快乐的生活。因此，我们应该感念祖国的护佑之恩，并且将这种观念传递给孩子，让他懂得感念祖国。

教孩子懂得感念祖国的护佑，孩子就会为自己是一个中国人而感到幸福。那么，作为祖国的儿女，应该如何用实际行动感恩祖国呢？其实，在现阶段好好学习就是感恩祖国的最好方法，长大后认真工作也是在为祖国出力！

第二，引导孩子感念父母的养育。

这一点，在前面已经作了非常详细的阐述。但在这里还是要再强调一下，因为，感恩心的根源是孝心，父母是子女的源头，是根本，因为没有父母就没有我们，就没有我们的生命，所以说，"父母者，人子之本源也！"

父母是给予自己恩德最大的人，父母之恩，比天高，比地厚，比海深。一个孩子能感念父母的生育、养育、教导之恩，才有可能谈及感念老师、感念朋友、感念生活……

其实，"身教胜于言传"这个道理永远不变。因此，我们自己先要对父母心存感恩，才能进一步地教孩子感恩父母。

第三，教孩子感念老师的辛勤教导。

近代著名思想家谭嗣同说"为学莫重于尊师"，一个人若想求学、做学问，首先必须尊师重道，在接受了老师的谆谆教诲而后成才，而且，要时刻不忘老师的教导之恩。现在，每位父母都会叮嘱孩子一定要好好学习，但却不是每位父母都记得叮嘱孩子要感念师恩。

事实上，只有尊重老师并且懂得感念师恩的孩子才能取得更好的学习成绩。因为，他的内心对老师充满了敬爱之情，他愿意听从老师的教诲，这样的孩子也会赢得老师的喜爱，那他怎么会不能取得好成绩呢？所以，我们要跟孩子一起，从内心尊敬老师，鼓励孩子在教师节给老师送个贺卡、小礼物，让他去探望一下他的启蒙老师，等等。只有尊师重教，我们的孩子才能真正受益。即使老师有缺点，我们也不要当着孩子的面说，否则就会给孩子造成一个不好的印象——我的老师不怎么样，不值得尊敬。这样，他就不会再信服老师，就不会再听从老师的教诲。最终，受损的一定不是老师，而是我们的孩子。

第四，引导孩子感念同学的帮助。

孩子的成长离不开同学的帮助，所以，我们也应该引导孩子感念同学之恩，记得同学的好。这样，也有助于孩子处理好与同学之间的关系，他会在学校里生活得更加愉快，学习成绩也就相对稳定得多。当然，这种感念，要有实际的行动，就是他要主动去帮助对他好的同学，以及其他同学。只要同学有正面的需要，只要我们的孩子力所能及，就应该去帮一下。

第五，教孩子感念对他不好的人。

生活中不仅仅有帮助我们的人，还有给我们带来挫折、使我们受到打击的人。这一点在每个人的人生中都不例外，没有谁会受到所有人的爱护，孩子也会在生活中遇到对他不好的人。尽管如此，我们也应该告诉孩子，要做到"不念旧恶"。有的孩子之所以不懂得感恩，是因为他的内心还保留着以往的不愉快。有人说，人心就像杯子，满了就再也装不进去什么了。因此，我们要告诉孩子不要记着过去的不愉快，不念旧恶的人才能更容易萌发感恩之心。忘掉那些不好的东西，心中永远会充满善的东西，孩子的人生会更精彩。

事实上，那些曾经伤害过我们的人犹如帮助我们打开心胸的钥匙，让我们变得更加宽容和淡定。我们要能够从"不好"中看到"好"的一面。在明白了这个道理之后，我们就应该想到孩子也会在"对手"的帮助下成长。

一位智者曾告诉人们："感激伤害你的人，因为他磨炼了你的心志；感激欺骗你的人，因为他增进了你的智慧；感激中伤你的人，因为他砥砺了你的人格；感激鞭打你的人，因为他激发了你的斗志；感激遗弃你的人，因为他教导你该独立；感激绊倒你的人，因为他强化了你的双腿；感激斥责你的人，因为他提醒了你的缺点。凡事感激，学会感激。感激一切使你成长的人！"我们可以将这段文字摘抄给孩子，希望他能从中有所领悟。

第六，引导孩子感念自然万物与生活际遇。

每个人都生活在阳光下，阳光哺育万物生长，给我们温暖和明亮。我们要和孩子一起感恩太阳，它让我们每一天都充满了希望；当大地干枯的时候，适时的风带来了雨云，雨丝滋润着各种作物的生长……若不是伟大的大自然巧妙地安排了这一切，渺小的我们怎会有如此巨大的力量？当孩子认识到自己的渺小，他会觉得生活的万事万物如此美好，感恩之心就会油然而生。所以，大自然中的一切，都值得我们自己和我们的孩子从内心深处生出对它们的感恩之心，以及敬畏之心。

同样，生活中的每一个际遇也值得孩子感恩。不管这个际遇是好的，还是坏的，都是能够让孩子得到历练与成长的，所有的经历在经过沉淀之后都是一种财富。所以，孩子没有什么理由不去感恩它们。

每个人的生活都是不尽完美的，有句话不是说"上帝关上一扇门，也会为你打开一扇窗"吗？悲观的人总是会看到自己不如他人的一面，却忘记了还有更多的人不如自己。教孩子感念生活的际遇，就是让孩子以平静、客观的心态去看待自己生存的环境和生活中发生的一切，他才懂得在原有的基础上去奋斗和努力，而不是一味地埋怨他人。

必有容，德乃大，教孩子学会宽容

宽容，是我们经常听到的一个词，可是听到归听到，但却经常做不到。有句古语说，"必有容，德乃大"，意思是，一个人如果懂得去包容别人，他的品德就很深厚。所以，我们要学得大度些，包容些，而不是小肚鸡肠，小家子气。

想想看，如果别人对我们不好，我们是要记恨他一辈子，还是选择忘掉？是气得要死，还是选择从心"放下"？有句话说，"生气就是拿别人的错误惩罚自己"。的确如此，当我们选择善待他人的时候，其实也是选择善待自己。这其中，就有"宽容"的精神。

宽容到底是什么？可能这句话最能表达其中的内涵——一只脚踩扁了紫罗兰，它却把余香留在你脚上，这就是宽容。难道不是吗？紫罗兰没有跟踩扁它的脚计较，还把自己的芳香留在了踩扁它的脚上。这当然是"宽容"。

宽容之于孩子，虽然不像水、空气之于孩子这般重要，但如果孩子没有一颗宽容心，他就不会拥有人生宽广的大舞台。正所谓"心胸有多宽广，人生舞台就有多大"。真的如此吗？

先讲一个小故事吧：

当年，曾经有人问爱迪生，让他说说对小时候把他耳朵打聋的那位列车员的看法。很多人都以为爱迪生肯定会很气愤。

可是，令人感到意外的是，爱迪生并没有指责那位列车员，相反，他却幽默而机智地回答："我非常感谢他，感谢他给了我一个听不到喧嚣的环境，让我能专心致志、一心一意地完成更多的实验和发明！"

爱迪生不仅宽容了那位列车员，而且还在那次不幸中找到了发明创造的动力和源泉。

这难道不能说明一些问题吗？难道不值得我们反思吗？

对，做人要懂得宽容。不但孩子要宽容，我们自己也应该宽容。这样，我们的家庭氛围才是宽容的，才是和谐的，全家的相处才是和乐的，那真是快乐的一家、人见人羡的一家。孩子也能从中获得一生受用的益处。

还有的父母可能有这样的疑问：我的孩子宽容别人，别人不宽容我的孩子，我的孩子不是吃亏了吗？其实这样的担心没有必要。孩子宽容别人，一般来说，别人也会宽容孩子。即使别人不懂得宽容，人生舞台变小的是别人，想不开的是别人，犯错的还是别人，而不是我们的孩子。别人对不对不重要，重要的是自己先要做对。人生的福分，其实就在于自己做对的事情之中。所以，不要有这样的担心，只管让孩子大胆地"宽容"就好了。

另外，心胸宽广有助于孩子更好地接纳新事物，学习新东西。一个具有宽广心胸的孩子，不会只拘泥于自己眼前的一点点事情，他会去探索新的领域，学习新知识，丰富自己的见识。而且，心胸宽广的孩子也不会只满足于自己所取得的一小点进步，他会有更加远大的志向。

宽容心还能够使孩子性格开朗，充满阳光。孩子在生活中，总会遇到一些不顺心的事情，如果孩子不能放下这些烦心事，总是想着它们，那么他就不会快乐，甚至会变得总是抱怨，经常乱发脾气，做事爱走极端。而如果孩子学会了宽容，他就懂得宽容别人，同时也能够放得下那些烦恼的事情，脸上会经常露出笑容，他就会变得乐观、稳重。

而一个具有宽容之心的孩子，他也将是很受人欢迎的。在这个世界上，没有人愿意和小肚鸡肠的人做朋友，也没有人愿意去跟一个心胸狭窄的人共事。而心胸宽广的孩子就不同了，他往往是心地善良、善解人意的，也有容人的雅量，知道宽容他人的错误，也知道如何与他人更好地合作与相处。所以，懂得宽容的孩子会结交到更多的好朋友，在他遇到困难的时候，也会得到更多的帮助。

孩子具有了宽广的胸怀，在学识、性格和人际关系三个方面都会有很大的收获，而这三个方面正是决定他能否成才、能否成功的三个关键因素。因此，我们在教育孩子时，要培养他拥有一个宽广的胸怀，只有这样孩子才能够拥有比蓝天和大海更加广阔的世界。

那么，我们怎样才能让孩子"人生的大舞台"变得更大呢？

第一，给孩子营造宽容的家庭环境。

我们在日常的家庭生活中注意宽以待人，为孩子营造出一个充满宽容的家庭氛围。这样，不用我们多费口舌，孩子也能轻松学会宽容。

有这样一个三口之家：

爸爸妈妈性格都很开朗，在生活中他们几乎不吵架。

有一次，爸爸在收拾物品时，不小心把一个玻璃杯打碎了，妈妈和儿子当时也在场。看到爸爸打坏了物品，妈妈并没有生气，而是笑着说道："你真是个'大马虎'，这次原谅你了，下次注意呀！"爸爸听完也笑着答道："一定一定。"于是，这件事情就这样过去了。

之后不久，妈妈也因为不小心弄坏了儿子非常喜欢的一辆玩具汽车，妈妈很担心儿子会因此而哭闹。可是出乎妈妈意料的是，儿子在听到这件事情后，并没有表现出不高兴，而是模仿着妈妈的口吻说道："妈妈，您也是个'大马虎'，我原谅您了，但是下次注意啊！"

夫妻之间宽容相待，能够深刻地影响到孩子。孩子如果经常可以看到父母互相谅解对方的错误，包容对方的缺点，那么他便会从中体会到爱，体会到家庭生活的温暖，也会了解到人与人之间应该怎样相处，他也会自然而然地选择用宽容之心去对待生活中的人与事了。

因此，在家庭生活中，特别是夫妻之间，应该多用微笑去面对对方，用宽容去化解矛盾。同时，我们也应该认识到，在生活中每个人都需要一定的个人空间，即使是夫妻之间也不例外。所以，我们要互相留给对方一定的私人空间，并包容彼此的一些正常合理的习惯和爱好，而不要相互之间提出苛刻的要求。

还有一点，我们不要在孩子面前议论他人的长短，不要将街坊、邻居的家长里短作为谈资。在背后议论他人的长短，本来就是一件不道德的事情，是心胸狭隘的一种表现。而且，我们议论的往往是"短"多"长"少，在议论他人的时候，我们也通常会带有嫉妒心理、仇恨心理或幸灾乐祸的心理。如果我们还是当着孩子的面议论别人的长短，那么这就是错上加错了。年幼的孩子在没有形成正确的是非分辨能力之前，我们的话对于孩子来说，有着很大的影响力。当孩子总是听到我们议论他人长短时，他也就会接受这种议论他人的说话方式，在生活中也会去关注别人的长短，使自己变得心胸狭隘。

第二，适当宽容犯错误的孩子。

在对待孩子时，有些父母就没有做到宽容，特别是对待犯错误的孩子时，一些父母经常是因为孩子的一点小错误而大发雷霆，结果，这不仅使孩子变得胆小懦弱，而且，还会传递给孩子一个信息，就是在对待别人的错误时，要严厉而不是宽容。

孩子犯的一些错误确实很让我们生气，而且有些错误比较严重，比如，说谎、不认真学习、旷课等，对待孩子的这些错误，我们的确应该严厉地批评他，帮助他改正。但是，孩子所犯的有些错误却是无心的、非主观意愿的。对待这样的错误，如果我们依然选择严厉地呵斥、对他不依不饶，那么就会对孩子的成长起到不好的作用。

孩子犯错误，其实是机会教育法的契机。如果我们老是严厉批评他，就会让他变得不敢再去尝试，做事情就会畏首畏尾，总是担心自己会被批评，这样孩子也就不能取得快速的进步，而且也不利于他培养宽广的胸怀。因此，在对待犯了错误的孩子时，我们应该表现得宽容大度一些。当孩子做了错事之后，我们应该用平和的语气，指出孩子的错误，引导他自己认识到错误；当然也可以给他暗示，让他自己反思，进而主动改正错误。

有一点需要指出，孩子在公共场合犯了错误，我们更要表现出宽容，有意识地保护孩子的自尊心，而不要在大庭广众之下批评孩子。在回到相对独立的空间之后，我们再平静地告诉孩子刚才他哪里做得不好。在我们宽容的感染之下，孩子是可以认清自己的错误并加以改正的，而且，这样一来，他也能够学会对待他人错误的正确态度。

当然，我们对孩子错误的宽容必须要有一定的限度，不能是对他的错误视而不见，更不能是纵容他去犯错误。正确的做法应该是在帮助孩子改正错误而不挫伤他做事积极性的前提下，宽容犯错误的孩子。

第三，教孩子学会理解并善待他人。

如果孩子总是以自我为中心，不会了解他人的感受，那么这样的孩子不会是一个心胸宽广的人，他甚至不懂得去孝顺自己的父母。而对于家人以外的人，他更不会去善待。这样一来，孩子当然也就得不到他人的理解和善待了，他的人际关系肯定也不会很好。所以，我们在平时要着重教育孩子想到他人，懂得换位思考，理解他人，得饶人处且饶人，懂得原谅他人，不要斤斤计较，并用自己的行动善待他人。

第四，记得经常带孩子亲近大自然。

对孩子来说，大自然就像是一位博学的老师，它会给孩子无穷的乐趣和教益。正是在与大自然亲近的过程中，孩子感受到了一种无拘无束的快乐，而且还增长了不少见识。同时，孩子可以在自然环境中跑一跑、跳一跳，对他的身体健康也很有好处。如果我们经常带孩子到大自然中去，那么他就会忘掉忧愁烦恼，心理会变得更健康，心胸也会更宽阔。

因此，我们应该多带着孩子到自然中去走一走、看一看。平时，可以带孩子到家附近的公园、田野里去，教他辨认各种不同的植物、动物，让他认识到大自然的丰富和广阔。或者也可以指给孩子看蓝天中的白云，让他想象自己飞翔的感觉；还可以让孩子在自然中纵情地去奔跑，尽情地玩耍，让他体验到这份自由……当然，在进行户外活动时，要注意安全。

我们可以把让孩子上各种补习班的时间和金钱省下来，带孩子去看一看祖国的大好河山，让他领略一下山川的雄伟、草原的广袤、大海的宽广……

在自然美景的熏陶下，孩子的见识会大大增长，眼界也会得到拓宽，那么他的心胸也会变得宽广起来。

当然，这是适度的，不要总是带着孩子去旅游，不要为旅游而旅游，不要认为旅游也是对孩子很好的教育。其实，最好的教育并不"在路上"，"在路上"太多，孩子的心就散了，很难再收心，很难再有定力，甚至会变得浮躁。而且，太多的"一路走下来"，孩子对旅游的概念就成了"吃、喝、睡跟累"，如果再遇到吃不好、住不好及各种不顺利，父母再抱怨发牢骚，旅游对孩子就更没有积极正面的教育意义了。

第五，让孩子明白，宽容不是纵容。

在让孩子懂得宽容的同时，我们也要教他学会区分宽容和纵容，告诉他这两个概念不是一回事，否则孩子很可能把宽容当成他犯错误之后的"挡箭牌"。

而且，我们也要让孩子懂得：对别人宽容，不是对他人纵容，更不是无条件地妥协和忍让。如果对方是因为不小心而妨碍到了自己，而且也表现出了歉意，那么我们就不应该抓住对方的错误不放，而要对人家表现出宽容。但是如果对方是故意影响我们，或者是一而再再而三地犯同样的错误，那么我们就不能再宽容下去了，否则就是纵容，这时我们应该及时地指出他的错误，跟他好好沟通一下。

在教孩子学会宽容的过程中，也要让他知道，宽容并不是害怕得罪人才顺着对方的意愿去说、去做，也不是人云亦云，更不是懦弱的表现。宽容是建立在互相理解的基础上的，是心中有一个明确的对是非的判断之后，主动做出的一种有理性的让步。

不学礼，无以立，教孩子学礼，否则他就失礼、失力

一个孩子可以活泼，但不可以没大没小，更不可以在公共场合随心所欲，否则，说得好听点，是孩子没礼貌；说得难听点，那是没教养。所以，教孩

子学点礼还是非常有必要的。

孔子曾对他的儿子孔鲤说："不学礼，无以立。"在当时，礼，是指《周礼》，也泛指各种礼仪。意思是，如果不学礼的话，就很难在社会上立足。所以，孔鲤听到之后，就赶紧去学礼了。

这个道理，从古至今一直通用，所谓"有礼走遍天下，无礼寸步难行"，说的就是这个意思。

一个孩子如果不懂得基本的礼仪礼貌，他就很难跟同龄的孩子相处，其他成人也会因为孩子无礼而低看他一眼，而且还会由此推断这个孩子的父母也可能不懂什么是礼。当这样的孩子长大后进入社会，在工作单位如果依旧无礼，那他一定得不到领导的认可，也不会得到同事的欢迎；即使结了婚，也会因为无礼而难以跟另一半和睦相处，常常有对立的情形发生。也就是说，一个无礼的人会跟周围的人发生很多冲突。当然，还可能是这样的情形：一个人因为无礼而很难找到好的工作，也很难找到好的另一半。礼，虽然是无形的，但其所发挥的作用却是巨大的。所以，礼非常重要。

自古以来，我们的国家就是"礼义之邦"。这里特别强调一下，是"礼义之邦"，而不是"礼仪之邦"，因为"礼"就代表了"礼仪"，而"义"则代表的是"道义、情义、恩义"，所以，"礼仪之邦"的说法就把本来的"礼义"给"窄化"了。

那么，礼到底是什么呢？

有一次，孔子的几个弟子就向他请教什么是礼，孔子说："礼者，何也？即事之治也。君子有其事，必有其治。"礼，就是我们做事的方法、办法、规则、规矩。

如果治国而无礼，就好像一个盲人失去了照顾他的扶伴，就不知道该往什么地方走了。如果我们无礼，就好像整夜在黑暗的屋子里找东西，没有光亮，当然也就找不到。

这里，孔子从国家和个人两个层面讲了礼的重要。

管子曾说："礼义廉耻，国之四维，四维不张，国乃灭亡。"而荀子也说："人无礼则不生，事无礼则不成，国家无礼则不宁。"这都说明了礼的重要性，没有礼，可能会是"国将不国"的局面。所以，要以礼治国，以礼立家。

《礼记·曲礼》里讲道，"人有礼则安，无礼则危，故曰：礼者，不可不学也。"意思很简单明了，一个人有礼，就会很安宁，很安全，很安和；而无礼就会很危险，就没有安全保障，所以，人不可以不学礼。这也指出了礼的重要性。想想看，如果人与人相处的时候，都能彬彬有礼，都能温文尔雅，都能以礼相待，还有什么事做不好呢？

说了这么多，就是想说明，教孩子从小学礼是一件非常重要而又紧迫的事，千万不可大意，不可以随意，不可以不重视。以下从几个常见的方面来谈一下怎样教孩子学礼。

第一，父母带头，做到跟孩子也以礼相待。

家庭是社会国家的细胞，家庭和谐，社会国家才会和谐。礼的重要，可以上升到国家的层面，但却需要在家庭这个层面落实。这就要求，父母带头学礼、懂礼、行礼，跟孩子也要讲礼，不要动不动就批评孩子、训斥孩子，冲着孩子大吼大叫，甚至是打骂孩子，因为那样就给孩子做了一个非常无礼的坏样子，就会对孩子的身心产生负面影响，孩子也会学着父母的样子去对待周围的人，甚至会以同样的方式去反击父母。就会形成所谓的"叛逆"性格。

第二，教孩子懂得"长幼有序"，做到"长者先，幼者后"。

天地万物的运行都是有一定的次序、规律的，如果打乱这个次序、规律，就会导致混乱。人与人相处也是一样的道理。如果在当今社会，人们都不去遵循"长幼有序"这个"道"，那么长幼的次序就会变得混乱，父母将不是父母，孩子将不是孩子。有句话说，"你有了儿子你就是儿子，你有了孙子你就是孙子！"这是多么可悲、可叹又无奈的事啊！所以，我们一定要教育孩子，在生活中，讲究长幼、次第、尊卑，要有序地遵循这个礼节。

第三，告诉孩子，不能对长辈直呼其名。

从我们称呼长辈这样一个细节中，就可以体现出是否尊敬长辈。其实无论是成人，还是孩子，对长辈一定不能直呼其名，要对长辈多一份礼敬之心。孩子对长辈多一份尊重、多一份礼敬，可以长养孩子的恭敬心，对他有无限的益处。因为当孩子懂得礼敬他人，他人同样也会礼敬孩子，正如《孟子》讲的："爱人者，人恒爱之；敬人者，人恒敬之。"而且，当孩子处处与人为善，就不会有人与他作对。那么，孩子就多了一个帮手，少了一个对手，他就可以借助周围人的力量成就自己的事业。

平日里，我们是如何称呼周围人的呢？是不是彼此直呼其名，不懂得相互尊重呢？我知道，有很多夫妻在称呼对方的时候都是连名带姓，这样叫久了，家庭气氛就会变得冷淡。而且，孩子也会跟着学习，可能他也会在背地里偷偷地叫爸爸妈妈的名字。

有的夫妻在称呼对方的父母时，都是"你爸""你妈"，这也是不尊重长辈的一种表现，我们应该称呼"咱爸""咱妈"。

我们在与周围人相处的时候，要特别注意，如果有孩子在旁边，我们更要注意自己的言行举止是否符合礼。如果我们对他人的称谓很重视礼节，孩子就会跟着我们学习，重视他人的称谓，懂得尊重他人。

要让孩子按照自己的年龄和辈分来称呼长辈。一开始，我们需要引导孩子去做，比如，见到了叔叔、阿姨，就要让他说"叔叔好""阿姨好"或"刘叔叔好""孙阿姨好"。慢慢地，孩子就知道如何去做了，即使他不知道应该如何称呼，他也会主动询问："您好，请问，我应该怎么称呼您呢？"

在称呼老师方面，要让孩子说"张老师""王老师"等。有时候，教孩子的老师有两个都是姓一个姓的，对于这种情况，有的孩子就会直呼老师的全名然后加上"老师"二字，这同样也是不礼貌的行为。我们可以这样引导孩子，出现这种情况，不可以直呼老师的名字，可以用其他方式区分，比如，"教数学的李老师""教英语的李老师"。

我们也要让孩子知道父母的名字，以备不时之需。同时，也要提醒孩子，不能随便直呼父母的名字，否则就是不尊重父母的表现，只有在必要的时候，或者在特殊情况下，才可以称呼父母的名字。

第四，教孩子时刻注意自己的言行举止是否符合礼节。

如今，很多孩子和长辈在一起，长辈还没有坐下的时候，他们就已经"大大方方"地坐下来了，这样的行为显得他们很没有教养，而长辈也会觉得他们没有家教。孩子之所以没有教养，是因为我们做父母的没有教给他与长辈相处的礼节。

在平日里，我们要时刻注意自己的言行举止是否符合礼节，当长辈站着的时候，我们也应该陪长辈站着，长辈坐下后，吩咐我们坐下，我们才能坐下，做到"长者立，幼勿坐；长者坐，命乃坐"。在无形之中，孩子就受到了良好的熏陶，自然会学着我们的样子与长辈有礼有节地相处。如果孩子还没有意识到这一点，我们也应该直接提醒他一下。

当然，我们也应该注意教孩子时刻注意自己的言行举止是否符合礼节，不仅对长辈、对老师、对同学、对朋友，对周围的人都需要做到言行举止有礼有节。

第五，孩子做访客也要让他遵循一定的礼节。

在众多的礼节中，不可忽略的就是拜访礼节，特别是准备进入他人的家、房间、办公室时，该如何应对。如果孩子懂得应对的方法，一定会给人留下良好的印象。

如去拜访他人前，要提前打电话预约，以免主人感到突然。还要值得注意的是，孩子不要已经在人家楼下了，打电话问："你有空吗？我就在楼下，方便的话，我上来坐坐。"那对方怎么能说"没空"，这种做法就是让对方为难。所以要提前一天，至少提前半天预约，这样孩子也不会白跑一趟。

当然，无论是否预约，到了人家家门口，总要敲门或摁门铃的，关于如何敲门、如何询问，现今的孩子未必懂得。

一个小男孩放学回家，站在家门口就"咚咚咚"地使劲敲门，敲得又响又急。屋内的妈妈还没走到家门口，就开始胡思乱想了，心想，这正是放学的时间，是不是孩子在外面出什么事了。

妈妈一开门，看见是自己的儿子，稍松了一口气，但还是急切地问："怎么了？没出什么事吧？"儿子一边进屋，一边说："没什么事啊，渴死我了。"原来，男孩是太口渴了，才这样敲门的，真是让妈妈虚惊一场。

看！孩子不懂得如何敲门，让家人无缘无故地担心。孩子这是敲自家门，如果是拜访别人家，这样敲门，恐怕不会给人家留下什么好印象。

所以，我们要让孩子知道，去别人家，进门之前要摁门铃或敲门，但是，门铃不能持续不断地摁，敲门也要讲究方法，如果摁门铃或敲门的感觉太急促，会让屋里的人误以为发生了什么急事或大事而不安。

敲门一般敲三下，如敲"当——当——当——"之后等待回应，没人回应时，可以再敲三下，如果第三个"当——当——当——"敲完后还没人回应，就基本可以确定屋内没人。另外，如果孩子个子矮，无法摁到门铃的话，就敲门，不要跳着脚去摁门铃。

有一个小女孩提着小提琴去老师家学习，自己摁不到门铃就跳着摁。结果，跳一下，手没摸到门铃，但琴盒却撞了一下门，她跳了三次，琴盒也撞了三次。门打开之后，老师说："可以敲门啊！为什么要踢门？"

如果女孩能够大大方方地敲门，就不会引起老师的误会了。

所以，类似的问题是孩子不得不注意的。

而孩子在学校里，无论是进教室，或是进办公室，都要以喊"报告"代替敲门。在家里，当他准备进入父母的书房、卧室等不属于他的房间之前，都要敲门，得到允许后才能进入，以免给屋内的人造成不便。

另外，当孩子准备进入打开的房门时，无论里面有没有人，都要敲门。倘若里面有人，敲门是引起对方的注意，免得人家不知道有人进来；如果孩子看不到里面的人，就要问一声："请问，有人在吗？"可以问两三遍，没人应，就不要随便进去，除非有人喊"请进"，方可进入。如果对方说"等一下"，就要老老实实地等着，不能因彼此很熟悉，就往里走，说不定对方在上厕所或整理衣服，特别是夏天，一定要注意这一点。

如果孩子被允许进到厅内后，还是不见人影，就要高声说："我进来了啊！"并站在固定的位置等候回应，不要到处乱看、乱动、乱摸，以防人家因东西丢失而怀疑我们的孩子。

还有，如果别人家的房门没锁，恰好孩子来拜访，孩子会怎样呢？会不会不声不响地进去，吓主人一跳，或者让主人误以为孩子有什么鬼祟行为，再或者会碰到主人衣冠不整等尴尬场面？为了避免类似的情况发生，做到大点声说"请问在家吗？"是非常必要的。

第六，其他方面的礼节也要教孩子注意。

生活中有很多礼仪礼貌的细节需要孩子注意，比如以下这几个方面：

容姿方面：穿着大方，讲个人卫生，站立坐走的姿势都要得体，学会微笑，改掉不雅的小动作；言谈方面：使用文明用语，不说谎，懂点幽默的艺术，恰当地赞美他人，礼貌地说"不"，真诚地道歉。

居家方面：在家跟父母要有礼，尊敬父母长辈。

待客做客方面：提前做好待客的准备工作，热情招待客人，做客要适当准备礼物，学点探望病人、参加婚礼、寿礼、葬礼等事项的礼节，吃饭时有序入座离席。

与老师、同学相处方面：主动向老师问好，给老师提意见要掌握一定的分寸，请教老师也要有礼貌，不歧视成绩不好、家庭贫困、身体有残疾的同学，借同学的东西一定要及时归还，不经允许不取用他人的东西，不要给同学起不雅的绰号，不打探与传播别人的隐私，尊重同学的民族习惯与宗教信仰，不要在同学的面前炫耀自己。

通信方面：正确地接、打电话，有礼貌地结束电话，在节几里打祝福电话，网络世界也要遵守社交礼仪。

出行方面：文明问路，行走靠右，遵守公共交通秩序，学乘坐电梯、飞机、火车、轮船、公共汽车、小轿车的礼仪。

公共场所方面：懂得观赏体育赛事、欣赏音乐会、看电影、参观展览、自选购物时的礼仪，讲文明，遵守公共秩序不插队，注意保护公共环境，在公共场所禁止有不良举止，懂得瞻仰纪念碑、陵园的礼仪。

……

诚信——孩子行走于社会的超级"通行证"

诚信，简单来说，就是诚实守信。其实，这应该是孩子从小就培养的最基本的品德。可遗憾的是，随着孩子的不断成长，反而变得越发不讲诚信。

我们做父母的可能也对此颇有微词："现在这个时代，还讲诚信，多傻啊！不讲诚信才能赚钱，讲诚信的赚不了大钱。"真是这样吗？当然不是，俗话说："小胜靠智，大胜靠德"。不讲诚信，其实就是在耍小聪明，可能暂时能赚点小钱，获得点利益，但是要想成就大事，那就得靠"德"，而诚信恰恰是"德"的重要组成部分。其实，无论是做人，还是做事，还是与人交往，都需要讲"诚信"。

拆解一下"诚信"这个词吧，诚，就是诚实，就是真诚；信，就是信用，就是信守承诺。

信，是儒家的道德规范，主要意思是诚信，言而有信。对一个人来说，"信"非常重要，是安身立命之本，也是一张行走于社会的超级"通行证"。

信，本身就是一个智慧的符号，左边是"亻"，后边是"言"，即"人言为信"。《说文解字》中解释："信，诚也，从人言。"也就是说，一个人说出的话，就一定要兑现，要讲诚信，不可以说一些欺骗他人的话。当然，也不能欺骗孩子。

我讲一个古代的小故事吧：

郭伋是东汉光武帝时的大臣，他做官重仁德，十分守信，在当时有很高的声誉。郭伋在并州任职时，有一次到地方上视察，到了美稷县的时候，忽然看见路上有许多骑着竹马的孩子，他们跑过来欢迎他。

郭伋问道："你们从家里跑出来干什么呢？"孩子们说道："听说您要来，我们都很开心，所以过来迎接您。"郭伋听后便从马上下来，对他们一一还礼拜谢。

郭伋视察完美稷县，准备离开，这时孩子们又来送别。有孩子问他："您什么时候才能再来呢？"郭伋让随行的人员计算了返程时间，然后告诉了这些孩子。

由于视察很顺利，等到郭伋又到了这里的时候，发现比他和孩子约定的时间提前了一天。这时，他下令在城外郊野上的亭子中露宿一夜，第二天再进城。同行的官员十分不理解。

郭伋说道："我和孩子们约好了是明天进城，我不能失信于他们啊！"身边有人说道："大人对小孩子说的话怎么能认真呢？说不定他们早就将这件事忘到脑后了。"郭伋摇摇头："我既然已经对人许下承诺，就一定要按照事先约定的去做，又怎么能因为对方是小孩子就不信守自己的诺言呢？"

他这一番话说得身边的人都十分惭愧，于是大家就在郊外露宿了一晚，第二天才进城。果然，孩子们正在等着他。

不得不承认，郭伋真是一位君子。孩子们欢迎他，他下马一一还礼，并不因对方是孩子就看轻他们。当孩子们问他什么时候能回来时，他也是非常认真地告诉他们日期。而最为可贵的是，他因为行程顺利而提前一天到了美稷县，宁可在郊外的亭子里露宿一夜，也要按照和孩子们约定的时间赶到县城。他对孩子的承诺都能做到如此守信，更何况是那些大事呢？

孟子曾说："车无辕而不行，人无信而不立。"一个人没有信用，是无法在这个社会中立足的。可见，诚信关乎一个人的未来。所以，凡是开口说话，就要讲信用，对自己说出来的话要放在心上，答应他人的事情，一定要信守承诺。

古时候，因为科技、交通不发达，朋友之间居住的地方相距较远，他们都是说好下次见面的时间和地点，短则一年，长则几年甚至几十年，但是无论时间有多长，他们都会如期而至。即便是相约的某一方已经不在人世了，他也会在临终前把此事托付给亲人，嘱咐亲人代他赴约。这里所流露出的诚信的精髓，是多么值得我们学习啊！

另外，古人的诚信不只建立在言语上，甚至连一个念头都不会违背。

春秋时代，吴国的季札是一个有仁义的人。

有一次，吴国的国君派季札出使鲁国。当季札一行途经徐国时，徐国的国君宴请他。当徐君看到季札身上佩戴的一把宝剑时，掩饰不住对宝剑的喜爱。季札心里清楚，徐君非常喜欢自己的这把宝剑。但是，出使国外，佩剑是必要的礼仪之一。所以，在当时，季札的心里起了这样一个念头：我现在不能把宝剑送给徐君，等到办完事情再送给他。

等到季札顺利出使鲁国之后，他回国又途经徐国时，他就想把这把宝剑送给徐君。不巧的是，徐君已经去世了。

随后，季札就来到了徐君的墓前祭拜他。祭拜完后，季札就把宝剑挂在了墓旁的树上。季札的随从非常奇怪，就问他为什么要这样做？当时，季札回答道："始吾心已许之，岂以死背吾心哉？"意思是说，我的心早就已经答应把宝剑送给徐君了，怎么可以因为他去世了，而违背我的心呢？

其实，即使季札不把宝剑送给徐君，也不会有人说他什么。因为，季札没有在口头上给徐君任何承诺，而且徐君也已经不在人世了。但是，季札却兑现了自己念头上的承诺。这种诚信精神是多么难能可贵！

说到这里，我们不难发现，古人是很讲诚信的，尤其是那些先贤儒子。

然而，在当今社会，有些人不讲诚信，出尔反尔，害人又害己，从而引发了严重的诚信危机。口头承诺的事情，可能会因为某些原因而无法履行。即便是白纸黑字立下的合同，也可能会故意违约。试想一下，如果人们都不讲诚信，都以欺诈为荣的话，这个社会还如何前进呢？

所以在今天，教孩子讲诚信，仍旧非常必要。也许有的父母会担心，别人都不讲诚信，我家孩子讲诚信，还不整天被人骗啊！其实不然，我们想一下：孩子在求学期间，如果讲诚信，老师会不会喜欢他？同学会不会喜欢他？会。孩子走上工作岗位，如果讲诚信，领导会不会器重他？同时会不会欢迎他？也会。如果我们是老师，我们会不会喜欢讲诚信的学生？会。如果我们是一个团体的领导，我们会不会喜欢讲诚信的下属？会。如果孩子以后从事商业，主管一家企业、一个团体，一样需要诚信。

一切的一切，都足以表明，一个诚信的孩子，不但不会被人骗，还会处处遇到好的缘分。因为这么好的孩子，别人怎么会忍心骗他呢？如果我们的孩子讲诚信，别人当然不会忍心欺骗他，因为人都有一颗向善好德之心，即使是坏人也有，只是暂时被蒙蔽了而已，当他遇到像我们孩子这样的人，内心的良善也会被激发出来。说得再向有些父母所担忧的靠近一点：即使孩子被坏人骗，他也有能力去分辨。做父母的完全可以不必担心。相反，如果我们不培养孩子诚信的品格，他就没有正确的处世观，反而可能多次被骗，甚至被骗之后心理扭曲，也想去骗别人，那就麻烦了。

　　每一个人，都应该从小就以诚信为本，都应该把诚信、讲信用内化为自己内心的坚定信念，外化为自己的实际行动，让诚信常驻心中，永伴自己左右。而要让孩子做到这一点，我们做父母的就不得不重视对孩子进行诚信教育。当然，在生活中，我们自己也应该诚信立人，比如，别在孩子面前撒谎，答应别人的事一定去做，不要找借口，要坚决兑现对孩子的承诺，即使有非常特殊的情形，也要跟孩子解释原因，争取得到孩子的谅解，但事后，也一定要弥补对孩子的承诺，不可糊弄了事。"凡出言，信为先。"

　　要在言语上做到诚信，信守承诺。

　　人与人之间的交往，使用最频繁、最常见的表达就是言语。如果言语不能建立在诚信的基础上，人与人的交往就会变得非常虚伪，也就失去了交往的意义。更可怕的是，我们的一言一行将在无形中影响着孩子。

　　一位母亲讲过这样一件事：

　　有一天，我在家里接到一个找我家先生的电话，由于先生不愿意接听，我就说先生不在家，等我挂掉电话后，儿子就好奇地问我："妈妈，爸爸明明在家，您为什么说不在家呢？"我解释道："你爸爸是不想接外人的电话，我就只好骗人家了。等你长大了，你自然就会明白的。"

　　请问，这位母亲的言行给孩子种下了什么种子呢？种下了不诚实的种子，种下了说谎的种子。那么，孩子会认为，说谎是正常的事情，他就会理所当然地说谎。当孩子经常说谎话，就没有人会相信他了，他又怎么能跟别人交往呢？又怎么能立身处世呢？

　　一位朋友讲过这样一件事：

　　有一位父亲在家接到电话，他跟电话那边的人说："今天还有应酬，就不过去了。"儿子听到后，就问："爸爸，什么是应酬？"这位父亲回答说："应酬就是你不想去做事时的借口。"儿子若有所思地点点头。第二天一早，父亲催儿子赶紧吃饭，一会儿要去上学。儿子说了一句让父亲晕倒的话："我不去上学了，今天有应酬。"

所以，在孩子面前，我们一定要注意自己的言行举止，不可以说欺骗的话。那么，孩子就会受到良好的熏陶，就会种下诚实守信的种子，自然就不会说欺骗、不真实的话了。

答应他人的事情就一定要去做，不能找任何借口。尤其对于孩子的承诺，一定要履行，如果因为特殊情况而无法对孩子履行承诺的话，我们一定要跟孩子说明原因，争取得到他的谅解，并找机会弥补这次缺憾。只有这样，我们才能获得孩子最大程度的信任和敬佩。更重要的是，我们给孩子做了一个诚信的好榜样，孩子也会学着我们的样子，履行对他人的承诺。

帮孩子树立诚信意识并肯定其诚信言行。

孩子讲诚信不但不会受人欺负、受人骗，反而会赢得更多人的喜爱和帮助。然而，对于孩子而言，他的脑海中可能还没有诚信的概念，他可能很容易就答应他人要做某件事情，然后又找很多理由推脱。所以，从孩子小时候开始，我们就需要帮助他树立诚信的意识。

平日里，我们可以有意识地引导孩子思考关于诚信的问题，让他知道什么是诚信；可以给孩子讲一些关于诚信的故事，将道理深入浅出地渗透给孩子，使他得到诚信品质的滋养，也可以一起分析故事中人物的对错，从而帮助他建立正确的诚信观。

另外，我们也可以在生活细节中帮助孩子树立诚信的意识，对于孩子答应我们的事情，比如，回家先写作业、出去玩多长时间、看电视看多长时间、几点起床、去超市买什么东西，等等，我们就要监督他做到，不能放任他的行为，更不能迁就他。当孩子这样去做的时候，说到做到的诚信意识就慢慢在他心中树立起来了。

当孩子做出了诚信的言行之后，我们一定要及时肯定他、赞赏他。这样，受到肯定、赞赏的孩子才更愿意继续做出诚信的言行来。

福田心耕，教孩子懂得珍惜福气、培植福气、积攒福气

每个人都希望自己能有福气，当然也希望自己的孩子能有福气。希望是美好的，可是，这样的希望并不是想想就能得来的，而是需要用心去耕种，所谓"福田心耕"。

我们想想看，人生的福气是怎么来的呢？福气其实是个果，如果没有种瓜，那就不会得瓜；如果没有种豆，那就不会得豆。道理很简单，所以要想自己有福分，就需要去耕耘、去努力，当然最重要的是用心，这颗心一定是一颗好心、一颗善心。如果一个人每天想做坏事，总在背后说别人的坏话，那么他会有福气吗？当然不会有。

一个人的福田有三种，分别是"恩田""悲田"和"敬田"。

恩田，就是要学会知恩报恩。俗话说："受人滴水之恩，定当涌泉相报。"有感恩心的人最有福气，所以要培养自己的感恩心，要培养孩子的感恩心。这一点，在前面已经讲述过，这里就不赘述了。

悲田，就是能够看到一些有苦难的人、看到一些需要帮助的人，这颗心就是一颗"悲心"，也就是一颗为他人着想的心、一颗同情他人的心、一颗非常慈悲的心。这颗心时时为他人着想，人就会有福气，这就叫"悲田"。

敬田，就是非常恭敬地去学习古圣先贤留下来的好的教诲；尊敬师长，尊敬经典；答应别人的事情要用心地去做好；对每一样物品都非常爱惜，不浪费、不糟蹋；等等。这就等于让自己有了"敬田"。

人生的三种福田，一定要让孩子从小就有，要让他懂得珍惜自己的福气，懂得培植自己的福气，懂得积攒自己的福气。这样，他的人生才会更有智慧，才会过得平安、快乐、幸福。

说到珍惜福气、培植福气、积攒福气，就不能不说节俭。

一个孩子懂得节俭，他才不会暴殄天物，才不会浪费粮食，才不会在公共场合洗完手后不关水龙头而任由水白白流掉。

有人认为，在今天这个物质极大丰富的时代，再说节俭显得有点格格不入。其实不然，无论在什么时代，节俭都不过时，都值得提倡。

其实，人一生的福分并不是用不完的，如果不懂得珍惜，不去积极地培植福气、积攒福气，而过早地享受福分，甚至是浪费福分，人生的路就会变得坎坷，不顺。所以，即使物质很丰富，也不要浪费，要懂得珍惜，惜福而不损福，才会拥有幸福的人生。

每当我看到学校食堂有大量的饭菜被浪费的时候，心里就非常痛。可怜的孩子们，你们为什么不知道珍惜粮食？难道花了钱就可以随意地糟蹋吗？还有水，公共场合，哗哗的水龙头没有人关，认为反正不是自己家的。这样想就错了。事实上，我们在公共场合或家里不及时关水龙头，真正流走的不是水，而是我们自己的福气，甚至是我们自己的生命。用心体会一下其中的深意吧！

只有好好认识节俭，做到节俭，我们的生命才有更多的福分，才不会因为折损福分而坎坷一生。

明末清初教育家朱柏庐先生曾说："一粥一饭，当思来处不易；半丝半缕，恒念物力维艰。"这是他在教育后人要懂得劳动成果的来之不易，从而懂得节俭，懂得珍惜。在今天，我们应该把这样的教诲尽可能早地教给孩子。

但有的父母有这样的观念：宁可自己苦点、累点、省吃俭用，也不要苦了孩子。因为这些父母每天都要去上班养家，每天都会和柴米油盐打交道，都知道挣钱的不容易，也都懂得要"算计着"生活。就这样，勤俭持家成为了很多父母身上的优良品质。可是在对待孩子的时候，却又换了一种态度，为了不让孩子"受委屈"，便会竭尽全力地满足着孩子几乎所有的要求，他想吃什么就给买什么。结果，因为食物太多，孩子经常只吃几口就不吃了，而此时，父母一般会把孩子的剩饭吃掉；孩子喜欢什么玩具，我们就会买给他，结果导致家中堆了很多还很新的玩具，而孩子却再也不去动它们了……

这样一来，孩子不仅没有感受到父母对他的爱，也没有因为衣食不愁而感到快乐，相反，他变得越来越奢侈，物质欲望也越来越高，提出的要求也越来越多……当父母无法承受，无法满足他的要求时，孩子就不干了，他会因为自己的要求得不到满足而大哭大闹，搅得全家不得安宁。其实，造成这种后果的根本原因，是父母对孩子的娇惯使他养成了浪费的坏习惯，也让他变成了一个不懂得珍惜物品，不懂得心疼父母的人。而且，如果孩子一直这样下去，那么他长大之后也难有出息，原因很简单，他不懂得节俭，已经习惯了挥霍财富，就算他有再多的财富，也总有一天会被他挥霍干净。

还有句古话，叫作"俭以养德"，孩子只有具有了俭朴的生活作风，他的一些良好的德行才能够逐渐养成，他将来也才可能成为一个做大事的人。而如果我们一味地满足他的物质要求，那么只能不断增长他的欲望，从而严重影响他未来的人生发展。

古往今来大量的家族兴衰史表明，一个家庭无论资产多丰厚，保持富裕的时间一般都不超过三代。

这个现象产生的根本原因是父母对子女的教育不当和家庭不节俭。而这不仅是一个家庭的财富能不能守住的问题，还是孩子们在毁灭自己人生的同时制造更严重的社会危机的问题。所以，我们要尽早培养孩子节俭、艰苦朴素的精神与作风。

从衣食住行入手，培养与约束他。

教孩子节俭的方法其实也很简单，总的来说就是我们要从衣食住行用入手，身体力行，给孩子做个好榜样，再对他加以约束。

《弟子规》中关于"衣"这方面，提出一个原则，即"衣贵洁，不贵华；上循分，下称家"。我们要让孩子懂得正确地看待衣服，即只要衣服干净整洁，穿在身上舒适，也能够遮风保暖，就很好了，而不要追求名牌，追求奢华，更不要在穿衣方面喜新厌旧。

而在吃的方面，我们也不能无条件地满足孩子的要求，使他只知道吃大鱼大肉，对清淡的蔬食不闻不问，甚至随意丢弃。我们应该在满足孩子营养需求的前提下，告诉他"对饮食，勿拣择"的道理，每次吃饭时也要做到"盆干碗净"——"光盘"，不剩饭，不浪费。

当然，我们不能把这些原则强加到孩子的身上，否则，肯定会引起他很大的反感。我们应该先在生活中力行这些原则，比如，我们自己无论吃什么东西，都会吃干净，不浪费；穿衣服也不追求奢华，简单朴素，也会为了时髦而频繁购买新衣服。久而久之，孩子也就会觉得，吃饭时就要把食物吃干净，不能剩下，穿旧衣服也没有什么不好。

另外，我们也要注意约束一下孩子的行为，比如，有些孩子无论去哪里，出门就要打车；或者在选择玩具的时候，专门挑选昂贵的；再或者在生活用品上追求名牌；等等。这时，我们就不能满足他，而是要教给他生活朴素的道理，并慢慢让孩子养成俭朴的习惯。

不要给孩子丰厚的物质和金钱。

很多父母在创业的时候大多备尝艰辛，但也应该理性地认识到：正是由于自己的艰苦磨炼，才创造了财富。如果不希望子女再吃苦受累，对其娇生惯养，给孩子很多的钱财任其享受，这不但不是爱孩子，反而会害了孩子。而对孩子真正的爱，是把自己在创造财富过程中，磨炼出的精神意志传给孩子。

民族英雄林则徐先生讲过："子孙若如我，留财做什么，贤而多财，则毁其志。子孙不如我，留钱做什么，愚而多财，益增其过。"意思是无论子孙能力如何，我都不把钱留给他们，如果是贤良的子孙，钱只会让他们丧失志向，如果是愚笨的子孙，钱只会增加他们的过失。林则徐先生是禁烟英雄，而且他的后人是不吸烟的，这也是一种良好家风的传承。不得不承认，后人没有辜负林则徐的期望，都成了贤良的子孙。

所以，在生活中，无论做什么，我们都不要奢侈浪费，要厉行节俭，多参与慈善事业。

知耻近乎勇，教孩子从小就有一颗"知耻心"

知耻，即知道羞愧和荣辱，是一个人所具有的最基本的道德感，是一个人珍惜、维护自身尊严的情感，不仅与个人的命运紧密相关，更关系着一个民族、一个国家的命运。

孟子说："无羞恶之心，非人也。"意思是说，如果一个人没有羞耻之心，便失去了做人的基础和前提。可见，知耻是做人的标准，是道德人格的底线。知耻这条底线一旦被突破，道德人格就可能面临着千里决堤的危险。

孔子说："知耻近乎勇。"意思是说，一个人只要懂得羞耻，就已经接近勇敢了。而唯有知耻，才能唤起捍卫尊严的勇气，才能勇敢地面对自己的错误，从而改正错误、取得进步。

如果孩子不知耻，那么他做任何事情都会不计后果，甚至会做一些违背良知的事情，可能会毁掉他的一生。试想一下，如果一个孩子不懂得什么是耻辱，不在乎耻辱，他还会在乎别的吗？

因此，加强孩子的知耻教育，培养他的知耻心，让他正确看待耻辱与荣誉，是他人生道路上非常重要的一课。孩子一旦有了知耻心，他就会反省，就会不断完善自己，也就有了不断上进的动力。

知耻可以让一个人更进步。因此，从孩子小时候开始，我们就要培养他的知耻心。只要孩子有知耻心，就有了正确的荣辱观，就会自爱、自重，就会更好地维护自己的人格和尊严，而不会做出触犯法律、违背道德的行为。

第一，教孩子知耻从注意穿着开始。

人类最初的羞耻感的形成，就是从穿衣蔽体开始的。最初，人类没有衣服，便用树叶和动物的皮毛当衣服，不仅是为了保暖，更是为了遮羞。

自古以来，无论男女，对穿着都非常注重，比如，女子不能衣不遮体，要庄重大方，才能表现出对自己和他人的尊重；男子要"三紧"，即头紧、腰紧、脚紧，唯有帽带、腰带、鞋带都扎紧了，才能振作精神。

而今，紧、薄、透、露几乎成了一种流行和时尚，女孩子穿着小抹胸、超短裙，男孩子戴着墨镜、穿着紧身裤，而有些父母也渐渐不把这种趋势认为是羞耻的，这是非常危险的。

有个女孩自从上了五年级，就变得越来越爱打扮了，买衣服经常是她说了算，如果妈妈给她买的不喜欢，她就不穿。

夏天的时候，她就让妈妈给她买小吊带、超短裙、露背连衣裙；冬天的时候，她就让妈妈给她买小皮衣、短裙配羊毛裤、皮靴子。妈妈每次都会满足女儿的要求，觉得穿这些没什么，但凡是漂亮、时尚的小姑娘，哪个不穿吊带、短裙、皮衣、靴子啊！

这种时尚的打扮给女孩带来了超高的回头率，很快就在学校出了名，很多男生都喜欢尾随她上学、放学，有的男生还主动对她展开了"追求"。对此，女孩觉得挺自豪的，越来越注重自己的穿着。渐渐地，她的心思就不在学习上了，成绩一落千丈。

当女孩子只注重自己的穿着，并把外表看成是吸引他人关注的手段时，她就会走上追求物质的道路，就会迷失真正的人生追求，荒废学业。更严重的是，女孩子穿着暴露，可能也容易被不良分子视为"容易侵犯"的目标。

因此，我们一定要帮助孩子在穿着方面建立正确的观念，从最基本的方面开始培养他的知耻心。

（1）转移孩子不正确的审美观。

在一些媒体和潮流的影响下，露脐装、超短裙、紧身衣、墨镜等成了很多孩子追求时尚、个性的标志。对于缺乏明辨美丑、善恶能力的孩子来说，很容易产生不正确的审美观。

对此，我们要告诉孩子：美丽不是靠暴露、奇形怪状的衣服衬托出来的，只有衣着得体、整洁，心灵美，才会散发出美丽的气息。同时，我们也要让孩子明白，穿着也有羞耻感，对于紧、薄、透、露的衣服，不仅现在不能穿，长大以后也尽量别穿，只有自己知耻、懂得自爱自尊，才能赢得他人的尊重，才不会受到伤害。

（2）指导孩子正确穿衣。

从孩子小时候开始，我们就要注意他的穿着，要让他只为"保暖、御寒、遮羞"，不为"时尚、个性"而穿。等孩子长大之后，我们就要指导他正确穿衣，让他明白：穿衣最重要的是得体、整洁、舒服，而且这也会对身体健康有好处。

另外，我们也要告诉孩子：不同的场合可以有不同的穿着打扮，比如，上学时，一般就穿校服；平日里，可以根据个人的喜好，选择适合自己的衣服；如果要跟父母参加一些聚会，可以稍微打扮一下，这是对他人的一种尊重。

当然，我们做父母的，穿衣打扮更是要注意端庄，不可轻浮随便，要给孩子做个好榜样。

第二，保护好孩子的羞耻心。

羞耻心，是一种以自尊心为基础的道德情感，是一种自觉抵制不良诱因干扰的精神力量，也是一个人行为品德的内在因素。

一般来说，孩子大约在 3 岁时，就开始注意他人对自己的评价，如果做错了事情，比如，尿床了，我们说他"羞不羞啊"，他就会产生羞耻感，主要表现在外部的表情动作上，如脸红、躲藏、低头不语等。

当孩子到了 5 岁左右，感到羞耻的时候，他不只会脸红、低头不语，更会感到不愉快，甚至是痛苦的情感体验，还会因个人缺点或错误而感到内疚，进而谴责自己。而且，随着年龄的增长，羞耻感会越来越强烈。

孩子拥有羞耻心，他就会为自己的缺点或错误感到羞愧，就会反省自我，不断修正自己的行为举止，并不断取得品行上、学业上的进步。因此，我们一定要保护好孩子这种正常而脆弱的羞耻心，让羞耻心起到对孩子的自我教育作用。

一位妈妈讲过这样一个故事：

儿子上五年级的时候，有一次他把考试成绩单拿给我看，语文 87 分，数学 92 分，总体来说，成绩还算不错，便对他说了几句鼓励的话。几天之后，儿子的班主任王老师来家访，说儿子的语文成绩不太理想，这次考试考了 67 分。

顿时，我感到很诧异，成绩单上明明写着 87 分，怎么能变成 67 分呢？当我抬头去看坐在一旁的儿子时，他低下了头，我一下子明白了其中的缘由。老师走后，我没有去指责、批评儿子，而是该做什么就做什么，就当没发生过这件事情。

又过了几天，儿子给我写了一张纸条："妈妈，谢谢您，我知道您为了保护我的羞耻心和自尊心，没有揭穿我。妈妈，以后我再也不这样了，我一定好好学习。"

读到这里，我流下了眼泪了，真庆幸自己没有揭穿孩子的谎言，没有指责、批评他，而是保护了他的羞耻心和自尊心。

孩子犯了错误，一旦被父母发现，心中一定会感到害怕，也会感到羞耻，如果我们对此不依不饶，在他的伤口上撒盐，他的羞耻感就会逐渐淡化，或变得胆小、自卑，或变得叛逆。相反，如果我们保护他的羞耻心，反而会促使他改正错误，更好地进行自我教育。

所谓"知耻近乎勇"，知道自己的耻辱了，才会让自己勇于改正。因此，我们要帮助孩子将羞耻心当成一种积极的心态，从中获得力量和勇气，将其转变为继续前进的动力。例如，当孩子感到羞耻之后，我们可以这样鼓励他："知耻是好事，但是我们不能只停留在羞耻中，而是要把羞耻心当成跌倒后爬起来的动力，吸取经验教训，振作精神，继续努力前进。"

第三，告诉孩子，"不以恶小而为之"。

三国时期刘备在临终前嘱咐儿子刘禅时，说了一句流传至今的做人道理："勿以善小而不为，勿以恶小而为之"。意思是说，要以善为荣，即使是小善也必须要去做；以恶为耻，即使是小恶也不能去做。

我们千万不能轻视小善、小恶，是因为任何大事都是从小事积累起来的。"千里之堤，溃于蚁穴""小时偷针，长大偷金"，说的就是这个道理。

孩子所做的每一件不好的事情虽然很小，但是经过日积月累，就会由量变导致质变。如果我们没有及时教育孩子，告诉他"不以恶小而为之"，小恶就如同一粒种子，会在他的心上生根发芽，那么他就不再有知耻之心，可能就会做出更多、更大的恶事，从而造成无法挽回的局面。

一份关于青少年的调查报告显示：很多青少年犯罪的重要原因之一，就是小时候的不良思想和行为习惯没有得到及时纠正。这给我们敲响了警钟！所以，要尽早给孩子讲明白"勿以善小而不为，勿以恶小而为之"的道理，以防微杜渐。

平日里，我们也要有一定的敏感性，及时提醒他注意，不要让他忽视自己的小过失、小错误。如果孩子已经犯下了小过失、小错误，我们要及时给予纠正，引导他发现自己的过失在哪里、为什么会犯下这样的过失、如何去改正，并告诉他"无论恶事多么小，都不能去做"。

有个男孩刚上一年级。有一次，因为嫉妒同桌比自己考得好，他就趁同桌没注意把同桌的新书给撕坏了一个小角。后来，男孩把这件事情告诉了妈妈，妈妈知道，儿子只是因为心眼小才这样做，便决定给予正面引导。

妈妈首先让儿子明白，嫉妒是一种不健康的心理，会让心胸变得狭隘，一旦放任，就可能产生憎恨的情感，对己对人都没有好处。接着，妈妈告诉了儿子一个道理："不以恶小而为之"。最后，妈妈引导他要去弥补自己的过错，向同桌道歉，想办法修补破损的书。

这位妈妈不仅让孩子认识到了自己的过错，还引导他如何去弥补自己的过错。更重要的是，她还让孩子明白，即使错事再小也不能去做。相信这个男孩会牢记妈妈的话，不会再因为恶事小、不显眼而去做了。

有的孩子在犯一些小过错的时候，总会存有这种侥幸心理："反正也没人看到。"对此，我们要告诉孩子：虽然自己做得错事没人看到，但自己的良心会看见。真正受害的不是别人，而是自己，因为一个小错可能就是酿成大错的开始。

另外，我们要引导孩子，在做每一件事情之前，无论是小事还是大事，都要三思而后行，思考一下这件事情应不应该去做，如果这件事情会给他人或自己带来不好的影响，就坚决不可以去做。

总之，我们要让孩子牢记这句古训"勿以恶小而为之"，时刻用它来要求、鞭策自己，使自己成为一个知耻、有德、心灵强大的人。

第四，防止孩子的羞耻心产生负面效应。

对于孩子而言，健康的羞耻心可以促使他反省自己的言行举止，从而不断修正自己的错误。但如果孩子的羞耻心表现得过于强盛，可能就会带来某些负面效应。例如，有的孩子做错了事情，他会因为感到羞耻而不敢承认，或者难过好几天，一想起来就觉得羞耻，甚至因此而终结自己的人生。这样的悲剧在现实中真的发生过。

某市 11 岁的小薇（化名）和双胞胎弟弟，因为在某超市拿了 25 元左右的货品而没有买单，被超市人员扣留。

后来，小薇的爸爸赶到超市，了解了具体情况之后，当场给了小薇一巴掌。随后，小薇的爸爸自愿被罚了 250 元，并写了一张"自愿罚款"的条子，小薇被要求在纸条上按下了红手印。离开超市之后，小薇没有说话。

第二天上午 9 点多，小薇爸爸看到她正在埋头写东西，以为她没事了，便出门做事情了。没想到，一个小时之后，小薇从自家所在楼道纵身跳下，先是摔在了空中的窗台雨遮上，然后落在了地上，不治身亡。

后来，在小薇的书桌上，发现了一封遗书，上面写着"爸爸妈妈对不起""我让你们没有面子""我很贱"等话语。

原本应该是青春焕发的年龄，还没来得及绽放精彩的人生就结束了。如果爸爸没有给小薇那一巴掌，而是保护她的羞耻心，如果父母能及时安慰小薇那颗受伤的心灵，让她在知耻的同时，还要有豁达的心胸，也许就不会导致她跳楼自杀了。

我们培养孩子的知耻心，到底是为了什么呢？难道就是为了让孩子因知耻而背上严重的思想包袱吗？小薇用宝贵的生命，给为人父母的我们敲醒了警钟。所以，在培养孩子知耻心的同时，也一定要防止他因羞耻心而产生的种种负面效应。

首先，我们要让孩子知道，为什么要有知耻心，也就是说，知耻心可以带给我们什么。正如前面所说的，拥有知耻心，是为了不断反省自我、完善自我。

然后，我们要引导孩子明白，做错了事情，产生了羞耻感，之后应该做什么。也正如前面所说的，要把羞耻心当成一种积极的心态，学会从中获得继续前进的勇气和动力，向着正确的方向前进。

如果孩子深陷羞耻感之中无法自拔，我们就要想办法给予引导，帮助他摆脱这种不良的心理，比如，我们可以对他进行语言上的安慰："我们理解你的心情，知道你为自己的行为感到惭愧。只要你能从中得到教训，下次努力做好就行了，没必要这样自责。不管怎样，我们都会在你身边，做你最坚实的后盾，加油！"

再如，我们可以带孩子做一些他平日喜欢做的事情，让他从中获得快乐；也可以给孩子创造机会，让他体验成功，从中获得前进的动力。总之，我们要想办法防止孩子因羞耻心而产生负面效应，让他拥有健康的羞耻心。

第五章

家庭教育的智慧从哪里来

孩子的教育并不是一件小事，也不是很简单的一件事，所以需要父母具备一定的教育智慧。而教育智慧从哪里来？当然要靠父母不断地去学习，去体悟。读书是一个不错的学习方式，但也要注意去鉴别，因为并不是书上说的就都是对的，要能够去判断各种似是而非的教育理念与方法，要有正确的价值判断。不过，很多教育智慧也可以从古圣先贤留下来的经典中得来，所以父母可以从中国传统经典获得家庭教育的智慧与方法，也可以通过让孩子读经典而使其从小就能更富有智慧，能早日明白人生的道理，找对人生的方向。

书上的教育方法是否都正确有效

我知道，今天有一些做父母的是不读书的，或者是很少读书的，他们遇到问题一般去上网搜索答案，或者是订阅一些育儿类的微信公众账号，通过这些方式来提升自己教育孩子的水平。我不否认这些做法当然有一定的效果，至少比什么育儿常识都不学要好得多。

当然，这需要去分辨，去判断对与错。因为网络上的资料转来转去，已经不知道原作者是谁，到底有没有实用性，到底正不正确，有没有效果了。微信公众号上的内容也是如此，原创内容并不多，大多是从互联网上转载而来，可以说是鱼龙混杂、良莠不齐，当然会存在一个信息是否真实有效的问题。

再有，这两种学习模式都是碎片化的，难以系统化，所以，对父母提升育儿理论与实际水平帮助有限。还有，父母看手机或上网，即使是在进行各种有益信息的查询，但对孩子也会产生一个负面的影响，他会认为父母是在休闲，是在玩儿；而且无论成人是否承认，这个过程都是在忽略孩子，而孩子也会有一定的孤独感产生，认为父母不关注他。

所以，最好还是阅读一些家庭教育类的书籍。

不过，读书也会存在一个问题——是不是书上的教育方法都正确，都有效呢？

这些年，我翻阅了大量的家庭教育书籍，有国内的，也有国外的，每本书好像讲得都有道理，但仔细一思考，发现道理和实用方法是两回事。尽管有些书也在讲教育方法，那些方法似乎也很有效，但是我却发现，方法的有效期并不长，有的甚至就一个月，或者一个星期，甚至一天，副作用很快就显现出来了。

可见，由于书的作者不同，个人对教育的理解也不同，还有的是东西方教育理念不一致等等情形，都不能 100% 保证"书上的教育方法都正确，都有效"，所以，即使是读书，也需要我们做父母的去鉴别，正如《孟子·尽心下》所提到的，"尽信书，不如无书"，书上的方法只给我们一种参考，或者是一个启示。

接下来，我们就谈几个有代表性的教育方法，看看是不是真实有效的。

孩子不爱劳动，给他金钱激励一下他就会变好吗？

开门见山回答这个问题，短期可能会"变好"，但这个"变好"是在金钱的"刺激"下产生的假象，不是真的变好。可能有效期就只有几天，一旦给他的金钱无法满足他的欲求，这个方法就失效了。

所以，很多教育观念看似正确，实际上却是对父母的误导。用金钱、物质"刺激"孩子学习也是一样，短期看似有效，时间稍微一长绝对有害，副作用巨大，会增强孩子的金钱、物质欲望，最终，他的欲望就会成为一个填不满的"无底洞"，他就会堕入其中，难以自拔。

其实家庭是讲付出、讲感恩的地方，是家庭每一位成员温暖的港湾。父母为这个家付出了那么多的辛劳，为孩子操了那么多的心，又该向谁要钱呢？作为家庭的一员，大家都有为家庭付出的责任和义务，孩子也不例外，因为他也是家庭中的一员，所以怎么能让孩子在家里"赚钱"呢？一旦家庭被金钱所左右，要是能培养出不自私的孩子，那简直是奇迹。到头来，孩子没教育好，父母也会跟着遭罪。

孩子只有习劳，他才知道感恩。因为劳动对孩子的影响非常大，所以在这里我想附加一篇《渤海早报》"才智周·亲子"专版的采访文章，以把这个问题阐述得更加清楚一些。

记者：怎样培养孩子做家务的意识，帮助孩子逐步自理？

鲁鹏程答：我国流传甚广的《朱子家训》开篇第一句就是："黎明即起，洒扫庭除，要内外整洁；既昏便息，关锁门户，必亲自检点。"这足见古人对"让孩子做家务"的重视程度。

调查显示，我国小学生每天做家务的时间只有12分钟。原因有很多，比如，对孩子过分娇宠而舍不得让他做家务；觉得孩子会因做家务而耽误学习；认为孩子太小干不了家务，很可能会越帮越忙；担心孩子伤到自己、弄脏衣服……慢慢地，孩子就会认为家务与自己无关，即使看到酱油瓶倒了，也不会把它扶起来。

事实上，每个孩子天生都是勤劳的，都是愿意做家务的，他从小就有做家务的热情。还记得吗？当我们在洗菜、扫地的时候，才一两岁、两三岁的孩子是不是也会非常积极主动地过来想要抢着做？但我们在孩子愿意做家务的时候拒绝了他，等到他渐渐地不能再接触到家务而又变得"贪图享受"，不再喜欢参与家务时，我们却又抱怨他懒惰，不知道为我们分担！说得严重些，所有懒惰的孩子都是父母造就的，小时候他想做家务的时候，父母嫌他添麻烦，不让他做，等到他大了再想让他做的时候，他的热情已经过去了，"小懒虫"已经养成了。怎么办？所以，趁着孩子还小，他还想做，那就赶紧给他机会做……

如果孩子已经"懒惰"了，又该怎样培养他做家务的意识，帮他逐步自理呢？

第一，让孩子明白，做家务是家庭每个成员都应尽的义务，无论年龄大小，既然是家庭中的一员，就都应不例外地承担一定的家务。

第二，给孩子制定一份家务清单，明确他应该做的具体家务。

第三，妈妈不要做"女汉子"，不要在孩子面前一味地显示自己的强大，而是适当向孩子"示弱"，请他帮忙，他就会在这个过程中体验到被需要、被重视的感觉，从而变得更主动、更强大。

第四，给孩子做示范，孩子做不好是正常的，这正是机会教育点，把正确的方法示范给他，下次他就会做了。

第五，适当奖励，但不要用金钱奖励。有的父母给孩子制定了"家务工资表"……这种方式短期有效，但很难持久，因为这会刺激和增长孩子的金钱欲望，当他某天感觉"工资"与家务不等价或是不想赚钱时，就会拒绝做家务。所以，奖励应该是精神上的，比如，他做完后，给他一个拥抱，对他说类似"帮了妈妈的大忙了，妈妈很高兴""你真是长大了，懂得分担家务了"之类的话，这会让他感到极大快乐，从而爱上做家务。

记者：常做家务对孩子的成长有怎样的好处？

鲁鹏程答：有报道称，哈佛大学的学者们曾经进行了一项长达20多年的跟踪研究，结果得出一个令人惊讶的结论：爱干家务的孩子与不爱干家务的孩子相比，失业率是1：15，犯罪率是1：10，离婚率和心理患病率也有明显的差别。

事实上，让孩子做家务的好处非常多：他的自理能力、动手能力、手脑协调能力都会得到锻炼和提升，而且家务劳动也是在帮他提升生活技能，增加生活阅历，他也会养成爱劳动的好习惯，会强化对家庭的责任感，还会体会到父母操持家庭的辛苦，从而懂得关心、体贴父母。不得不说，做家务的确是一项让孩子受益终身的行为。

可能在我们看来，家务琐碎无趣，但在孩子那里，这却是他体现自我价值的重要表现，而他也会从中找到属于自己的快乐。因此，我们要学会放手，引导孩子积极地做一些力所能及的家务，让他体验劳动的乐趣。

记者：在不同年龄段的孩子承担的劳动工作应有怎样的区别，具体怎样安排？

鲁鹏程答：考虑到孩子的实际能力，不同年龄段的孩子所承担的具体的家务劳动应有所区别，例如：

2—3岁，收拾玩具，吃饭分筷子，帮忙拿小件物品；

4—5岁，饭前摆放碗筷餐具，饭后收拾碗筷餐具，妈妈洗碗时帮着打下手，试着洗自己的小件衣服；

6—7 岁：扔垃圾，擦桌子，扫地，洗碗，叠衣服，收拾床铺，浇花，喂宠物；

8—9 岁：盛饭，到信箱里取信件或报纸，在厨房打下手，自己准备上学的书本、文具，衣服，把买回来的食物、杂物归放在固定的位置；

10—11 岁：做简单的饭，整理房间，使用洗衣机，换床单、被罩，擦洗车子；

12—13 岁，做饭，去超市购物，清理冰箱、灶台。

以上安排仅供参考。因为每个孩子的成长情况不同，有的孩子可能只有七八岁就已经学会做饭了。所以要根据孩子的实际情况而定，原则是由简单到复杂。此外，一定要注意安全，凡与电、天然气、火、开水等有关的，必须事先教给孩子正确的使用方法，同时告诉他可能存在的安全隐患，让他在做家务时多加注意。

记者：家长与孩子一起劳动有利于促进亲子关系，如何改变父母大包大揽的观念，放手让孩子得到一定的锻炼？

鲁鹏程答：家务劳动对孩子的成长有着极大的促进作用，而且孩子也不会因为做家务而耽误学习，反而会在家务劳动过程中增长实际技能，让书本知识得到实证。家务中隐藏着很多生活的大学问，孩子唯有实践才能知晓。

知道了这些，做父母的还有什么理由大包大揽呢？还有什么理由不放手呢？要知道，我们不能对孩子包办一辈子，他的路还要靠他自己走。父母放手，孩子才能得到真正的成长。父母早一天放手，孩子早一天成长！

让孩子在人前进行"表演"，他会更有自信吗？

有观点认为，让孩子多在人前进行各种"表演"，他就会变得更有自信！有的父母就很相信这样的说法，认为这样很好，果真如此吗？

在生活中，我们经常会看到这样的场景：孩子得意地站在长辈的面前，把最近学习的"手艺"——亮相。表演得很好，当然会得到满堂的喝彩，而且孩子的父母或爷爷奶奶等长辈的脸上也非常有光彩，但有时候也会有"意外状况"发生。

有这样一个小故事：

奶奶让孙女在长辈面前表演背英语单词。奶奶问她："苹果怎么讲？""桌子怎么讲？""雨伞怎么讲？"孙女都对答如流。然后，周围的长辈就都鼓掌，说小女孩"厉害"。小女孩当然是很得意。最后，她反问了奶奶一句："书本用英语怎么讲？"这给奶奶一个措手不及，奶奶说："我哪知道啊！"没有答出来，小女孩当即就说："你怎么那么白痴啊！"

为什么会这样呢？是因为我们经常让孩子在长辈面前炫耀他的才华，助长了他的傲慢心。当孩子拥有的才华越来越多时，他就会越来越瞧不起长辈，认为自己什么都懂、都会，而长辈什么都不懂、都不会。

而且，当孩子非常傲慢时，就认为自己已经很厉害了，就不愿意付出努力来提升自己的才华了。可以说，孩子一旦产生傲慢的心理，这种心理将会阻碍他人格的形成和学问的提升。

（1）不鼓励孩子在长辈面前炫耀自己的才能。

中国有句俗话："小时了了，大未必佳。"我们应该都知道王安石所作的一篇文章《伤仲永》，写的是一个关于方仲永的故事，他天生才华出众，但是因为被父亲当作造钱的工具到处"表演"自己的才能，再加上他自己后天不努力学习，最终沦落成了一个普通人。

在这个故事中，我们应该受到启发：其一是不要让孩子随意炫耀自己的才能，因为会助长他的傲慢心，不利于他学问的提升，而且，当孩子习惯了赞美声和掌声，就无法接受失败和挫折，不利于他的成长；其二是要注重后天的教育和培养，引导孩子立志，让他注重后天的努力，因为孩子光有先天的聪明而不注重后天的努力，往往会一事无成。

事实上，长辈拥有很多人生智慧和经验。所以，我们要教育孩子，在长辈面前，不要随意炫耀自己的才华，不要夸夸其谈，更不能表现出傲慢无礼的样子，而是要主动向长辈请教，虚心向长辈学习。

（2）要引导孩子立志。

我们要引导孩子根据自己的兴趣和爱好，立定自己的人生志向，一旦孩子立定了志向，他就会坚持不懈地朝着自己的志向努力奋斗，自然就不会出现"小时了了，大未必佳"的状况。

（3）不要刻意让孩子在众人面前表演节目。

在孩子看来，表演节目就是为了博得周围人的喝彩和掌声。那么，他如果得到了喝彩与掌声，可能会更加得意、傲慢、不可一世，最终迷失自己前进的方向。而如果孩子失去了周围人的喝彩和掌声，他可能会变得失落，甚至产生自暴自弃的心理。

另外，如果父母刻意要求孩子在众人面前表演节目，很可能会给孩子带来巨大的压力，从而使他变得焦虑不安、自卑。

著名文学家老舍早就提出了这样的观点："摩登夫妇，教三四岁小孩识字，客来则表演一番，是以儿童为玩物，不可助长也。"因此，父母既不要让孩子在众人面前炫耀才能，也不要刻意要求他表演节目，而是让他脚踏实地地走好每一步。

（4）给孩子一个没有功利色彩的舞台。

如今，孩子参加各种才艺大赛、选秀节目、商业演出等活动，似乎已经成为了一种潮流。当然，适当带孩子参加一些大型活动，能够让孩子见见世面，开阔眼界。但是，如果父母抱着让孩子成名、赚钱的功利目的，那么即使孩子成为了众人瞩目的"小童星"，可能也会付出非常惨痛的代价。

如果父母希望孩子登上舞台，从而锻炼各方面的能力，就一定要摆正心态，给孩子一个没有功利色彩的舞台。无论孩子是在舞台上展示才艺，还是在舞台上参加比赛，父母都不要刻意强调结果，而是让他重在参与、享受过程。

再总结一下吧，让孩子在人前进行"表演"，他可能会更有自信，也可能会助长孩子的傲慢之心，对其产生负面影响，所以让孩子在人前进行"表演"这件事，要慎重对待。当然，不排除有的孩子性格比较开朗外向，而且又有表演欲和十足的天赋，那就另当别论了。

跟孩子做朋友，就是跟他平等的表现吗？

现在很多父母都知道一种教育理念——跟孩子做朋友，他们也很认同这种理念，认为这样的话，就是跟孩子讲平等，是父母跟孩子平等的表现，亲子关系就会变好。

跟孩子讲平等当然是对的，因为孩子也是一个独立的个体，有独立的人格，我们做父母的要尊重孩子这个个体，尊重他的人格，而不是把他当成附属品。但如果认为跟孩子做朋友就是跟他讲平等的话，显然是有问题的。因为无论如何，父母跟孩子都是亲子关系，都是父母与子女的关系，不可能成为真正的朋友关系。

父亲跟儿子称兄道弟、母亲跟女儿是闺密的情形，是有问题的，说得严重些，那是父母不自重，根本就不知道自己的角色是什么。想想看，朋友关系怎么能替代亲子关系？跟朋友可以翻脸，可以断绝关系，但是如果因为父母跟孩子是"朋友"，这个"大朋友"如何去管教"小朋友"？"小朋友"是不是也可以跟"大朋友"翻脸，进而断绝父（母）子（女）关系？有的朋友因为某件事意见不合，可能就会大打出手，但父母与孩子这样的"朋友"能大打出手吗？假如"大朋友"动手打了"小朋友"，那"小朋友"能不能还手再打"大朋友"呢？所以说，单靠所谓的朋友关系，做父母的是不可能做到真正管教孩子的。作为父母，我们必须要对孩子负责，要有做父母的样子，有责任和义务去管教他。朋友，是做不到这一点的。

虽然我们提倡有事要跟孩子商量一下，因为要给孩子参与家庭事务的权利，是建立亲密亲子关系和温馨家庭氛围的一种非常不错的方法，但是这并不意味着什么事情都要听孩子的，毕竟他还小。想想看，一个八九岁、十二三岁的孩子，在家庭事务中是不应该也不可能跟父母享有同等的影响力的。如果把一个家庭比作一艘大船，很显然，父母才是船长。

曾有一个13岁小女孩以自杀来逼自己的母亲打掉腹中已经13周的胎儿，而妈妈最终则含泪在医院终止妊娠。在这里，不讨论这个13岁的孩子是否自私，仅从这件事上推断：她以后会不会无法无天？因为她既不尊重自己的生命，也不尊重他人的生命，那最终受害的人又会是谁呢？今天她能用自杀的方式来威胁妈妈打掉胎儿，以后也会以更极端的方式威胁他人，比如，她未来的先生，她未来的孩子，等等。

我想，这是每一位为人父母者都不愿意看到的悲剧。可是，出现这个问题的原因到底在哪里？会不会是父母跟孩子太"平等"了呢？是不是什么事都顺着孩子呢？会不会是什么事情都跟孩子做朋友式的"商量"呢？如果连生不生二胎都要顺着孩子，还要看孩子的脸色的话，那做父母的以后还如何再管教这个孩子呢？

可能有人会认为我说的这个有点极端了，其实不然，父母与孩子都需要各正本位，各自扮演好自己的角色，而不能乱了辈分、乱了伦常关系。

我们当然要爱孩子，但也要行使父母的权利，那就是教育孩子，管教孩子。在对孩子这件事上，任何时候都是爱与管教一个都不能少的。只有爱没有管教，就是害孩子；同样，只有管教没有爱，也管不出一个好孩子。

再说平等。其实今天很多父母也误解了平等的真正内涵。"平等"在词典中的解释是：人们在社会、政治、经济、法律等方面享有相等待遇。在社会交往中，无论一个人的出生背景如何、相貌好坏、财富多少、地位高低都同样拥有被尊重的权利，在人格上与其他人没有高低贵贱之分。每个人都渴望被平等对待，包括家庭成员之间，孩子希望父母可以用尊重他、平等地对待他，不希望父母以高高在上的姿态和自己交往。当然，孩子的渴望没有错，因为无论他的年龄有多大，在人格上，他和父母的确是平等的。但在别的方面，并不是很多父母认为的——时时平等，事事平等！

想想看，如果要"平等"，那就也让孩子去为家庭付出，也让孩子去赚钱养家，"平等"嘛！父母能干的事，孩子也必须干！是这样吗？显然不是。

其实父母和孩子本来就是"不平等"的，是要有长幼顺序的，因为父母来这个世界上要早孩子二三十年，就凭这一点，父母和孩子除了在人格上的平等之外，其他方面都是"不平等"的。希望我们都能认识这一点，不要错误领会了平等的意思，不然，父母没有父母的样子，孩子也没有孩子的样子，那就会出现"家将不家"的情形。

在这里，提醒为人父母者注意这样几个问题。

（1）正视西方文化和中华文化的不同。

自从西方人崇尚的"平等民主"风潮吹进中国大地的时候，中国人似乎也开始认为自己的教育太过"专制"，加上近几十年，"父母应该尊重孩子，应该平等对待孩子"等观点频繁地出现在中国的教育界。于是，中国的父母开始注重西方人提出的"平等"观念。但是，父母有没有想过，中国人可不可以照搬西方人的习惯，去用他们的方式和子女交流呢？

西方文化和中华文化之间存在着太大的差异。我们也不说谁一定对，谁一定错，而是适合大环境的、适合本民族的才是好的。西方"平等观"的文化土壤是基督教文化，在他们看来，所有的人都是上帝的孩子，都是兄弟姐妹，所以在上帝面前，大家都是一样的辈分，自然是"平等"的；但我们中华民族的深层心理仍旧是家族信仰，尽管今天的家庭结构与古代相比发生了巨大的变化。换句话说，西方人一直崇尚"自我意识"，而中华民族提倡"家庭意识"；西方人对孩子的教导是自我强大，而中国人自古对子孙的教导是光宗耀祖。这无形中就反映出，西方孩子成长好坏是他个人的事情，而中国孩子的人生成败关系着家庭的命运。所以，西方人没有养老送终、光耀门楣的概念。因此，西方的老人虽然在物质方面非常富足，但是在精神上却有些孤寂，甚至有点凄凉。有一句话这样形容西方："孩子的天堂，年轻人的战场，老人的坟场。"可能说得有点严重，但确实能够引起我们的一些思考。

因为这种观念的不同，西方父母与孩子之间互相维系和依靠的情感比较不明显，互相都是特别独立的个体，互相称呼对方的名字也不觉得不妥，包括领导与下属、师生之间都是直呼其名。这是他们的大环境。

而中国人讲究的是"父慈子孝、长幼有序"，父母和孩子之间是互相扶助、互相依赖的关系。孩子在小的时候由父母来关怀、照顾、教导成人，孩子长大之后来关怀照顾父母，养老送终。在这种环境背景下，孩子会感恩父母的养育，会承担家庭的责任。孩子尊重父母的体现当然不是直呼其名，或者没大没小。在中国，哪个孩子要是直呼老师或领导的名字，对方要是能欣然接受，那说明对方要么不是中国人，要么他的心已经远离了真正的中国心。

因此，父母不要盲目接纳西方人的习惯，"西方的月亮比中国的圆"的时代早已过去。在一场金融危机之后，多少西方人无家可归时，他们也开始反思提前消费的对错，甚至开始把星期一作为教孩子的"存钱日"。所以，父母要正视东西方文化的差异，不要把人家的"平等"不分青红皂白地拿来就用，中国的"土壤"种不活西方人的"平等"，因为水土不服。可见，在民族文化上来说，让父母跟孩子讲求西方式的"平等"会有些适应不良。

（2）用"父慈子孝"的观念建立与孩子正确的平等关系。

平等，绝不是父母可以直呼孩子的名字，孩子也能直呼父母的名字；也不是父母能大声呵斥犯错后的孩子，而孩子也能大声声讨父母的不对；更不是父母用威严教育不听话的孩子，而孩子也反过来对父母大打出手。这不是平等，更谈不上尊重。

而什么是平等？是父慈子孝，是长幼有序。这不是谁制定的，这是天伦，是自然规律。父母对儿女无私关怀，慈爱有加，儿女犯错时提醒其更正，必要时显现"威怒相貌"让孩子警醒。而孩子尊重父母、孝顺父母、理解父母，关心父母才是亲子之间正常关系的体现。

因此，父母不要从"平等"走向"误区"。在教育中提倡的平等是希望父母不要过分要求和控制孩子，而是尊重孩子的人格，尊重孩子的生命体验，顺应孩子的天性，体会孩子的内心世界，倾听孩子的心声，不要一味地用"霸权"去教导。但是，也绝不是让孩子"骑在自己头上肆意行为"。如果非得跟孩子讲所谓的"平等"，那就在家、在外不要给孩子任何的"特权"，请问你能做到吗？因此，父母用平和的态度与孩子建立互相尊重的关系，该严厉的时候严厉，该温和的时候温和，这才是真平等。

再多说几句，天与地，一个在上，一个在下，是不是"平等"？"平等"不是指人所处的位置高低，而是与对方建立互相尊重、互相扶助的关系。天将雨水注入大地，大地滋润万物，生态平衡之后，给天一片蔚蓝。天地之间就是平等，而父母与孩子也是一样的道理。父母不要高高在上地压制孩子，孩子更不能无礼霸道地对待父母。父母慈爱孩子，孩子孝敬父母，彼此之间有礼有尊重，彼此互相关心、互相理解、互帮互助，才是真正的平等。

所以，跟孩子做朋友，最好还是慎重一点。

以上我们透过几个常见的教育观点表明一件事，就是书上的也不一定都是对的，要加以辨别。在我看来，家庭教育一定要有最彻底、有效的、没有流弊的方法才行。例如，前面我们提到的用金钱刺激孩子去劳动，就属于"有效期太短，还有副作用的教育方法"，这当然就不能称为是彻底的、有效的、没有流弊的教育方法。所以，我们一定要有智慧去判断各种似是而非的教育理念与方法，不要盲目相信。这就需要我们不断地学习、不断地反思。

好父母一定要以身作则，给孩子最好的示范

教育孩子，关键的关键就是父母要以身作则，给孩子做最好的示范。这是最大的教育智慧。所以，要想孩子怎样做，我们先要做出来；要想孩子养成怎样的习惯，我们先要具备那样的习惯。类似这一点，在前面也提到过。父母懂得做父母的"道"，孩子自然会在孩子的"道"上，一定会很好教，甚至不用教。孔子说："其身正，不令而行；其身不正，虽令不从。"父母身正了，孩子自然就会跟着正，这叫"上所施，下所效"。

古代家训教化中，是非常注重父母的道德修养的，要求父母正身率下，公正地对待每一个家庭成员，不得偏私。只有父母能够以身立范，孩子才能真正得到良好的教育。

其实，不仅仅是我们中华古圣先贤如此重视身教，国外的教育大家也是这么认为的，因为教育的核心理念一定是相同的，无论是在古代还是在现代，无论是在中国还是在外国。简单列举几位国外教育大家的说法吧。

在英国教育家托马斯·阿诺德看来，父母的言行就是无声的老师，自觉或不自觉的榜样，强有力地发挥着潜移默化的作用。所以要想取得理想的教育功效，父母一定要以身作则，时时、处处、事事都严格要求自己，成为孩子人生的好榜样。

另一位英国教育家洛克也主张，在教育孩子时，与其让孩子记住规则，还不如给他树立榜样。他强调示范和环境的教育作用，反对单纯的说教。他

说："无论给孩子什么教训，无论每天给他什么样的聪明而文雅的训练，对他的行为能发生最大影响的依然是他周围的同伴，是他监护人的行动榜样。"

日本教育家井深大认为，父母的言行是子女最好的教材，一流的父母造就一流的孩子；要让孩子进一流幼儿园和一流学校，但更重要的是必须使孩子在一流家庭里接受熏陶。家庭是孩子的第一个课堂，父母是孩子的第一任老师。父母是孩子最初的模仿对象，孩子从父母那里学到的品质、人格、习惯和处世态度，对他一生的发展都会产生极大的影响。

苏联教育家马卡连柯也指出，父母自身的行为对孩子有重大的影响。不要以为只有你们同孩子谈话和教导孩子、吩咐孩子时才是在教育孩子。在你们生活的每一瞬间，甚至当你们不在家的时候，都是在教育孩子。你们怎样穿衣、怎样跟别人说话、怎样表示欢欣和不快、怎样对待朋友和仇敌、怎样笑、怎样读报……所有这一切，对孩子都有很大的教育意义。

可见，教育孩子就是做好榜样，就需要父母以身作则。

对孩子来说，父母的身教榜样作用，比任何老师包括父母自己对他的说教都管用得多，对孩子的影响比那些座右铭要更为深远。

所以说，今天的孩子这么难教，这么不懂事，父母负有不可推卸的责任。因为做父母的就没有做出父母的样子来。别说孩子不懂得父母的辛苦，别说孩子跟父母顶嘴。作为父母，想想自己，是否跟自己的父母顶嘴，是否还让自己的父母生气，是否不孝敬自己的父母？孝敬父母，在孝，更在敬，自己对父母是否有一颗真正的恭敬心。如果这些，我们做父母的都没有做到，又怎么去要求孩子做到？

父母从现在改变还来得及，现在就好好做父母，将来才能做好公公婆婆，现在做不好父母，以后也做不好公婆。同样，今天的孩子做不好孩子，他以后也不会做丈夫，也不会做太太，不会做父母，更不会做好公婆。这都是一定的。想让孩子到时候"树大自然直"，谈何容易？我们当年不会做儿女，现在不是也不会做父母吗？

说句实在话，孩子之所以会这样不好，就是因为他们的父母也不是很好。一位教授曾说："父母在做姑娘、儿子时，没有行好姑娘、儿子的道，他们自然生不出好孩子。"想想，是否很有道理呢？所以，亲爱的父母朋友们，改变自己吧，这样孩子才能改变。想让学校、老师改变孩子，怎么可能？孩子和父母在一起的时间最长，受父母的影响最大。您如果想让孩子走上幸福的人生大道，您自己首先就应该在幸福的人生大道上啊！

父母是原件，孩子是复印件，家庭是复印机。复印件有问题，大多时候不是复印机的问题，而是原件的问题，所以，只改复印件是不彻底的，而是要改原件。

这就需要我们在生活中带头规范自己的言行举止，为孩子做出好的表率。从某种意义上说，我们的率先垂范本身就是一种教育艺术，是最重要、最高超的教育艺术。事实上，对孩子来说，父母本身是一种教育因素，这种因素对孩子的影响往往是在无意中发挥的，但这种影响作用也是最直接、最深刻、最持久的。所以，随着孩子的成长，我们也要注意让自己"成长"，不断改掉自己的毛病，从"为了孩子"这个角度出发，多培养新的好习惯，多带给孩子正向的能量。当我们越来越好时，还用再发愁孩子不会变好吗？

我们如果能够时时、事事、处处以身作则、率先垂范，一言一行就会成为孩子的好榜样。作为孩子的第一任老师和效仿的榜样，我们起到的示范作用应该是全方位、立体化的。

第一，在生活中严格要求自己。

在生活中，我们要时时严格要求自己。如果我们能够做到始终如一地严于律己，就会给孩子以耳濡目染、潜移默化的影响，也就会赢得孩子的信赖与尊敬。我们得体的言行就是一种实实在在的巨大的教育力量，会在孩子的性格、思想品德和行为习惯上留下深刻的烙印。

第二，懂得只有正己才能化人。

想让孩子做到的事，我们一定先要做到，孩子自然而然就会跟上我们的脚步。被誉为"德国教师的教师"的著名教育家第斯多惠说过："只有当你不断地致力于自我教育的时候，你才能教育别人。"孔子也曾说："欲教子先正其身。"这都是非常有道理的。

孩子生下来时是纯真无邪的，他身边最亲近的人的一举一动，都会在他的脑海中留下深深的印记。无论举动是好是坏，都会对他起到一种示范作用，好举动是好示范，坏举动是坏示范，正所谓"习于善则善，习于恶则恶"。如果我们是一个懒得学习、懒得动脑的人，就是对孩子说再多的"要好好学习，善于思考"的话也无济于事。因为在我们身上，孩子根本就看不到知识的力量，也看不到开动脑筋的效果，更没看到我们认真读过一本书。

第三，摒弃错误的言行举止。

孩子在最初学习时，都是把父母作为参照的，总是会无意识地模仿父母的一举一动、一言一行。所以，父母的言行举止，无论好坏，都会被孩子不自觉地效仿。好的行为被效仿，当然很好，但如果坏的被效仿了，那就麻烦了。作为父母，我们一定摒弃错误的言行举止，一定要走好自己的每一步，要知道，孩子正踏着我们的脚印跟随着我们呢！只有我们端正了自己的言语行为，孩子身上才会产生"随风潜入夜，润物细无声"的良好教育效果。

第四，重视自我教育的影响。

做父母的不是天生就懂得如何做好父母，但无论父母现在处于什么状况，只要愿意为了孩子有不断改变自己的意识，有不断提升自己的行为，就会在无形中奠定孩子一生不可磨灭的德行基础。正如俄国作家列夫·托尔斯泰所说："教育孩子的实质在于教育自己，而自我教育则是父母影响孩子最有力的方法。"所以，我们一定要从自己做起，从小事做起，为孩子撑起健康成长的生命之帆，为孩子点亮人生道路的明灯。

今天的孩子是幸运的一代，物质大丰；今天的孩子是不幸的一代，精神赤贫。所以，要想让孩子幸，父母就得改变观念，改变做法。

你如果有儿子，就告诉他："先把儿子做好了，才能做好丈夫，才能做好老公公。"如果你有女儿，就告诉她："先把姑娘做好了，才能做好太太，才能做好老婆婆。"

最后，衷心地希望每一位为人父母者在日常生活中尽己所能做出表率，为自己，为孩子，也为社会！

不断地学习，提升家庭教育素养

为人父母者要想让自己更具有教育智慧，就一定要有意识地不断地去学习，以此来提升自己的家庭教育素养。尽管前面我们曾提到书上的内容也不都是对的，但却不应该因为这个原因而不去读书。书还是要读的，只是在读的时候注意辨别就好了。

所以，如果想要提高家庭教育素养，读点家庭教育类的书还是一个不错的选择。因为我们每个人都是从书籍中得到知识，书籍也是老师传授知识的依据。没有老师手把手地教我们如何正确地做父母。但是，好在有书籍，它可以告诉父母做什么、如何做、为什么要这样做，等等。所以，当父母在教育孩子的路上东碰西撞的时候，请不要把书本束之高阁，而是打开它，请它引导我们教育出最理想的下一代。

有一位母亲，生第一个孩子时，因为工作忙，对教育孩子没有经验，很少和孩子交流，孩子由保姆带。当然，对于不会说话的孩子，他作出的任何表达，只有保姆去应对。但保姆人老实，话不多，很少和孩子说话，致使孩子比同龄孩子的语言发育慢。

这位妈妈察觉后就寻找原因，她看了一些家庭教育书籍，书中明确提到孩子在一两岁时，是语言发育的关键期，并且告诉父母该如何与不会说话的孩子交流。一旦错过关键期就很难改，这位母亲觉得自己应该早点阅读这类书。但是，母亲把这些理论用到了第二个孩子身上，致使第二个孩子的语言表达比同龄人强很多。

书籍帮了这位母亲，她很幸运，但还有多少父母不了解科学的教育理论。每个人都是业余的教育家和心理学家，而之所以说是"业余"，是因为大多数人不是按照某个科学的、正确的理论来和别人交往，而是根据自己的经验去生活，当然，教育孩子亦是如此。

家庭教育理论的相关书籍为父母提供了大量考证的、实践总结的、适用于现代家庭教育的科学理论依据。这些书籍是父母正确教育孩子的指南针，而孩子又为父母提供了实践的机会。所以，请父母不要用自己所谓的"经验"来教育孩子了，那无异于把孩子当"小白老鼠"做实验，因为孩子的成长不会重来一次。

在读书学习这方面，我们可以尝试以下几种做法。

第一，多去书店或图书馆。

父母平时可以多去书店（包括网络书店）看看关于亲子教育类书籍，特别是讲如何做父母的书，有理论、有方法，才能真正提升自己的家庭教育素养。父母浏览书籍的时候，可以先了解一下，不要一并收入囊中，而是选择一两本自己感兴趣的看一看。

当然，也可以重点关注一下那些广受好评的书。所谓的"广受好评"，主要是指在读者间"口口相传"的书。

不过，阅读家庭教育图书，也要学会鉴别。书中内容无论多么有道理，对生活只起抛砖引玉的作用，不宜盲目推崇、盲目效仿，包括一些外国书籍，由于文化差异，不要一味照搬，只可以根据自己孩子的具体情况而参考借鉴。

第二，把阅读当成习惯。

每个人都应该把阅读变成一种生活习惯，父母更应该如此，只有习惯性地去读书，才会在不知不觉中增长教育的智慧，树立正确的教育意识。如此，在教育孩子时，就会非常自然，才不会束手无策。而且，这个过程也是在给孩子做读书学习的好榜样。也就是说，孩子可能会因为我们读书而爱上读书，是读书而不是读"课本"。读书不仅可以满足孩子的求知欲，而且可以开阔孩子的视野，增长孩子的学问。让孩子多读书，不是让他们成为无所不能的人，主要是通过对各种知识的了解，提升孩子的文化素养。

第三，清楚自己要通过阅读学习什么。

读书不是盲目的，需要自己非常清楚通过阅读学习什么，读家庭教育书籍也是如此，要做到心中有数，书才不会白读，读过之后才不会跟没读一样。

（1）了解孩子成长的规律。

孩子都有一定的生理、心理成长规律。当父母对科学的规律有所了解时，就很容易理解孩子处在某一阶段的诸多行为，理解之后就不会情绪性地指责、猜测、彷徨。例如：每个孩子的幼儿期是培养表达能力的关键期，初中的孩子心理处于半独立半依赖时期，高中时自我价值意识逐步形成……当父母了解了孩子成长的发展规律，很多教育问题就迎刃而解了。

（2）学习教育孩子的有效方法。

一些教育类书籍的作者，要么是教养出优秀儿女的父母，要么是有丰富教育经验、被学生喜爱的好老师，要么是有高度教育敏感度的教育专家（当然也有例外，需要我们去辨别）。他们通过书籍，把好的教育方法及对教育的感悟展现出来，以供我们借鉴。同时，他们也把在教育实践中用错的方法以及对教育的反思呈现出来，让我们以此为戒。他们所呈现在书籍上的内容与我们的生活息息相关，所举出的事例甚至是我们家庭中的"原形再现"。而且，很多家书籍教给了父母具体而有效的教育方法。

既然这样，那么我们完全可以借助这些书籍，去思考适合孩子的教育方法。这样，我们在教育的路上会少走弯路，孩子的成长也会因我们教育素养的提升而得到保障。

以前人们说父母都是好心，就是方法不好。殊不知，只有好的方法才能教育好孩子，所以，好方法很重要。

（3）提升自己的教育心境。

我们在阅读教育类书籍的时候，一定要知道：书中所有的例子和方法，只是起抛砖引玉的作用，不能一味照搬，也不能盲目效仿。因为同一种方法，用在不同孩子身上就会有不同的效果，所以要懂得因材施教。而且，同一种教育手段，让不同的教育者用在同一个孩子身上，结果也有可能不同。

在很多教育类书籍里，作者表面上通过事例讨论如何教育孩子，其实背后都在强调教育心境，就是"感同身受"。因此，我们在教育孩子的过程中，一定要学会体会孩子的感受，理解他的需要，当我们的"心"听到他的心声时，自然就激发了教育灵感，也找到了好的教育方法。此时，教育效果一定不错。所以，借助书籍提升教育心境，才是我们学习的根本。

夫妻双方的家庭教育观念一定要一致，不"拆台"

著名教育家朱永新先生曾说："家庭好了，教育才会好；父母好了，孩子才会好；家庭教育好了，学校教育就会轻松高效，这是一个非常简单却管用的道理，需要我们全力践行。"的确是如此，家庭好了，孩子的教育就好做了。而家庭好的基础在于夫妻关系的和谐，也就是说，好的家庭关系才是孩子幸福的基础，也是他成人成才的基础。

好的亲子关系胜过好的教育，而好的家庭氛围（夫妻和睦，孝养老人）又胜过好的亲子关系。在中国传统文化中，夫妻关系是第一位的，是五伦关系（父子有亲、长幼有序、夫妇有别、君臣即上下级有义、朋友有信）的核心，所以家庭中最重要的一定是夫妻关系，而不是亲子关系。因为先有夫妻关系，之后才会有父子关系，也就是我们常说的亲子关系。

夫妻关系做好了，其他什么都有了。因为夫妻相处得很和乐，家庭氛围就会非常好，亲子关系也非常融洽，而在这种温馨和乐的家庭氛围中长大的孩子，人格也会得以健全发展，德行学问也会有很深的根基，这样的孩子前途无量。而如果夫妻不和，时常吵闹甚至相互打骂，那么孩子在这样的家庭氛围中生活，就会没有安全感，内心就会充满恐惧，感受不到父母的关爱，甚至也会对未来的婚姻产生恐惧，不想触碰婚姻，人生会很痛苦。

所以，家庭一定要和，家和才会万事兴，这个"万事"当然也包括孩子的成长教育。

再说到孩子的成长教育这件事上，需要夫妻双方的家庭教育观念一致，相互配合，而不是相互"拆台"。

不可否认，父母都很爱自己的孩子，可是有时候双方在教育孩子的时候，意见却没有达成统一。例如，一方信奉"黄荆棍下出好人"，而另一方则对孩子过于溺爱、纵容；一方认为孩子应该学这个，可另一方却认为孩子应该学那个……

总之，父母的教育思想如果永远都达不到统一，就会对孩子产生极大的负面影响。研究表明，父母教育思想不统一，对孩子造成的最严重、最重要的影响就是会导致孩子的双重人格。此外，还容易让孩子形成对父母的怨恨心理。

有个孩子就写过一篇名为《我爱妈妈，我恨爸爸》的作文。因为父亲对他要求严格，信奉"棍棒教育"，认为"孩子不打不成器"，于是对他动辄打骂，而母亲则对他过分溺爱，只要父亲一管，她立马过来挡驾。

久而久之，孩子认为母亲很爱他，而父亲很恨他，当然，他也开始怨恨自己的父亲，他甚至在一个日记本上专门记着父亲对他的那些"恨"。他还在作文中写道："总有一天，我会带着妈妈逃离父亲的身边！"

事实上，父亲是"爱之深，责之切"，爱孩子的初衷是好的，当然，不否认父亲对孩子的教育方式是欠妥当的，甚至是带着一些功利心在里面的。但更重要的是，在母亲溺爱的强烈对比下，孩子认为父亲是恨他的，所以他才想要带着母亲一起"逃离"父亲。可见教育思想不统一，对孩子造成了多大的危害，真的会扭曲孩子的人格。

心理学上有一个著名的"手表定律"，指的是当一个人有一块手表时，他能知道确切的时间，当他同时拥有两块手表时，却反而失去了对准确时间的信心，进而无法确定时间。

这个定律告诉父母，对孩子，也不能有两种不同的教育观点，也不能传递两种不同的价值观，当然也不能设置两种不同的目标，否则，他的生活将陷入一片混乱。这需要做父母的作出改变。也就是说，父母对孩子的教育思想一定要统一。

第一，在教育孩子的目标上一定要达成一致。

有一位父亲认为孩子学琴只是为了怡情，兴致来了可以自得其乐地练习一会儿，平时不想练的时候就可以不练。而母亲的教育目标是要将孩子培养成为钢琴家。

在这种情况下，教育目标显然应该偏向不功利的父亲那一方，这样，孩子才能自由、快乐地学习，并爱上这种学习方式。而那种带有功利性的教育目标，很可能会让孩子产生逆反心理，孩子是被动学习，当然体会不到学习的乐趣，那么学习的效果也就可想而知了。到时候，父母得到的并不是一个钢琴家，而是一个深陷苦海，过得不快乐、不幸福的孩子。

所以，在教育孩子的目标上，父母双方要达成一致，不要一个"往东"，一个"往西"，以免孩子无所适从，或者是想方设法去钻空子。

第二，在道德判断的标准上要取得一致。

这点非常重要，有的父母对道德判断的标准不一致，在教育孩子的目标上自然就会有分歧。比如，一方认为孩子和同学相约在哪里见面，迟到一会儿并不是什么大事，反正又没有什么大事，只是几个孩子约着一块儿出去玩；另一方却认为，不管是重要还是不重要的约会，不管是大事还是小事，孩子都应该做到守时，因为这关系到孩子的诚信问题。

面对父母不一致的道德标准，孩子心里会产生困惑，他到底应该按照谁的标准行事呢？他会陷入矛盾之中，不知所措。所以，在道德判断标准上，父母双方应该经过必要的协调，先取得一致的看法，然后再跟孩子进行沟通与交流。

当然，父母应该以较高的道德标准要求自己，以将孩子教育成一个有高尚品德的人为统一的教育目标。这样，孩子的人生才会真正幸福。

第三，对孩子的教育方式务必要协调一致。

像前面案例中，父亲实施"棍棒教育"，而母亲则是将溺爱进行到底，这就是教育方式的不统一。当然，这个一致并不是要求父母在教育孩子上双方都采取强硬的方式，或者都采取过柔的方式，而是要求父母经过协调，在教育目标一致的情况下，达成教育方式的和谐一致。比如，父母在教育方式上可以一刚一柔，刚柔并济。

这个"刚"并不是指以吓唬、训斥、打骂为主的"棍棒教育"，也不是以功利的心态强制要求孩子达成一个既定的目标，而是把刚强、勇于负责、不怕挫折与困难等正面形象展现在孩子面前，让他能从父母身上学到正确的做人的道理与做事的方法。

"柔"也并不是溺爱孩子，做孩子的"保护伞""挡箭牌"，而是用温和的方式，协助"刚"的那一方的工作。父母如果能彼此协调一致，密切配合，做到刚柔并济，而不是双方以两种不同的极端方式教育孩子，何愁孩子不能幸福、健康地成长呢？

第四，给自己和孩子一个幸福美满的家庭。

虽然到这里才说到这一点，但并不等于这一点不重要。事实上，这一点非常重要，如果一个家庭都不幸福美满，还有可能做到教育孩子做到各种一致，各种"不拆台"吗？显然不能。但幸福美满的家庭从何而来？当然是夫妻双方共同创造的。所以，我们与"另一半"互相尊重、相亲相爱，才是拥有幸福美满家庭的最重要的基础。

心理学上有一个"破窗理论"，意思是一幢建筑如果有一个窗户破了但却不去修理，那么要不了多长时间，这幢建筑物上的其他窗户也会相继破碎（被人为地破坏）。这个理论认为，环境中的不良现象如果被放任存在，那么这种现象就会诱使人们效仿，并使得最终的结果变得更加糟糕。

用这个理论来解释家庭生活环境也是行得通的。假如我们没有给孩子创造一个良好的环境，我们和"另一半"之间总是不断地争吵、猜忌，甚至在孩子面前相互指责对方的不是，比如，做妈妈的对孩子说"你爸爸没出息，整天……"，做爸爸也对孩子说"你妈妈不怎么样，整天……"，并且希望孩子也跟自己"站一队"，这就相当于在家中和谐的关系里开了一个"破窗"，如果我们不及时修复，那么这个不和谐的漏洞就会一直存在。

有了这么一个"破窗"，家里其他方面的问题也会接踵而至，家庭生活必定会出现各种各样的问题，家庭成员彼此之间的关系也会变得越发恶劣，孩子的幸福生活也就无从谈起了。

所以，如果要让自己和孩子拥有一个幸福美满的家，我们和"另一半"的努力必不可少。

第五，对孩子的情感投入要一致。

这点主要是针对一些再婚家庭提出的。随着离婚率的上升，如今再婚的家庭也越来越多，一些继父母与亲生父母在对孩子的情感上难免有所差异。有的父母甚至是分别带着各自的亲生孩子再婚的，在对待亲生孩子与非亲生孩子的情感上，自然也有区别。

如此一来，家庭矛盾更是剧烈，而这些矛盾的中心就在对待孩子的情感上。这样的家庭，父母一定要在对待孩子的心态上达成一致，都要以一种包容大度的心态对待孩子，不能把孩子看成包袱，或总是以苛刻的眼光看待孩子。这样，孩子才能在良好的环境中幸福成长。

第六，全家人的教育观念都应该达成一致。

不仅是夫妻在教育孩子这个问题上要保持意见一致，全家人都应该一致，之所以说是"全家人"，就是因为现在有些家庭不是夫妻带孩子，而是老人（孩子的爷爷奶奶、姥姥姥爷）帮忙带。所以，我们也应该做通老人的工作，请他们配合我们来教育孩子，而不是做孩子的"避风港""避难所"。

虽然老人帮忙照看孩子，但做子女的却不可以把关于孩子的一切责任都推给老人去承担，比如，教育的问题。其实，无论是谁主导带孩子，全家人都应该在教育孩子这个问题上达成一致，并且要密切配合。

很多时候，在教育这件事上，老人和子女之间存在着观念上的差异。举例来说，有的老人可能比较注重教育孩子做人的道理和培养孩子勤俭节约的精神，而子女可能比较注重孩子的智力培养和个性发展。这时候，双方要多沟通，统一教育认识，然后择善施教。

再就这个话题多说几句。带孩子，其实是孩子父母的职责。

作为年轻父母，我们不要认为自己把孩子交给老人带是一种轻松、是一种让自己解脱的方式。事实上，育儿是自己的事，任何人都不能替代。隔代教育终究离不开一个"隔"字，很多教育内容，由我们来做与由老人来做，其效果会大不相同。毕竟亲子教育中的"亲"，意味着父母与孩子的亲近，父母的亲自教育要更为深刻。所以隔代教育与亲子教育并不能等同视之，亲子教育必不可少。

但隔代教育终归是祖辈对第三代的跨界教育，诸如父母亲情一类的情感是隔代老人所无法给予的。而且无论是做榜样还是讲道理，父母起到的作用都要胜过老人。相比较而言，父母的教诲对孩子会更有威力。孩子也更喜欢父母都在身边的感觉，这样他的情感发育才会健康，情感世界也才会完整。

而孩子与父母形成的强烈的亲子感情纽带，也是维系一个家庭完整和谐的重要所在。

所以，年轻的父母不要小瞧亲子教育的重要作用，不要用无所谓的态度对待亲子教育，要理智地将隔代教育摆到正确的位置上。

在"妈妈生，姥姥养，爷爷奶奶来欣赏"的今天，我们该如何做呢？

第一，面对孩子，要做负责任的父母，让他感觉到亲子之爱，要教他爱父母，爱姥姥姥爷，也要爱爷爷奶奶；第二，面对双方的老人，要有一颗感恩的心，懂得去感恩老人一生的辛劳，养儿育女带孙辈，有苦劳，更有功劳；第三，面对自己，要尽到自己应尽的义务，并铭记一点：做父母是我们一生最伟大的事业。

功利性的教育，比不教育更可怕

现在，功利化的父母好像越来越多，"没出息"的孩子好像也越来越多。似乎，功利化的父母与"没出息"的孩子之间有着某种因果联系。而事实也的确如此，因为一个功利化的父母没有教育的长远眼光，就只看眼前的利益。有利益，就去做；没利益，就不做。所以，"诞生"了一大批没有教育敏感度的父母，而不懂得"教育慎于始"的父母也比比皆是……

虽然，父母都是为了孩子好，但是一个没有教育预见力、判断力的父母，是不会把孩子教育好的，因为他可能只会照搬别人的教育经验，可能盲目地赏识孩子，可能对孩子有过高的期望，可能用与其他孩子比较的方式去激励孩子，可能崇尚"不让孩子输在起跑线上"的"教育理念"，可能会送孩子去昂贵的早教中心，可能对孩子进行超前教育，可能打算把孩子培养成"神童"，可能希望自己的孩子成为下一个"郎朗"，可能希望孩子一夜成名，可能希望孩子在各种真假难辨的才艺大赛中崭露头角，可能拿金钱去奖励、激励孩子……

看，父母的功利心，几乎在教育孩子的每一件事上都表露无遗。

父母可能不知道，照搬别人再好的教育经验，自己也成不了"狼爸""鹰爸""虎妈""猫妈"，也复制不出"北大兄妹""哈佛女孩"；父母可能也不知道，"不让孩子输在起跑线上"根本就是一个谬论、一个伪命题；他们还不知道，市面上一些从事"早教"工作的人可能对教育并不那么精通（说得严重些，甚至可能不懂教育，只懂教育产品、教育产业），父母更不知道，一夜成名对孩子的成长可能是一种灾难，因为"少年得志大不幸"；父母甚至也没意识到，让孩子做公益就是为了"加分"，就是为了"获得表扬"，就是为了能通过"爱心考评"，就是为了让孩子"感受到优越感"，这恰恰玷污了孩子纯洁的心灵。一切的一切都表明，看似异常精明的父母，在教育孩子这件事上，其实是那么的盲目、无知。

有时候，父母对孩子的爱就是假的，所以才有人提出给父母的爱"打打假"；今天，很多孩子已经不是孩子了，他们身上缺少了童真，因为他们被无知的父母限制了成长，而他们本应该"像野花一样成长"才对；其实，孩子的学习可以不用教，只需要给孩子做个学习的好榜样，并懂得引导、激发其兴趣就好，可父母却按照自己的想法不断地"填鸭"，结果孩子都成了学习的机器，甚至连家庭都不再是孩子温馨的港湾，而成了"知识集中营"。成绩与孩子未来的发展并不能画等号，只重智育而轻德育的做法，其实是在培养无德有才的"毒品"……

可见，功利化的教育，比不教育更可怕。因为父母的功利心，一定会害了孩子。

其实，教育孩子真的很简单，父母要转变角色，做"律师"，不做"法官"；给孩子理性的爱，而不是想当然的感性的爱；在孩子的心中培植"大爱"，让他学孝道、懂感恩，有爱心、有同情心……总之，只要父母没有功利心，孩子的未来就会充满希望。

所以，我们要做不功利的父母，千万别让自己的功利心害了孩子。

作为父母，我们要建立起对教育的判断力，对孩子的爱不要"掺假"，让孩子像野花一样成长，要懂得孩子的能力比成绩重要，还有良好的夫妻关系和亲子关系使家教更轻松……父母要善于反思自己对孩子的教育方式，进而改进自己，做最有智慧的父母，培养出最有出息的孩子，让孩子一生都与幸福同行。

教育孩子不是一件功利的事，孩子的人生需要我们好好地打造，要让他的未来充满幸福，而不是也变得功利。

有这样一道选择题：孩子的分数从 98 分提高到 100 分重要，还是教孩子学做人的道理，树立正确的人生观重要？我问过很多父母，他们都异口同声地回答："教孩子学做人重要。"

但问题来了，我们做父母的都知道"教孩子学做人重要"，都明白这个道理，那为什么还拼命去把"孩子的分数从 98 分提高到 100 分"呢？

当父母真正理智了，不再功利了，父母的"定心"就能生出"智慧"，就知道如何教育孩子了。到那时，孩子才会更有智慧，才会学得好，才会拥有真正的幸福人生。

向中国传统经典要家庭教育的智慧与方法

今天，我们不得不承认古圣先贤留下的智慧和经典。在崇洋媚外、全盘西化的不正之风盛行的当下，如何把"根"留住，如何继承和发扬中华五千年的传统教育思想，对于我们当代的每一位教育者（包括老师和父母）而言，都是值得用心思考的一个重大问题。

中国是教育古国，五千多年的中华文明伴随教育一同前进。中华民族五千多年历史，对子孙成功教育的案例不计其数。我国古代教育的宝贵典籍数不胜数：《学记》《孝经》《论语》《大学》《颜氏家训》《家范》《了凡四训》《朱子治家格言》《增广贤文》《养正遗规》《教女遗规》《小儿语》《三字经》《弟子规》《曾国藩家书》《百孝篇》……

这些经典里蕴含着伟大的教育智慧和实用的教育方法。这些教育智慧与方法在几千年的时间里代代传承，在几千年后的今天，对我们的教育依然是有效的。但令人感到遗憾的是，今天很多父母老师却因为种种原因对这些久经考验、历久弥新的教育智慧与观念一无所知，也不想去了解，所以就更不知道在教育孩子的过程中到底可以采取哪些具体的教育方法。

今天很多新的教育、育儿理念不断地被各种媒体推到父母面前，使很多父母应接不暇，于是就去尝试这些新的育儿理念，但有时候却发现，这些育儿理念并不是那么理想，实践后的效果并不好，甚至还对孩子的教育有副作用。对此，美国著名教育家詹姆斯·杜布森博士指出，伴随着每一个离谱的新建议的出现，我问自己：如果这些育儿新主张真的行之有效，为什么到现在才被发现？为什么历来父母都没有注意到呢？毋庸置疑，古往今来的父母们所积累的育儿经验是极其宝贵的。我非常认同他的观点，这也是我为什么要向今天的父母介绍一些中国古代的教育方法的原因。

中国传统经典里的家庭教育智慧与方法已经指导了世世代代的无数父母，所以我们今天有必要再去认识一下这些教育经典，学习一下这些经典里的教育方法。

《弟子规》里的教育智慧。

《弟子规》原名《训蒙文》，是清朝康熙年间秀才李毓秀先生所作。《弟子规》以《论语·学而》篇的"入则孝，出则弟，谨而信，泛爱众，而亲仁，有余力，则学文"为中心思想，采用三字一句、两句一韵的韵文形式，具体阐述了为人子弟在家、外出、待人、接物和学习上应该恪守的规范。全书共360句，1080字，是教导孩子谨守本分、克己复礼、约束邪念、保持诚实，养成良好生活习惯并传承忠厚家风的最佳教材。

《弟子规》中最重要的内容就是"孝"，这是一个人做人处世的根本。正因为如此，《弟子规》开篇第一部分即为"入则孝"，即在家要孝敬父母。没有父母，就没有孩子，父慈子孝是人之大伦，父母慈爱孩子是天性，孩子孝养父母也是天经地义之事，正如《孝经》所说："夫孝，天之经也，地之义也。"还说："自天子至于庶人，孝无终始，而患不及者，未之有也。"意思是，孝敬父母是天经地义的事情，上自天子，下到百姓，孝道都是永恒存在的，不要担心自己做不到，用心就好。

《弟子规》后面的"出则悌，谨而信，泛爱众，而亲仁，有余力，则学文"其实都"孝"的延续，这些都做好了，父母就开心了，就不担心孩子了，就会安享晚年，那孩子做到这些，不就是在为父母尽孝吗？所以，在我看来，《弟子规》就是一部实践版的《孝经》，每个人都应该学，都应该懂，都应该把其中的教诲落实在生活中。

再说一下《弟子规》的几部分内容：

总叙。《弟子规》的总叙提到："弟子规，圣人训；首孝悌，次谨信；泛爱众，而亲仁；有余力，则学文。"这正是《弟子规》的核心纲领。

入则孝。《弟子规》开篇第一部分即为"入则孝"，即在家要孝敬父母。之所以把孝道放在本书的第一位，是因为做人最应该重一个"德"字，而"德"的最根本的体现就是"孝"字。

出则弟。孝道是善事父母，也就是父子之间的爱；悌道是善事兄长，也就是兄弟之间的爱。可以说，孝悌是爱的教育，而悌道又是孝道的延伸。弟通"悌"，"悌"是形声字、会意字，从心、从弟，本义为"善兄弟"。出则弟，是说要用悌道对待兄弟姐妹和长辈。《孝经》中讲："教民亲爱，莫善于孝；教民理顺，莫善于悌。"意思是说，教导人民如何亲爱他人，没有比教孝更有效的了；教导人民懂得尊敬他人，有节有度，没有比教悌更有效的了。可见，对于一个人来说，悌道也是非常重要的。而且，悌道也包含了一个礼节的教诲，这就需要我们教孩子与兄弟姐妹、同学和长辈相处的礼节。

谨。孝悌是德行的根基，但孝悌的落实离不开一个"谨"字，例如，"亲有疾，药先尝""亲所恶，谨为去""尊长前，声要低"，等等，都说明谨言慎行的重要。除此之外，养成良好的生活习惯和严谨的处世态度对孩子也非常重要，因为习惯和态度可以决定孩子人生的成败。所以，我们要把"谨"的重要性告诉孩子，让他成为一个谨身律己、自重自爱的人。

信。"信"，即诚信，言而有信，所谓"凡出言，信为先"。《论语·述而》中也讲道："子以四教：文、行、忠、信。"孔子以文、行、忠、信四项内容教导学生，认为信是做人的基本要求。子曰："人而无信，不知其可也。"一个人言而无信，怎么能行呢？这足以说明：对于一个人的成长而言，"信"是非常重要的，是立业处世的基础。

泛爱众。爱绝不是一个狭义的概念，爱的繁体字是"愛"，是"受"里有一颗心，就是用心感受别人的需要。也就是说，一个有爱心的孩子往往具备感同身受的能力，他会从爱父母、爱老师、爱亲友，推及爱敬一切人、事、物。此时，孩子收获的不仅仅是被爱敬，还收获了一颗博爱的心，更获得了一个和谐、平安、幸福的人生。

亲仁。虽然"亲仁"篇非常简短，但是却饱含深意。亲仁，就是亲近仁德之人。如果孩子能够时刻亲近仁德之人，他的道德学问就会逐渐提升，他将会获得无穷的益处。因此，我们一定要引导孩子亲近仁德之人，并让他主动向仁德之人学习，进而勉励自己做一个仁者。

有余力，则学文。孩子在践行孝、悌、谨、信、爱众、亲仁之后，如果还有空余的时间和精力，就要好好学习知识，提升学问。这样一来，孩子就会成为一个德才兼备的人。

到这里，《弟子规》的纲目就说完了，但还有必要多说几个关键点。

（1）**弟子，并不仅是指孩子，而指每个人，当然也包括成人。**弟子，就是学生。狭义地去理解，弟子是指孩子，小学生、中学生或大学生。但广义地去理解，含义就扩大了。比如，我们是父母的孩子，那就是父母的弟子，是在家弟子；我们在学校，在工作环境中，我们就是老师、师父的弟子；我们都不是圣贤，有很多智慧和道理，要跟圣贤去学，我们学习圣贤的教诲，那我们就是圣贤的弟子……也就是说，弟子，是指我们每一个人。只有明白了"弟子"的概念，我们才能脚踏实地学习、践行《弟子规》。

（2）**规，是规范、规矩。没有规矩，不成方圆。**到底我们应该学习哪些规矩、规范呢？《弟子规》也有明确的解答。《弟子规》中一共讲到了113件事，这113件事就是我们做人处世的规矩、规范，只有不违越规范地做事，才是合理合法的。也就是说，《弟子规》这本书，是我们每一个人做人处世的典范，是我们人生方向的指引，更是我们教育孩子的纲领。

（3）**我们要学的是圣人的教诲，要和孩子一起学。**圣人，狭义地讲，就是孔子。但是，广义地说，圣人还包括一切古圣先贤，一切有好的德行的人。我们要学的，是他们的训诫，是他们的教诲。我们要学，孩子也要学。更确切地说，是我们和孩子一起学。只有全家都学，才能形成一个良好的氛围，大家才能都有进步，有提升。

（4）《弟子规》不是用来背的，而是用来力行的，要学一句，做一句。要把《弟子规》里的教诲都做出来，都运用到生活中，也就是学以致用，要力行。懂得力行圣贤的教诲了，这个人就离仁者不远了。《弟子规》里所讲的每一句话，都不是知识，而是力行的标准。所以，学了就要去做，句句都要在生活中落实。当我们把落实《弟子规》的教诲养成习惯的时候，我们在生活中的一切行为都是自然的，都是不做作的。孩子看到我们言行如此一致的时候，他自然就不用我们再去教了，他自然就会成长为一个让我们省心的好孩子。

《学记》里的教育智慧。

《学记》是中国也是世界上第一部专门论述教育和教学问题的著作，是占代汉民族典章制度专著《礼记》中的一篇，写作于战国晚期，相传由西汉戴圣编撰，比捷克大教育家夸美纽斯的《大教学论》早面世近 2000 年。《学记》比较全面地总结了先秦民族的教育经验，比较系统地阐述了教育的目的和作用，教育和教学的制度、内容、原则和方法，教育者（主要是指教师）的地位和作用，教育过程中的师生关系和同学关系等。其中很多内容，不仅是教育史上的首创，而且经过 2000 多年的教育实践检验证明，依然闪耀着智慧的光芒。

《学记》里提到，"时教必有正业，退息必有居学"，这里的"时教"就是在学校的学习时间，而"退息"就是指放学后在家的休息时间，"正业"即所学的课业，"居学"即课外练习及课外游戏活动等。这句话就是说，"时教"的"正业"和"退息"的"居学"是相互伴随、相辅相成的。其实这就是主张课内与课外相结合，课本学习和课外练习相互结合，既要扩大知识领域的学习，也要培养良好的生活习惯及高尚的道德情操。换句话说，就是学校教育跟家庭教育要相互结合，相辅相成，任何一种教育都不能偏废。

《学记》里还提到了一个重大的教育理念——教学相长。这本书以较多的篇幅阐述了"教"与"学"的辩证关系，即通过"学"的过程，才会看到自己在学业方面的不足与差距，也就是越学越觉得自己知道得少（所谓"学然后知不足"），而通过"教"的过程，才会看到自己在知识经验方面的匮乏（"教然后知困"）。看到这些差距，才会发愤进取；看到匮乏，才会砥砺自己，进而得出了"教学相长"的重大教育理念。"教学相长"并不是仅仅对老师提出来的，也是对父母及所有的教育者提出来的。按照今天的话说，那就是要求父母与孩子一起成长，在教育孩子的过程中，也让自己得以进行各个方面的提升。

以下简明扼要地讲一下《学记》里的四种教育方法和三种教育态度。

（1）《学记》里的四种教育方法。

《学记》提到了四种教育方法——"大学之法，禁于未发之谓豫，当其可之谓时，不陵节而施之谓孙，相观而善之谓摩，此四者，教之所由兴也。""豫、时、孙、摩"，就是四种基本的教育方法。

"禁于未发之谓豫"，是预防法，即在孩子的错误没有发生时就加以预防。禁，就是防止；发，就是指一些不好的欲望出来；豫，就是预防。也就是说，在孩子不好的欲望、念头还没有发出的时候，就懂得去给他导正，就长养他的善心、善念、善行，所以他就不会出现各种毛病。如果各种不良行为已经发生，再去矫正就会比较困难。这个就好像中医治病，最好的医生不是治"已病"，而是治"未病"，还没有生病就知道去做各种预防，那么人就不会生病了，跟"禁于未发"是一个道理。所以，需要教育者有一定的"预见性"。

"当其可之谓时"，是机会教育法，或者说是及时施教法，即在适当的时机进行教育，叫作及时。如我们后面将要讲到的"孩子犯错，正是进行机会教育法的契机"。也就是抓住最佳的时机，及时施教，因势利导，就会取得很好的教育效果。

"不陵节而施之谓孙"，是因材施教，循序渐进，也就是不超越孩子的才能和年龄而对他施以教育，这叫合乎顺序。陵，超越；节，限度；孙，通"逊"，顺，即教学必须遵循一定的顺序，根据孩子的实际年龄和能力来妥善地安排相关内容。

"相观而善之谓摩"，即观摩法（现代教育学上的"观摩教学"或"观摩法"

就来自于这里），摩，切磋，研究。整句意思即是相互学习，相互研讨，取长补短，这叫作观摩，透过这种方式以求得进步。

这四点，就是教育成功的经验与方法。

这些教育经验与方法在 2000 多年前就提出来了，是不是很有智慧呢？在今天，无论是对于老师还是对于父母来说，是不是都有很高的参考价值呢？更难能可贵的是，老祖宗并没有说这些方法"是我发明的"，心胸是多么宽广，多么为子孙后代的利益着想。想想今天的人，动辄称自己为"某理论的发明人、创始人"，其实很多理论早就存在，祖先早就知道，甚至都已经写在书里了，仅仅是说法或用词跟今天不同而已，这一点值得今天的人反思。

（2）《学记》里的三种教育态度。

除了前面提到的四种教育方法，《学记》里还提到了三种特别重要的教育态度——"故君子之教，喻也，道而弗牵，强而弗抑，开而弗达。道而弗牵则和，强而弗抑则易，开而弗达则思，和易以思，可谓善喻矣"。这里的"道而弗牵则和，强而弗抑则易，开而弗达则思"就是三种教育态度。

"道而弗牵则和"，道通"导"，即引导。就是在孩子出现问题时，我们的态度是引导他，而不是强行牵着他，因为没有强迫，这样孩子就不会不高兴，所以也就很平和，不会产生抵触情绪。这样，师生关系、亲子关系也会非常融洽，因为没有对立。

"强而弗抑则易"，强，鼓励；抑，压制和批评。就是多鼓励孩子，而不是批评他，不是去压制他，鼓励而不去压制孩子的进取精神，这样孩子就会乐于接受。

"开而弗达则思"，开，开导，给一些提示；达，就是不把最终的答案直接告诉孩子。遇到问题时，我们可以给孩子一些开导、一些提示，而不是直接告诉孩子问题的答案，这样就能激发他的思考精神，他才会积极地去思考。

有了这三种态度，就会使孩子没有抵触情绪，就能使他乐于接受，而且又能勤于思考，这就可以称得上是善于启发诱导了。

无论是四种教育方法还是三种教育态度，对于教育者（包括老师和父母）而言，都极具参考价值。而且，这样的方法和态度也可以运用到跟"另一半"

及同事间的相处中。

《颜氏家训》里的教育智慧。

这部《颜氏家训》的作者是颜之推（531年—约597年），字介，原籍琅邪临沂（今山东省临沂市），中国南北朝时期著名思想家、教育家、诗人、文学家，是当时最博通、最有思想的学者。他博览群书，文章辞情并茂。曾任梁湘东王的国左常侍、北齐黄门侍郎、北周御史上士、隋代学士，因其曾在四个朝代中做官，故自称"三为亡国之人"。

《颜氏家训》是我国历史上第一部内容丰富，体系宏大的家训，是我国古代家教的集大成之作，被誉为"家教规范"，是南北朝时期记述个人经历、思想、学识，并以此告诫子孙的一部著作，一共有七卷，共二十篇，分别是：

序致第一、教子第二、兄弟第三、后娶第四、治家第五、风操第六、慕贤第七、勉学第八、文章第九、名实第十、涉务第十一、省事第十二、止足第十三、诫兵第十四、养生第十五、归心第十六、书证第十七、音辞第十八、杂艺第十九、终制第二十。

《颜氏家训》作为中国传统社会的典范教材，直接开了后世"家训"的先河，被誉为"我国古代家庭教育理论宝库中的一份珍贵遗产"。

《颜氏家训》的内容很多，在这里我特别选一个内容——慕贤，也就是羡慕贤德之人，向有贤德的人学习，在"慕贤第七"中有这样一段话：

古人云："千载一圣，犹旦暮也；五百年一贤，犹比髆也。"言圣贤之难得，疏阔如此。傥遭不世明达君子，安可不攀附景仰之乎？吾生于乱世，长于戎马，流离播越，闻见已多；所值名贤，未尝不心醉神迷向慕之也。人在少年，神情未定，所与款狎，熏渍陶染，言笑举动，无心于学，潜移暗化，自然似之；何况操履艺能，较明易习者也？

是以与善人居，如入芝兰之室，久而自芳也；与恶人居，如入鲍鱼之肆，久而自臭也。墨子悲于染丝，是之谓矣。君子必慎交游焉。孔子曰："无友不如己者。"颜、闵之徒，何可世得！但优于我，便足贵之。

这段话的意思是：

古人说："一千年才出一位圣人，还近得像从早到晚之间；五百年出一位贤人，还密得像肩碰肩。"这是在讲圣贤之人十分难得。如果能遇上这世间少有的圣贤人，又怎么能错过他呢？我出生在战乱之时，是在兵荒马乱中长大的，迁徙流亡，见闻也算多；若是遇上名流贤士，都会向往得心醉神迷。人在年少的时候，思想意念还未定型，和别人交往亲密，就会受到熏陶，一言一行，即使无心去学习，也会潜移默化，自然模仿而相似；何况别人的操行技能，是更为明显的易于被学习的东西呢？

所以和品行好的人在一起，就像进入养育芝兰的花房，时间久了自己也会变得芬芳；若是和恶人在一起，则好比进入卖鲍鱼的店铺，随着时间推移自己也会变得腥臭。墨子感叹丝染在什么颜色里就会变成什么颜色，也是同样的道理。所以君子必须谨慎交友。孔子说："不要看不起任何一个人，不要认为自己的朋友都不如自己。"像颜回、闵损那样的人，并不是常有的，但是只要有胜过我的地方，就很可贵，就足以让我敬重。

"慕贤第七"的这一段文字，向父母道出了一个教育真理，就是应该鼓励孩子多多结交贤能，在良好的环境中接受熏陶，在潜移默化中塑造好的个性。

孔子说："见贤思齐焉。"意思是说，看到有德行的人就要向他看齐。要知道，无论是在哪个时代，所谓的圣贤之人还是少之又少的，不过在每个人的身边，却总是会有在不同方面高于自己的人，而这些人，也就是每个人身边的"贤"。

对孩子的教育，其实并不只是知识的教育这么简单，他的天性会随着接触到的人不同而发生变化，这将直接影响他今后的人生。

颜之推说："人在少年，神情未定，所与款狎，熏渍陶染，言笑举动，无心于学，潜移暗化，自然似之。"由此可见，周遭环境对孩子的影响是多么大。只要孩子处于一个积极向上的氛围之中，孩子自然而然也会充满激情，同时也会更加努力。

《弟子规》里也指出："能亲仁，无限好，德日进，过日少；不亲仁，无限害，小人进，百事坏。"这里所说的"仁"就是有仁德的人，"亲仁"也就是"慕贤"。因此，我们做父母的要鼓励孩子，让他多向有贤能的人靠拢，多看到他人的优越之处，并且还要多与优秀的人相交来往，以此来让孩子在贤能的帮助与感染之下，向有益于他成长的方向不断前进。

在《颜氏家训》"慕贤第七"中还有这样一句话：

世人多蔽，贵耳贱目，重遥轻近。少长周旋，如有贤哲，每相狎侮，不加礼敬。他乡异县，微藉风声，延颈企踵，甚于饥渴。校其长短，核其精粗，或彼不能如此矣。

意思是说，世人大多对远处的贤人感兴趣，而身边即使有贤人，也不以之为贤，反而对其不加礼遇；至于远处的，即使只听见一点点风声，也会饥渴地想要与之一见。但其实，这远处的也许真的不如自己身边的人更好！

由此就是在告诫父母，要教育孩子重视起自己身边的"贤人"。其实身边的人比起那遥不可及的人来说，除了方便比较外，还更方便向其靠拢学习。毕竟，身边活生生的例子总比那些耳闻要来得真实鲜活得多。而若是与身边这样的人成为了朋友，则更能互相促进，共同进步，何乐而不为？

不过，有的人将慕贤单纯地理解为模仿，认为自己模仿贤人的一举一动、一言一行就是在慕贤了。这种想法和做法都是不正确的，父母一定要让孩子明白，之所以慕贤是因为贤人的精神值得大家学习，是因为贤人的内心和思想值得大家肯定。所以，慕贤不是指慕其外在，贤人的仁德之心与气度才是值得学习的地方，正所谓"慕贤当慕其心"。

《了凡四训》里的教育智慧。

这部书的作者袁了凡先生（1533—1606），初名表，后改名黄，字庆远，又字坤仪、仪甫，后改了凡，后人常以其号"了凡"称之，浙江嘉善人。作为"平民思想家"，他在当时家喻户晓，名噪一时，是明朝著名的思想家，在禅学、民生、农业、水利、理数、法律、教育、军事、历法、政治、养生等方面都非常有研究。

《了凡四训》本为《训子文》《戒子文》，是了凡先生在69岁所作的家训，以此教育他的两个儿子袁天启、袁天赐，认识命运的真相，明辨善恶的标准，改过迁善，谦逊谨慎。后来，有识之士为了启迪后人，就改成了《了凡四训》，主要内容有四个方面，即四训，分别是立命之学、改过之法、积善之方和谦德之效。这是一本种德立命、修身治世类教育书，作者以自己的亲身经历"现身说法"：他先前被孔先生算定的命运都一一应验，后来进一步通晓了命数的由来，不断改过，行善，谦卑做人，最终改变了命运的过程，也说明了人们是完全可以掌控和改造命运、心想事成、自求多福的道理。可以说，这本书是立命、修身、治世的教育经典，凝聚了了凡先生一生的道德学问和涵养。书中融汇了中华传统的儒释道三家思想的精华，如佛家的慈悲、道家的无为、儒家的仁爱，结合起来就是中华传统文化智慧的瑰宝，被誉为 400 年来深刻影响中国人的"传家之宝"。

晚清重臣曾国藩在读完《了凡四训》后改号"涤生"。涤，即"涤其旧染之污"；生，即了凡先生所说的"从前种种，譬如昨日死；从后种种，譬如今日生"。曾国藩先生将这本书列为子侄必读的第一本人生智慧书。

日本著名汉学家、思想家、王阳明研究权威与管理教育家安冈正笃非常推崇《了凡四训》这本书，建议日本天皇及历任首相把它当作"治国宝典"，要熟读、细读、精读。凡是有志于执政的人，更应该深入研究这本书。

稻盛和夫是全球唯一缔造两家世界 500 强（京瓷、KDDI 通讯）的企业家，也是日本"四大经营之圣"之一。他的一生富有传奇色彩，而他自己也认为这是他改造命运的一生。他说指导他修炼自己与管理企业的四本书——《了凡四训》《文昌帝君阴骘文》《菜根谭》与《呻吟语》。虽然稻盛和夫是在日本成功的，但他的经营哲学却来自中国传统文化中的儒释道思想与智慧。

如此多的古今中外大家推崇这本书，我们还有什么理由不去了解、学习、实践呢？所以，作为父母，我们也应好好研读《了凡四训》中的道理，会发现里面有太多人生的哲理与教育孩子的智慧，会对我们的家庭及家庭教育有极大的帮助。

下面简要说一下"四训"所讲的内容。

（1）立命之学。

立命之学，是了凡先生"四训"的第一训，讲的是怎样改造命运，怎样重建幸福美满的人生。立命之学告诉我们，命运真正的主宰不是别人，而是自己。改造命运的方法即了凡先生所提的"一切福田，不离方寸；从心而觅，无所不通"，也就是说，要想自己的命运变好，就一定要有一颗好心。安身立命，无非是看自己的心存善恶而已，所谓"命自我作，福自我求"。

（2）改过之法。

立命之学，讲的是改造命运的原理，而"改过之法"是改造命运的第一步。改过，就是改变过错，改正过失。如果不去改过，纵使是在行善，也因为善里夹杂着恶而不是纯善，福气就会被漏掉。在"改过之法"里有这样一句话："今欲获福而远祸，未论行善，先须改过。"意思是说，一个人要想获得福分，远离灾祸，不要先想着如何行善，而要先改正自己的过失。事实上，改过就是最大的善。正如《左传·宣公二年》中所记载的一句话："人谁无过，过而能改，善莫大焉。"

改过之法，重点讲到了改过需要发三种心：耻心、畏心、勇心。"具是三心，则有过斯改，如春冰遇日，何患不消乎"，意思是说，一个人只要具备了这三种心，便能改正过失，就像寒冰遇到了春日一样，必定能融化成水。

耻心，详见前面讲的"知耻近乎勇，教孩子从小就有一颗'知耻心'"一节。

就会采取行动去改正过失。而知耻的人，就已经接近勇敢了，正所谓"知耻近乎勇"。

畏惧心，就是当孩子想要做错事或做了错事后，他会非常害怕。那么，当孩子做事之前，他就会谨慎认真地思考：可不可以这样做？这样做的后果是什么？当孩子常怀畏惧心，他就有了自控力，从而使自己不敢犯这样或那样的错误。因为，在孩子的内心深处，有一条道德的准则在时刻警示着他。

勇猛心，就是孩子在改过的时候，需要有坚定的毅力，需要有持之以恒的信念。一般来说，事情过去之后，孩子很容易就会忘记自己的过失，那么他的坏毛病就会慢慢地显现出来。孩子只有常怀勇猛心，才能勇敢、果断地尽力改正自己的过失，才能真正实现"归于无"。

当孩子犯下这样或那样的过失时，我们首先需要引导他认识到自己的过失，让他知道过失会给自己或他人带来怎样的负面影响，从而激发他的知耻心和畏惧心。然后，我们需要提醒、帮助孩子持之以恒地改正过失，不让他放过任何一个小过失，督促他成为一个有过就改的好孩子。当然，他对错误最好是"后不再犯"，就像孔子的得意门生颜回那样"不贰过"。

（3）积善之方。

积善之方，就是积累善行的方法，或者行善积德的方法。在"积善之方"中，了凡先生讲了很多故事，来证明《易经》所讲的"积善之家，必有余庆；积不善之家，必有余殃"的道理，从而鼓励人们、启发人们去行善积福。

（4）谦德之效。

谦德之效讲的是做人一定要谦虚谨慎，要谦卑，而不要傲慢，所谓"傲不可长，欲不可纵"。而且《易经》64个卦象中，唯有"谦卦"是"六爻皆吉"，由此可见"谦虚"之于一个人的重要作用，无论是成人还是孩子，都应该处处谦虚。在"谦德之效"的最后，了凡先生说："人之有志，如树之有根，立定此志，须念念谦虚，尘尘方便，自然感动天地，而造福于我"，这就再次强调，要立定志向，要重新缔造幸福美满的人生，要积德修福，还是要谦虚。

《了凡四训》需要我们用心去学习、去体悟、去实践，教好自己，再教孩子。一位智者曾说："为人父母者，欲子孙贤孝，不染恶习，宜于子女同诵此书，则一室祥和，传家久远；为人师长者，欲学生品德纯正、学有所成，宜诵读此书，则师道尊严、教育落实；为官者，诵读此书，自能积功累德、为民造福；为商者，熟读此书，则取财有道、累富如法、大吉大利；受刑人熟读此书，则浪子回头，当下转念。"希望更多有识之士践行"四训"。

《朱子治家格言》里的教育智慧。

朱子，即朱柏庐（1627—1698），名用纯，字致一，自号柏庐。清代著名理学家、教育家。著有《删补易经蒙引》《四书讲义》《困衡录》《愧讷集》《春秋五传酌解》《毋欺录》等。其《朱子治家格言》，世称《朱子家训》，被历代士大夫尊为"治家之经"。

《朱子治家格言》是以家庭道德为主的启蒙教材，精辟地阐明了修身治家之道，而它通篇采用格言的方式，使内容言简意赅，耐人寻味。因其对仗工整，且易读易记，所以更易为人所接受。在清朝到民国年间，这本格言一度成为童蒙必读课本之一。

《朱子治家格言》全文如下：

黎明即起，洒扫庭除，要内外整洁。既昏便息，关锁门户，必亲自检点。一粥一饭，当思来处不易；半丝半缕，恒念物力维艰。宜未雨而绸缪，毋临渴而掘井。自奉必须俭约，宴客切勿流连。器具质而洁，瓦缶胜金玉；饮食约而精，园蔬愈珍馐。不营华屋，不谋良田。

三姑六婆，实淫盗之媒；婢美妾娇，非闺房之福。奴仆勿用俊美，妻妾切忌艳妆。祖宗虽远，祭祀不可不诚；子孙虽愚，经书不可不读。居身务期质朴，教子要有义方。勿贪意外之财，莫饮过量之酒。

与肩挑贸易，毋占便宜；见贫苦亲邻，须加温恤。刻薄成家，理难久享；伦常乖舛，立见消亡。兄弟叔侄，可多分润寡；长幼内外，宜法肃辞严。听妇言，乖骨肉，岂是丈夫。重资财，薄父母，不成人子。嫁女择佳婿，毋索重聘；娶媳求淑女，勿计厚奁。

见富贵而生谄容者，最可耻；遇贫贱而作骄态者，贱莫甚。居家戒争讼，讼则终凶；处世戒多言，言多必失。毋恃势力而凌逼孤寡，毋贪口腹而恣杀牲禽。乖僻自是，悔误必多；颓惰自甘，家道难成。狎昵恶少，久必受其累；屈志老成，急则可相依。轻听发言，安知非人之谮诉？当忍耐三思；因事相争，安知非我之不是？须平心暗想。

施惠勿念，受恩莫忘。凡事当留余地，得意不宜再往。人有喜庆，不可生妒忌心；人又祸患，不可生喜幸心。善欲人见，不是真善；恶恐人知，便是大恶。见色而起淫心，报在妻女；匿怨而用暗箭，祸延子孙。

家门和顺，虽饔飧不继，亦有余欢；国课早完，即囊橐无余，自得至乐。读书志在圣贤，为官心存君国。守分安命，顺时听天，为人若此，庶乎近焉。

这篇只有几百字的家训，以格言的方式提出了两个方面的主张，一方面是治家，它提出：应该起居有常，勤俭持家，生活朴实，教子有义方，勿贪便宜，忠厚治家，孝敬父母，嫁娶不慕富贵；另一方面是为人处世，告诫人们：戒争讼多言，勿恃强凌弱，勿乖僻颓堕，要慎于交友，要三思人言，勿存不良心，该奉公守法。

整个家训的内容都从人们的日常生活实际出发，且朗朗上口，它对于传播美德，培植人们的道德观，发扬良好的风尚，有非常积极的意义。

作为父母，我们也应该积极带领孩子一起诵读这篇几百字的格言，如诵读100遍之后，再去发掘其背后的深意，而不是只看一遍或还看不完一遍就对其文字望文生义，以字解字，甚至按照自己不客观或错误的理解去否定它。

我们要能够看到这篇格言的重大教育意义，它的作用可以说不可估量，而且有可能会让孩子受用一生。在这些凝练的语言中，人生真谛、深刻哲理、积极情感都能得到表达，而这些格言又能直接指导孩子的一切言行举止，使他慢慢变得成熟。同时，这篇格言所具有的大量的教育内容，还会使孩子进行自我认识、自我教育、自我激励、自我完善。这会让孩子自觉主动地塑造心灵，提高自身素养。

这篇格言可以使孩子增加理性的思索，并且还能为孩子指明前进的方向，激发他的进取精神。所以，我们要想让这篇格言发挥重要的教育作用，也应该多思考，多发现其价值。

《家范》里的教育智慧。

这部《家范》的作者是司马光（1019—1086），字君实，北宋著名政治家、史学家。自幼饱读诗书，治学勤苦。宋仁宗宝元元年（公元1038年）考中进士，曾任谏议大夫，翰林学士等职位。后因反对王安石变法，退居洛阳。元丰八年（公元1085年）哲宗继位，还朝任宰相，主持朝政。任职期间，废除王安石新法，恢复旧制。去世后被追封为温国公，谥号文正。为人学识渊博，一生正直恭俭，著述颇丰。他主持编修的《资治通鉴》堪称我国古代史学的一座丰碑，备受人们推崇。

司马光主张敬德修命、安分守己的人生态度，一生遵守礼义原则，加强德行修养，还把礼义道德教育具体落实在家庭教育上。他从伦理关系、治家方法、子弟的身心修养和为人处世之道等方面，写出《家范》一书，共十九篇，警戒后人。在司马光自己看来，《家范》比《资治通鉴》更重要。

书中有这样一段话：

然则爱而不教，适所以害之也。《传》称：鸤鸠之养其子，朝从上下，暮从下上，平均如一。至于人，或不能然。《记》曰：父之于子也，亲贤而下无能。使其所亲果贤也，所下果无能也，则善矣。其溺于私爱者，往往亲其无能，而下其贤，则祸乱由此而兴矣。

意思是，父母如果对孩子一味地溺爱，而不懂得去教诲，恰恰是害了孩子（这一点和在前面章节中提到的那句"爱之不以道，是所以害之也"的意思是一样的）。《左传》说：鸤鸠在喂养幼崽的时候，早晨从上到下，晚上从下到上，始终能平等对待，没有偏向。但是，人却不能做到这样。《礼记》说：（有的）父母对待孩子，往往是偏爱有才干的，而对于才干差一些的就不太喜欢。如果父亲偏爱的那个孩子果真有才有德，不喜欢的那个品行很差，那还算是不错的。但是，有些父母由于偏爱，要是喜欢没有品行才干的孩子，而疏远品行端正的孩子。那么，家庭的不和睦、祸乱就从此发生了。

司马光的这段内容阐释了父母对孩子的态度，要做到没有偏爱，用理性的爱去爱孩子。而溺爱虽然也是爱孩子的表现，希望他好，而实际上却是害了他。

《家范》中还写道：

人之爱其子者，多曰儿幼未有知耳，俟其长而教之，是犹养恶木之萌芽……犹如开笼放鸟而捕之……

意思是在告诫父母，大人往往以孩子年幼，还不懂事为借口，安慰自己，等孩子长大了再教他也不迟。试想，孩子从小没有树立正确的价值观，长大后，错误的思想和习惯已经养成。到那时，父母再教育他改正错误，岂不是要花费很大的力气？因此，父母何不在孩子小的时候，就把正确的思想观念植入他的心田呢？

当今社会还普遍存在的一些社会现象：父母为了孩子打算，留给他很多的财产，却没有教他如何做人。孩子奢侈、安逸成性，不懂得孝顺、节俭，不仅短时间内就把这些财产败光，还会走上歧途。

而司马光在《家范》中提倡父母"遗之以利"不如"遗之以德"。留给孩子再多的财产，孩子如果没有德行，一样守不住。如果孩子有德行，自立自强，还担心孩子创造不出更多的财富吗？所以，教孩子如何做人才是立身处世的根本。

事实上，孩子的成长就像植物需要土壤一样，父母的爱就是孩子赖以生存的成长环境。但是，父母一定要通过学习和实践，懂得付出理性的爱。

《百孝篇》里的教育智慧。

这篇《百孝篇》是在民间流传已久的教导子弟做孝子贤孙的好文，也极富教育智慧，因为文章比较简单，几乎不用解释就能看明白，所以直接把《百孝篇》的原文附在此处，以供父母和孩子一起诵读、学习、实践。

天地重孝孝当先，一个孝字全家安。

为人须当孝父母，孝顺父母如敬天。

孝子能把父母孝，下辈孝儿照样还。

自古忠臣多孝子，君选贤臣举孝廉。

要问如何把亲孝，孝亲不止在吃穿。

孝亲不教亲生气，爱亲敬亲孝乃全。

可惜人多不知孝，怎知孝能感动天。

福禄皆因孝字得，天将孝子另眼观。

孝子贫穷终能好，不孝虽富难平安。

诸事不顺因不孝，回心腹孝天理还。

孝贵心诚无它妙，孝字不分女共男。

爹娘面前能尽孝，一孝就是好儿男。

翁婆身上能尽孝，又落孝来又落贤。

和睦兄弟就为孝，这孝叫作顺气丸。

和睦妯娌就是孝，这孝家中大小欢。

男有百行首重孝，孝字本是百行原。

女得淑名先学孝，三从四德孝为先。

孝字传家孝是宝，孝字门高孝路宽。

能孝何在贫与富，量力尽心孝不难。

富孝鼎烹能致富，贫孝菽水可承欢。

贫孝孝中有乐趣，富孝孝中有吉缘。

言孝瑞气满潭府，贫孝祥光透清天。

孝从难处见真孝，孝心不容一时宽。

赶紧孝来孝孝孝，亲由我孝寿由天。

亲在当孝不知孝，亲殁知孝孝难全。

生前尽孝亲心悦，死后尽孝子心酸。

孝经孝文把孝劝，孝父孝母孝祖先。

为人能把祖先孝，这孝能使子孙贤。

贤孝子孙钱难买，这孝买来不用钱。

孝字正心心能正，孝字修身身能端。

孝字齐家家能好，孝字治国国能安。

天下儿孙尽学孝，一孝就是太平年。

戒淫戒赌都是孝，孝子成材亲心欢。

戒杀放生都是孝，能积亲寿孝通天。

惜谷惜字都是孝，能积亲福孝非凡。

真心为善是真孝，万善都在孝里边。

孝子在世声价重，孝子去世万古传。

此篇句句不离孝，离孝人伦难周全。

念得十遍千个孝，消灾免难百孝篇。

关于中华传统经典里的家庭教育智慧，大概就讲这么多吧，对于前面提到的《学记》《颜氏家训》《家范》《了凡四训》《朱子治家格言》，以及没有详细讲的《孝经》《论语》《大学》《增广贤文》《养正遗规》《教女遗规》《小儿语》《三字经》《弟子规》《曾国藩家书》等，我们最好是能再找到原书或原文仔细研读，以学习到更多的家庭教育智慧。

孩子的智慧从哪里来？要从小读经典

在前一节中，我们从中国传统经典中学到了很多家庭教育的智慧。其实，不仅我们需要具有家庭教育智慧，孩子也需要从小就学到很多人生智慧，那么孩子的智慧从哪里来？最好是从小亲近经典，从小诵读经典。

让孩子从小亲近经典。

在《弟子规》上，有一节内容是"亲仁"，讲的就是让孩子亲近有仁德的人，亲近圣贤，亲近经典。

亲仁，就是亲近有仁德的人，只有这样，才能时时提升自己的道德学问。让孩子每天都接触一些有仁德的人，他自己就会变成有仁德的人；让孩子每天都接触一些乱七八糟、无所事事的狐朋狗友，甚至社会小混混之类的人，孩子也一定会变坏，他的言语行为都会变粗俗，可能还会因为哥们义气而走上违法犯罪的道路，毁掉自己。正所谓："入芝兰之室，久而不闻其香；入鲍鱼之肆，久而不闻其臭。"我们要让孩子做哪一类人呢？

如果孩子亲近有仁德的人，他就会在无形中增长智慧，人生有智慧，他才能走正确的路，才会选择阳光大道，他自己的心也会是充满阳光的，而不是阴郁的，他的人生过得也会非常幸福，不用我们担心，不用我们操心。那么，我们为什么不从现在就让他亲仁呢？

有的父母可能会问：上哪去找有仁德的人呢？其实，我们身边，一定会有好人，有德行的人，让孩子多与他们交流，就一定会受益良多。当然，如果实在没有，还可以让孩子向古代的圣贤学习。亲仁，狭隘地讲，是亲近有仁德的人；广义地讲，就是亲近一切能够提升道德学问的人、事、物，比如，我们可以让孩子读一读古圣先贤留下来的书，即经典。

所谓的经典，是指一些具有典范性、权威性的、经久不衰的万世之作，经过历史选择、千古流传的最有价值的、最具代表性的、最完美的作品，比如，儒家的"四书五经"就是经典，"四书"包括《论语》《大学》《中庸》《孟子》，"五经"包括《易经》《尚书》《诗经》《礼记》《春秋》。当然，《诗经》《道德经》《庄子》《三字经》《弟子规》《朱子治家格言》《了凡四训》等，都属于经典范畴，都值得我们和孩子认真品读。只要去读，哪怕只读懂一句、两句，那也是人生大智慧，可能是他在生活中碰几次壁都总结不出来的。

圣贤人留下来的经典是经久不衰、历久弥新的人生智慧，可以作为孩子一生的座右铭，指导他走好人生路。如果孩子把经典作为每天亲近的"仁者"，把读诵经典作为每天的功课，把经典作为做人做事的标准，作为待人接物的指导思想，那么孩子就等于在亲近"仁者"了。只要孩子能深入到经典中，把经典的教诲落实在生活中，哪怕只是一句话，都会使孩子受益终身。因为，圣贤的智慧充满了无穷的力量，是一个人奋斗的不竭动力。

作为父母，我们也要相信"仁德"的力量，从现在开始，向善好德，孩子自然也就跟着我们学了。教孩子真的不难，难的是我们要时刻记得给孩子做一个好榜样。

教孩子从小诵读经典。

孩子的智慧，要从经典中来。不同国家不同民族的孩子，智慧来自于各自国家和民族的经典。比如，犹太人的智慧，就来自犹太经典。

犹太民族只占世界 0.2% 的人口，却拥有世界 29% 的诺贝尔奖获得者！犹太人有个习俗，当孩子出生时，母亲就会翻开《圣经》，滴上一点蜂蜜，让孩子去舔，通过这一舔，孩子就会对书产生美好的第一印象：书是甜的。犹太人把读书作为传承教育、传承传统、传承知识的手段，他们被誉为"读书的民族""学习和思考的民族"！

犹太人为什么会这么聪明？与"教子三宝"有关。这"三宝"，一是熟读经典，二是保护孩子的创造力，三是培养孩子的良好习惯。

这里只说一下"熟读经典"这个话题，犹太人从小就培养孩子诵读乃至背诵经典的好习惯，而且已成为世代不变的教育法则，他们认为在孩子很小的时候就要给他们的头脑输入代表民族最高智慧的经典，为其一生的发展打下坚实的人文基础。许多犹太孩子从两三岁就开始背诵经典，而且不要求去理解经典的意思。犹太人认为如果这个时候没有建立起记忆力的基础的话，那么以后就没有办法更快、更好学到其他知识。在13岁前，孩子们要背诵大量的经典。不可思议的是，一旦脑部这种大容量的记忆系统完成之后，就形成了高品质的头脑，接下来就很容易吸收各种各样的知识。

教孩子从小诵读经典，在某种程度上可以说是"读经教育"。

我曾看到一些孩子，三四岁就能熟读中国经典，当然还有更大的孩子能诵读甚至背诵更多的经典，如"四书""五经"，在诵读经典的同时，这些孩子也提升了道德素养和人生智慧，在学业上也取得了令人惊喜的进步。很多人通过读经，找回了人格的尊严，找到了终身学习的方法，也找到了教育孩子的良方。希望有更多的父母和孩子一起诵读经典，实现北宋理学家张载先生提出的"为天地立心，为生民立命，为往圣继绝学，为万世开太平"的伟大理想。

读经，可以读，也可以听。读，就是诵读；听，就是听正规出版的经典音频。所以，在实际操作中，可以让孩子先听录音，听多了就会有印象，甚至就能背诵，然后再读，就会轻松很多，孩子也不会觉得难。尤其是对于6岁之前的孩子，他正是处于"有吸收力的心理"阶段，也就是说，他的大脑会一直吸收记忆东西。如果周围的环境提供了好的吸收记忆的素材，他就会吸收记忆这些好的素材，如经典；如果周围的环境不能提供这些，那他就会背诵电视广告，总之他是要"吸收"的，不会让"大脑"闲着的。

而且，在孩子的眼里，文字，并没有难易之分，我们认为难的，在他看来却不难；我们认为简单的，在他看来也不难。之所以我们会认为经典难读难懂，是因为我们从小没有读过，或者读得太少。而古人不是这样，他们从小就读经典，把经典都装在了大脑里，长大后自然感觉经典很容易。古今中外都是这样，孩子的记忆力是惊人的，因为右脑先于左脑发育，而右脑可以高速记忆（这个能力会随着年龄的增长而慢慢减弱，甚至消失，所以机不可失，失不再来），因此成人很难记住的东西，孩子听几遍、看几遍甚至一遍就记住了。也就是说，孩子首先发展的就是记忆力、直觉力，而不是理解力。既然如此，那成人就不能站在左脑"理解"的角度去衡量孩子右脑的高速"记忆"。

可能有父母会有一个担心，认为孩子读了又不懂，干吗浪费这个时间，还不如让他痛痛快快地玩儿。其实，读经典不耽误玩儿，而且读经典会提升孩子的智力，开发孩子的智慧。会读经典的孩子，反而玩儿得更快乐！关于懂不懂这个问题，很多父母都有这个疑问。

我经常会遇到父母就这个问题提问，我总是耐心地回答他们。后来，我干脆发了这样一条微博："针对'孩子背了那么多经典也不懂'这个问题最简单的回答：您的孩子刚出生，您就会跟他说话。请问，还是婴儿的他能听得懂吗？不懂是吧！为什么还要跟他不停地说呢？——当时不懂，不等于以后不懂，他在积累，在储存。如果等他能听懂的时候再跟他说话，他一辈子都不会说话了，过了这个村就没这个店了！"

我也问过大江南北的父母、老师，问他们是否知道"朽木不可雕也"，大家都回答知道。为什么知道？这可是《论语》里面的句子！因为这句话在我们小的时候经常被老师说。我想，老师第一次说的时候，大家都不太明白是什么意思，但老师说得多了，再结合当时的环境，就慢慢明白是什么意思了。所以，6岁之前，孩子就是大量吸收；6岁之后，才慢慢会理解一些东西，而且随着年龄的增长，他的理解力会越来越强，就会越发理解经典的意思，而且这些经典会指导他的人生，对他一生都非常有益。再说回来，"朽木不可雕也"后面还有一句"粪土之墙不可圬也"，我们大家大概就不知道了，为什么？因为老师没说过。看，如果老师在我们小的时候说过很多经典句子，我们大概就会吸收很多经典智慧。

想想现在，孩子读很多儿歌，在幼儿园读的儿歌，上了小学他就不会再读了，因为再读幼儿园的儿歌就会让同学们笑话。小时候的儿歌，能给孩子一辈子的智慧引导吗？恐怕不能吧！儿歌给予孩子的很少有智慧，顶多能给孩子一些常识。有人可能会说，读那些儿歌，孩子很快乐！对，但我要说的是，孩子读经典的时候，也非常快乐，他甚至在做游戏的时候，自己就会嘟囔经典，就跟背儿歌的快乐感、自然感、流畅感、轻松感是一样的。

有一点要特别跟父母沟通，就是如果你让孩子读经典，千万不要给他太多压力，也不要有太大的功利心，比如，必须在多长时间背诵多少经典，或者去检查他背诵情况，背诵不过关就批评他，甚至惩罚他。千万不要这样，否则，孩子就会对读经典失去兴趣。其实，不但是孩子读经典不要这样做，就是孩子在做其他事时，也不要这样。比如，孩子做游戏，他自己玩得很快乐，可你非得要让他玩出个"成果"来，非得去检查他的"成果"，孩子也就对做游戏没有兴趣了。

关于读经典的时间，当然是越长越好，如果实在做不到，也不用强求，时间短点也行，要知道，读就比不读好，哪怕每天晚上读 10 分钟，坚持一年下来，一部《论语》就装进孩子的大脑了，他获取的人生智慧将不可估量，对孩子一生的影响也一定积极而深远的。而如果能把握孩子记忆力最好的 10 年（读诵经典，自然越早越好，因为 13 岁前是人生记忆力的关键时期，也是学习语言的黄金时期，"时过然后学，则勤苦而难成"，也即是错过了这个关键时期再学，即使勤奋刻苦地学，也很难再学好。这就是为什么我们成人感觉经典或文言文难学难懂），每天诵读 10 分钟或 20 分钟，持之以恒，背诵二三十部经典是一件很容易的事，还可以在寒暑假加强复习，必然可以陶冶孩子的性灵，开阔他的胸襟，端正他的品性，启迪他的人生，在童蒙阶段打下一辈子人伦之道、生存之道、生活之道、智慧之道的坚实基础……

所以，请试着去了解一下读经教育，教孩子从小诵读经典，从经典中获取一生都受用不尽的人生大智慧。

教孩子读书志在圣贤，而不是志在赚钱

如果我们问孩子："你们为什么读书？"可能很多孩子的回答都是："为了赚钱啊！"当孩子错误地把赚钱当成读书的唯一目标时，足以说明他的人生观和价值观发生了严重的偏颇。那么，当孩子长大之后，他将会为钱奔波一生，甚至会走上歧途。我们都不希望孩子走向这样的结果，那么在孩子小时候，我们就需要教孩子立定"读书志在圣贤"的志向。

在前面提到的《朱子治家格言》里也说："读书志在圣贤，为官心存君国。"如果读书仅仅是为了赚钱，是为了以后能找一份好工作，那孩子在读书的过程中，就会遇到很多阻力，而且这个阻力，孩子很难去克服，甚至都不想去克服，从而变得自暴自弃，破罐子破摔。

第一，培养孩子不自暴自弃的决心和毅力。

在日常生活中，当孩子遇到困难和挫折时，有的孩子就会表现出一种自暴自弃的状态，总会说一些诸如"我不行""我什么也做不到""我就这样了"之类的话，往往把一些失败归结于自身"不行""笨"等因素。一旦"我不行""我什么也做不到""我就这样了"等观念在孩子心灵深处生根之后，又何谈立定志向？何谈追求理想？何谈实现抱负？

孟子曾说："自暴者，不可与有言也；自弃者，不可与有为也。言非礼义，谓之自暴也；吾身不能居仁由义，谓之自弃也。"意思是说：一个自己糟蹋自己的人，没必要和他谈论什么；一个自己放弃自己的人，他不可能有什么作为。一个人言行不遵守礼义，这就叫自暴；一个人思想、言行不符合仁义的原则，这就叫自弃。

因此，我们要时常以"勿自暴，勿自弃"来勉励孩子，让他有一种不自暴自弃的决心和毅力，无论遇到怎样的困难和挫折，都不要糟蹋自己，都不要轻易放弃自己，而要勇敢地面对，要想尽一切办法去解决。

第二，告诉孩子：读书志在圣贤，而非赚钱。

在古代，古人非常重视立志，因为"学贵立志"。一个人只有在一开始立定志向，有一个明确的奋斗目标，才不会走弯路，才会有无穷的动力，使他不断地前进。那么，一个人要立定怎样的志向呢？这是一个非常重要而急迫的问题。

如果我们问现在的孩子："你想要立定什么志向呢？"回答可能五花八门：考名牌大学、找一份好工作、做大官、当董事长、赚很多很多钱，等等。但读书为了赚钱，为了享受物质生活，这一点却是大多数孩子赞同的。如果孩子读书志在赚钱，他一开始的目标就错了，那么他的一生还会幸福、快乐吗？他还会有所作为吗？恐怕很难。

因此，我们一定要给予孩子正确的引导。首先，我们要让孩子明白，一个人只有立定正确的志向，将来才能有所成就；然后，我们要让孩子立定正确的志向，古人常说"读书志在圣贤"，我们也应该引导孩子立志做一个圣贤人，做一个对社会有用的人。

第三，要有信心：每个人都应该成为圣贤人。

《弟子规》的最后一句"圣与贤，可驯致"，的确给了我们很大的信心，虽然圣贤人的境界很高，但是我们立定志向，经过自己循序渐进的努力，一步一步提升自己的德行、学问，最终每个人都可以成为圣贤人。正如颜渊所说的一句话："舜，何人也？予，何人也？有为者亦若是。"舜是什么人呢？我是什么人呢？有所作为的人都可以像大舜一样伟大。

我们要告诉孩子：圣贤离孩子并不遥远。只要我们教孩子立志做一个圣贤人，并按照圣贤的标准去做，就可以成为一个圣贤人。如今我们的道德学问处于什么水平并不重要，重要的是我们是否相信自己，是否能够坚持不懈地努力，只要我们相信自己，只要我们坚持不懈地努力，就能够成为一个品德高尚、学识渊博的人，就能够达到圣贤人的人生境界。

第六章

建立正确的家庭教育观念

教育孩子需要建立正确的家庭教育观念，而不是盲目地、想当然地去教育孩子，否则，不但所做的教育工作是无用功，还会对孩子的成长产生副作用，对孩子的身心造成严重伤害。所以，正确的家庭教育观念是非常必要的，如正确看待"不让孩子输在起跑线上"这个所谓的"教育理念"，100 分并不代表孩子的成长与未来，别人的成功教育经验只可以参考借鉴而不能照搬，"第一筷子菜应该夹给谁"里也蕴含着教育智慧，要给孩子做的机会而不是包办代替，正确认识赏识教育，在教育孩子这件事上父亲不应该"退居二线"……

"不让孩子输在起跑线上"是一个伪命题

看到"起跑线"这三个字，人们一般会联想到体育比赛。可是，也会有一些人会想到一句耳熟能详的话："不让孩子输在起跑线上！"想到这句话的人，大部分是父母。因为做父母的经常被这句喊得"响亮"的口号所迷惑，于是不得不"积极行动"起来。

我们想一想，"不让孩子输在起跑线上"这句话是谁说的？一定不是真正的教育家说的，也一定不是真正懂教育的人说的。要知道，真正懂教育的人，是不会说这样违背教育常识的话的。"不让孩子输在起跑线上"是一个不折不扣的伪命题。

这就给我们那些把"不让孩子输在起跑线上"奉为圭臬的父母们提了一个醒：不要盲目相信这样的口号，不要被这样的口号所蛊惑。一旦盲目相信"不让孩子输在起跑线上"这样的口号，浪费大量的金钱和精力是小事，榨干孩子的潜能是大事。严重的话，孩子可能会因此而痛恨学习，从而影响他一生的发展。

遗憾的是，在现实生活中，有一部分父母为了让孩子"不输在起跑线上"，从孩子很小的时候就将各种知识强硬地"灌输"进他的头脑之中；还有的父母为了能让孩子"在未来更有竞争力"，在孩子两三岁时就报才艺班，学钢琴、小提琴、画画、跳舞、唱歌，希望他尽可能地"多才多艺"；更有的父母为了孩子不惜花大价钱，请家教、选学校，甚至干脆将孩子送到国外去接受所谓的"更先进的教育"……对于孩子真正的未来，这些父母从不认真思考，只是单纯地把孩子的未来和自己的"翻身"联系起来，完全不去顾及孩子有没有这方面的兴趣和才能，于是便有了种种家庭悲剧的产生。

其实，孩子的童年是一次旅行，而不是一场比赛。人生不是"百米跑"，而是长长的"马拉松"。孩子应该赢得是整个人生，而不是某个阶段。即使孩子起初赢在了所谓的"起跑线"上，他也未必赢得之后的人生。而且，他"赢在起跑线上"的经历，对于孩子来说，无异于一场噩梦，因为他的童年是灰色的，是被父母"压迫"的，是没有快乐可言的，是不堪回首的。这对孩子而言，难道不有些残忍了吗？

我们千万不要把孩子童年的一切，变成一场又一场的"竞技比赛"，否则会让孩子苦不堪言。所以，不要让孩子在"东奔西跑"中错过了美好的童年。

不可否认，"不让孩子输在起跑线上"的说法已经"深入人心"，受到了越来越多年轻父母的重视。结果，"不让孩子输在起跑线上"成了很多父母的共同愿望，同时也让越来越多的父母绷紧了神经，生怕因自己"下手"太晚、考虑不周而拖了孩子的后腿。

一位准妈妈说："我和先生已经做好了'教育计划'，希望宝宝一出生就能接受最好的教育，万万不能让孩子输在人生的'起跑线'上。"

越来越多的父母开始重视早教，担心自己的孩子输在"起跑线"上，便从孩子学会说话那天开始，就教他识字、算数、学英语……

为了"不让孩子输在起跑线"上，很多上小学，甚至上幼儿园的孩子几乎都失去了玩的时间，双休日和假期被父母安排得满满当当的，不是钢琴班，就是舞蹈班，不是数学思维班、作文提升班，就是编程班、英语班……

为了让孩子赢在"起跑线"上，这些望子成龙、望女成凤的父母真可谓不惜血本、煞费苦心。这种心情是可以理解的，但是我们有没有静下心来反思一下：孩子的"起跑线"到底在哪里？如果孩子赢在了"起跑线"上，那么他能赢到"终点线"吗？他能笑到最后吗？

　　"起跑线"在不同的父母心中有不同的位置，父母认为孩子该在哪个阶段起跑，孩子就应该在哪个阶段跑起来。那么，父母在为孩子制定"起跑线"之前，有没有了解一些孩子身心发展的规律和特点，有没有自问：我懂不懂孩子的教育？

　　事实上，"起跑线"是对成才概念的断章取义，教育根本没有"输赢"的问题，是父母的功利心把教育简化为"输赢"之争。很多父母只关注孩子的分数，却很少过问孩子过得是否快乐、幸福，很少问孩子的意愿和想法，而最受伤害的将是孩子。

　　想一下，为什么体育运动员在比赛前都要做热身？因为如果没有做好热身运动就猛地投入比赛，很可能会导致抽筋、跌倒，甚至心力衰竭等，使人不得不中途退出比赛。其实，童年就是一个人"热身"的时期，就是一个"新车需要磨合"的时期，这个时期一定不能"满负荷运转"，而是根据自身的成长规律顺其自然地成长。只有这样，孩子才会后劲十足，而不会"早衰"，才不会在需要大显身手的时候而"力不从心"。

　　既然这样，我们何必担心孩子在"起跑线"上的输赢呢？

　　所以，我们要理智看待"不让孩子输在起跑线上"这个说法，为孩子找到人生真正的"起跑线"，从而引领他赢得整个人生，赢在终点。

　　第一，要树立"起跑线"的正确观念。

　　观察一下周围，很多赢在"起跑线"上的孩子因为过早地透支了体力、健康、潜能等，不一定能笑到最后，赢到终点。而很多成功人士，小时候并不是优等生，甚至是"差生"。要是以当今父母的思维，这些人早在"起跑线"上就输掉了，但事实是，他们在事业上却是成功者。

　　其实，赢在所谓的"起跑线上"无法对孩子起到决定性的影响。如果我们只沉浸在"不让孩子输在起跑线上"的论调中，孩子体验不到童年生活的美好，也感受不到学习的乐趣，甚至会伤在"起跑线"上。

　　所以，我们要树立"起跑线"的正确观念，不要把"起跑线"看得那么重，即使孩子输在了所谓的"起跑线"上也没有关系，即便孩子暂时地"赢"在了所谓的"起跑线"上也不要得意，因为他未来还有更长的人生路需要走，而以后的路才是最为关键的。

第二，把目光"瞄准"孩子的整个人生。

每个孩子都有自己的"小宇宙"，"小宇宙"的爆发不一定会发生在人生的哪一个阶段，或是少年得志，或是大器晚成。不过，可以肯定的是，"起跑线"上没有输赢，那些所谓的输赢都是在父母功利心下催生出来的，而所谓的"少年得志"也是"人生之大不幸"。

孩子的现状也许并不理想，但是我们不能因此就预言他的未来就会一直这样。因为有时候，孩子看似处于人生的低潮期，但他却是在储备成功的能量，是在积累人生的经验。所以，我们要把目光从孩子的"起跑线"上收回来，把眼光放远一些，去着眼于他的整个人生。

第三，认识真正的"起跑线"在哪里。

对孩子的最好教育，应该从胎教开始。那么，孩子的"起跑线"应该从零岁开始，从生命孕育之初就开始。如果父母能在怀胎十月时十分注意自己的言行举止，做到"目不视恶色，耳不听淫声，口不出傲言"（不善的、不好的东西，不看；不善的声音、言语、音乐，不听；不柔和、狂傲的话，不说），就能生出一个有德行、有智慧的聪明宝宝。从某种程度来讲，这样的孩子就已经赢在了起点。

如果孩子已经出生了，错过了最佳的胎教期，甚至已经几岁或十几岁了，那就从现在开始，请父母用自己正确、恰当的言行举止去教育孩子，让他接受潜移默化的影响。

第四，给孩子最好的德行，教他学做人。

真正支撑一个孩子一生有所作为的"力量"就是德行，就是做人。尽管我们已经强调过很多遍了，但这里依旧单独拿出来再讨论一下。在德行、做人方向上，如果一个孩子选择错了，他的人生不但没有赢的可能，而且一定会输得很惨。所以，我们要丰富孩子的道德思想。不仅要让孩子"成才"，更要让他"成人"，做人永远是第一位的。即使孩子从"起跑线"出发时已经比其他孩子晚了一步，只要他朝着正确的方向努力前进，一样会拥有幸福的人生。

孩子在幼儿园应该学习什么样的功课

先讲一个故事吧：

一位记者曾提问诺贝尔物理学奖得主彼得·列昂尼多维奇·卡皮察（Kapitsa, Petr Leonidovich，苏联物理学家，1978 年获奖）："您在哪所大学、哪个实验室里学到了您认为是最主要的东西？"

出人意料的是，这位白发苍苍的老人回答道："是在幼儿园。"

记者愣住了，又问："您在幼儿园学到了些什么呢？"

老人如数家珍地说："把自己的东西分一半给小伙伴们，不是自己的东西不要拿，东西要放整齐，吃饭前要洗手，做了错事要表示歉意。午饭后要休息，学习要多思考，要仔细观察大自然。从根本上说，我学到的全部东西就是这些。"

一位诺贝尔奖获得者所学到的主要的东西竟然是在幼儿园学到的，这是不是能引起我们的一点思考？

当然，讲故事不是主要的，主要的是让我们思考一个问题：孩子在幼儿园到底应该学习什么样的功课？

我在讲座或跟老师、父母沟通的时候，会问他们一个问题："你觉得是幼儿园的孩子有礼貌，还是大学生有礼貌？"

他们都会回答说是幼儿园的孩子有礼貌。

我再问："是幼儿园的孩子有礼貌，还是初中的孩子有礼貌？"

回答还是幼儿园的孩子有礼貌！

那么问题就来了：为什么我们的孩子在接受了几年、十几年的教育之后，却变得更没有礼貌了呢？

当然，知识教育是必要的，这是对小学之后的孩子来说的。但对于幼儿园的孩子来说，他们到底应该学什么呢？

在我看来，正是那位诺贝尔奖获得者回答的那些——有礼貌，懂分享，未经同意不得拿别人的东西，懂物归原主，饭前便后洗手，做错事道歉，学会思考，观察大自然。简单来说，就是培养基本的自理能力和良好的生活习惯，学习一些基本的常识。

当然，在幼儿园阶段也并不是一点儿知识都不学习，就像前面提到的，可以在家教孩子读经典，但要让孩子在没有任何压力的情况下去读经典。也就是说，父母要没有任何功利心，一切只为孩子快乐健康成长，而与此同时又能学到奠定他们一生学问、智慧的坚实基础，如此，我们的孩子才会轻松，我们的教育才会不累又能真正有成效。

为什么不要让你的孩子考 100 分

在今天这个时代，让孩子考高分，甚至考满分，是很多做父母的心愿，所以他们也就拼命地创造各种条件，努力让孩子去考 100 分。

前面我讲过一个故事：一位父亲质问孩子为什么不考 100 分，而孩子则反驳父亲为什么不当局长！

其实，考 100 分和当局长的道理差不多，不是人人都可以做到的，既然我们成人都做不到，为什么又苛求孩子一定要做到呢？

再说，考 100 分真的那么重要吗？难道孩子的成长就跟 100 分绑定在一起了吗？100 分就能代表当下和未来的成功吗？当然不是。

国际数学大师、著名教育家陈省身先生曾给中国科技大学少年班题词：不要考 100 分。这让很多为人父母者非常不理解：谁不希望自己的孩子考 100 分啊？

对于"不要考 100 分"，时任中国科技大学校长的朱清时先生非常理解其中的深意，他指出："少年班的学生做学问，掌握精髓要义，考个七八十分，就可以了。不要为了考 100 分在细枝末节上浪费时间。原生态的学生一般考试能得七八十分，要想得 100 分要下好几倍的努力，训练得非常熟练才能不出小错。而要争这 100 分，就需要浪费很多时间和资源，相当于土地要施 10 遍化肥，最后学生的创造力都被磨灭了。"这不得不引起我们的深思。

再讲一个真实的例子：

美国能源部部长、诺贝尔物理学奖获得者朱棣文上学时成绩徘徊在前十名左右，而他的哥哥朱筑文成绩则一直是班级第一名。参加工作后，朱棣文当上教授时，哥哥才是副教授，在他获得诺贝尔物理学奖时哥哥才当上正教授。

杭州天长小学的周武老师曾将这一现象称为"第十名现象"：小学期间的"尖子生"在升入初中、高中、大学乃至工作之后，有相当一部分人会"淡出"优秀者的行列，而许多成绩在第十名左右的学生在以后的学习和工作中竟有非常出色的表现。

爱因斯坦曾指出："当一个人忘掉了他在学校接受的每一样东西，剩下来的才是教育"。而这样的"教育"，需要谁来做？需要我们做父母的在家庭中来做。

其实，对于孩子来说，高分，永远都是次要的，成长才是主要的。教育者，包括父母在内，应该教给孩子全面发展所需要的东西，如成熟的心智、健全的品格与高尚的道德情感、强大的心理承受力、积极健康的生活态度、孜孜不倦的学习热情、受益一生的良好习惯、从优秀到卓越的能力基础、人际交往的大智慧等，而这些，更多的是在家庭中靠父母言传身教进行培养的。

父母需要认清的是，孩子的成长比成绩更重要。

但长期以来，在孩子们之间一直流传这样一句顺口溜："分、分、分，学生的命根；考、考、考，老师的法宝。"两三个阿拉伯数字，竟然成了孩子们的"命根"，这难道不让我们做父母的反思吗？其实，分，已经不仅仅是孩子的"命根"了，更是父母的"命根"，很多父母都是以孩子的分数来论他是否是"英雄"。父母抓住这个"命根"就等于抓住了希望吗？

孩子是活生生的人，他有思想、有情感、有主动性、有差异性，更重要的是有潜力。而分数只是一个数字，一个有局限性的标尺，"分数"与"孩子"

根本没有可比性。作为父母，我们应该全面地了解孩子，激发孩子的各方面潜能，不仅仅以"分数"去衡量孩子，帮助孩子在品行、能力、个性、特长等方面全面发展。

哈佛大学心理学教授加德纳曾指出，人有八种相对独立的智能：语言智能、数理逻辑智能、视觉空间智能、音乐智能、肢体运动智能、个人内省智能、自然观察智能和人际关系智能。每个人都兼有八种智能，又突出某个智能。

而我们现行的考试制度大多以语文、数学、外语、生物、物理、化学等为主，那么语言智能和数理逻辑智能强的孩子当然就占优势。实际上，在生活中人际智能和内省智能显得更为重要，而这些非常重要的智能恰恰没有办法用分数去衡量。

因此，分数绝不能衡量孩子的全部能力，更不能成为评价孩子的唯一标尺。死读书考高分也不代表成功，因为这个社会，"高分低能"的"人才"比比皆是，根本没有什么担当、做事的能力，当然，这样的人也很难在这个竞争日益激烈的社会中站稳脚跟。

孩子能愉快地、主动地学习，找到适合自己发展的路，才是成功。那么，我们做父母的，又该怎样面对"分数"呢？

第一，不以高分而雀跃，不以低分而萎靡。

一个上初中的女孩，当她考试成绩不好时母亲就会非常沮丧地说："我们辛辛苦苦培养你，你这么不争气、没出息，让人失望。"并且好几天都不理她。但当她考好时，母亲特别欢喜，又亲又抱，还说："真是妈妈的好乖乖，袜子都放着，我给你洗。"女孩总是觉得哭笑不得，总想问一句："妈，您到底是爱我，还是爱分数？"

所以，我们不要因孩子考高分而雀跃，也不要因为孩子考低分而萎靡。

第二，要改变对"人才"的认识。

不是分数考得越高，以后成就就越大。大量事实证明，有成就的人不一定是分数高的人。

爱迪生小时候曾被当作低能儿，然而他却成为举世闻名的大发明家；《窗边的小豆豆》的作者黑柳彻子小时候被学校开除了，但后来却成为日本著名的主持人和畅销书作家。

不是只有知识渊博的科学家是宝贵的人才，在平凡的岗位上努力工作、刻苦钻研、尽心尽力的人也是人才。所以，我们要改变对人才的观念，俗话说："三百六十行，行行出状元"，任何一个岗位都需要卓越的人才。

第三，以培养孩子健全人格和良好性格为基准。

卓越人才的基础是健全的人格，我们要重视对孩子性格和品德的培养。如果动不动就跟别人比谁的孩子学习好、分数高，这本身就把"分数"放在本来不该有的高度。而我们过度重视分数，反倒会看不见孩子品质上的优势，而良好的性格和人格才是幸福的源泉。这是需要我们细细品味的。

第四，帮孩子打开兴趣之门。

学习成绩不好的孩子，一般都比较讨厌学习。我们不是一味地让孩子提升成绩，而是先让孩子转变学习态度。如何转变？从孩子现有的基础上，给他能消化的简单知识，逐步提升。当然，这需要我们绝对的耐心和对分数完全地不在乎，可能需要很长的时间，孩子的进步才会从分数上体现出来，但父母为孩子打开的是自发学习的大门。

第五，因材施教，注重孩子全面发展。

每个孩子都有自己突出的智力能力，我们一定要发现孩子的擅长之处，根据孩子的特点进行科学的引导，激发孩子的创新能力，使孩子最大限度地发挥他的优势，施展他的才能，为社会做最大的贡献。

所以，我们要看到孩子的天赋，了解孩子的智能特点，不要抓住"分数"不放。如果我们总是盯在"分数"上，就很难看到孩子其他方面的优势，看不到孩子的优势，又如何采取"因材施教"的教育方式把孩子培养成人才呢？

每个孩子都是一个正在成长中的人，我们要给孩子真切的关怀，而不是将孩子等同于一个符号或一个分数。我们要对孩子的德行、体育、美育、劳动等各种方面给予关注，这些都是孩子整体素质的反映。只有我们自己先建立起了正确的教育观和人才观，才能帮助孩子树立正确的人生观和价值观。

衷心希望为人父母者，能重新审视自己的家庭教育，想想自己到底应该给孩子怎样的教育，才能让孩子真正健康地成长，才能为他一生的幸福奠基。

不要让所谓的"标准答案"毁了孩子的想象力

先看一下这个经常被人们提及的小故事：

在小学二年级的语文学习中，老师出了一道题："雪化了是什么？"有一名学生从小就喜欢看童话，给出了这样的答案："雪化了是春天。"看到这个答案后，老师毫不客气地在卷子上打了一个鲜红的"×"。原因是与标准答案不符，标准答案应该是"雪化了是水"。

看到这一幕，我们不仅要感叹孩子的回答简直太有想象力了，同时我们也不得不惋惜，这么有创意的答案怎么换来了老师的一个"×"呢？难道非要追求所谓的标准答案吗？其实，孩子的想象力有时候就是在我们的"标准答案"下被扼杀了。

在一期关于"儿童益智"类的电视节目上，主持人问："气球为什么会飞上天空？""小猫为什么要洗脸？"

有一个孩子回答："气球飞上天空是去找小鸟。""小猫没有抓住老鼠，非常伤心，哭花了脸，所以要洗脸。"

本来孩子的答案很有创意，可是主持人却说："回答错误。"接着公布正确答案："因为气球里装的是氢气，氢气比空气的密度小……"

如果单从让孩子学习知识的角度来看，主持人的回答无可非议，但是孩子们的回答充满了幻想和童真，我们就忍心打击他的创造性思维吗？那到底是保护孩子的想象力更重要，还是让他学习科学文化知识更重要呢？

某男孩参加市里的单科质量检测，成绩是 92 分，被扣了 8 分的题目是这样的：根据唐代诗人李白的诗"朝辞白帝彩云间，千里江陵一日还。两岸猿声啼不住，轻舟已过万重山"，算一算舟行速度。

男孩的计算方式是用 1000 里除以 24 小时，结果被判错了。老师说，市里统一的标准解答是用 1000 里除以 12 小时，理由是古代水上行船应该是昼行夜泊，夜晚的 12 小时不能纳入计算。

面对这个标准答案，作者只能苦笑，如果李白在世，不知是做何感想？

其实，在考试题目中，能干扰孩子想象力的题目往往都是不够严谨的，从某种意义上讲，这种题目并不"标准"，如果能够真正地做到"精准"，孩子学会的是准确表达，而不是固化思维。正如，文章中的题目本身就存在模棱两可的成分，如果题干中明确表明一天按 12 小时计算，相信孩子也不会算错。这说明，真正的标准题目和标准答案不会扼杀孩子的想象力，反而是那些不够标准的题目才会对孩子的想象力发出挑战。

在一堂语文课上，老师提出了一个问题"弯弯的月亮像什么"，同学们都按老师的思路说出了标准答案——香蕉。唯有一个小女孩说出另外的答案——扁豆。没想到，这个非标准答案却招来了同学和老师的笑话。从那以后，小女孩不敢再举手回答问题。

其实，先不说女孩回答得正确与否，之所以标准答案是香蕉，是因为香蕉的色彩与月亮的色彩都是黄色，于是，香蕉更适合这个答案。而女孩的想象力被扼杀的原因是遭到了老师和同学的否定。如果老师换个方式说："哇，这个答案很有想象力，不过想想看，月亮是什么颜色？是不是阴天的时候，也有可能变成扁豆般的墨绿色？这个问题，留给你们课下观察。"老师这样一说，不但没有否定女孩，还进一步让学生学会了思考和观察。

因此，根本问题不是标准答案扼杀了孩子的思维，而是标准答案本身并不"标准"，再加上教育者又不会引导，最后导致孩子不愿主动思考，最终成为标准答案下的不会思考的人。

想象力本身是创造力的源泉，任何一个科学家、艺术家，或者一个优秀的职业者都一定具备丰富的想象力。

瓦特正是有了"为什么蒸汽能把壶盖顶起来"的思考，才有了后来蒸汽时代的到来；而莱特兄弟正是有了"人能否长上翅膀，像鸟一样在天空中飞翔"的异想，才有了人类飞天的现实。

一个人越是具备想象力，越会在自己的工作中尝试创新，而职业本身就是因为创新才进步的，整个社会也是因为创新才发展的。

　　而我们的老师和父母是不是太过于信赖标准答案？或者当所谓的标准答案和孩子的想象力发生冲突的时候，父母和老师都会肯定"标准答案"而否定孩子？其实，父母信赖标准答案也可以，但一定不能排斥"非标准答案"。否则，当孩子的答案一旦不标准的时候，父母必然要习惯性地打压孩子，否定孩子。如此一来，孩子的想象力如何发展？孩子创新精神如何培养？孩子们不再想象，社会还会有进展吗？

　　有没有两全其美的方法，既能让孩子学到知识，又能保护他的想象力，激发他的创造性思维呢？答案当然是肯定的。那么我们应该怎么做呢？

　　第一，不要轻易否定孩子的答案。

　　对于孩子有创意的想法，我们不可以直接说："错"。因为这样会打击孩子思考问题、回答问题的积极性。相反，我们可以这样说："嗯，想法很有创意，不过再想想，还有没有更好的想法。"以此激励孩子进一步地思考。

　　当他再一次做出回答的时候，我们可以鼓励他："嗯，已经离标准答案很近了，再好好想一下。"总之，我们的回答一定要以激发孩子积极思考问题为出发点，不要轻易扼杀他的想象力。

　　同时，在给出标准答案之前，我们也要肯定孩子充满想象力的回答，这样才能既保护她的想象力，又让他掌握一定的知识。

　　第二，不要让知识摧毁了孩子的想象力。

　　爱因斯坦曾经说："想象力比知识更为重要，因为知识是有限的，而想象力却推动着知识的进步，是知识进化的源泉。"的确，想象力可以超越时间和空间的限制，让孩子认识到更为广阔的世界。

　　然而，在现实生活中，很多父母只想早点让孩子掌握更多的知识，便让他从小就接受早期教育。结果呢？孩子看到圆圈，只会说它是数字"0"或英语字母"O"，却再也不能说出"太阳""鸡蛋""气球""肥皂泡泡"之类的答案了。

　　单从知识角度来说，我们给孩子传授知识不可谓不正确，但是如果我们只要求孩子遵照"标准答案"而不可越"雷池"一步，结果只能把他打造成"流水线"上生产出来的"标准件"。这怎能不让人叹息呢？

因此，在孩子童年时期，我们尽量不要让他过早地接触所谓的"正确的知识""标准的答案"，而是先让想象力和思考力在他的大脑里"安营扎寨"。

第三，鼓励孩子从多角度思考问题。

在生活中，我们可以有意识地鼓励孩子拓宽思维，让他从多角度思考问题，不必搞"标准答案"。比如，我们可以和孩子做游戏，用笔画一个圆，问他"这是什么"，其答案有几十种，甚至上百种。我们和孩子可以一人说一个答案，以此发散孩子的思维，培养他的想象力。或者看到某件陌生的东西，我们可以和孩子一起猜猜这是什么，有哪些用途……

此外，在孩子做数学题的时候，会遇到"一题多解"的情况，我们也要鼓励他尝试通过多种途径解决问题。

第四，不斥责孩子的"胡说八道"。

一个女孩和妈妈一起散步，指着路边上被抛弃的长满绿毛的胡萝卜说："妈妈，您看，胡萝卜戴绿帽子了。"

听了女儿的话，妈妈大概觉得"戴绿帽子"不是什么好词，赶紧望了望周围的人，然后凶巴巴地对女儿说："什么绿帽子，下次不许这么说了啊！"

女儿觉得很诧异，妈妈怎么突然变脸了，但也没有再说什么。

把长了绿毛的胡萝卜比作戴了绿色的帽子，是多么有创意的想法。

实际上，在孩子的内心中，并没有好坏之分，他只是把好奇的东西将熟知的事物联系了起来而已。但是我们却总是带着成人的评价和感情色彩看待孩子的比喻，在无意中就剥夺了他充分表达思想的机会。

所以，在面对孩子有创意的说法时，我们千万不要斥责他或嘲笑他，以免折伤了他想象的翅膀。

每个孩子都喜欢探索周围的一切，在这个过程中，他爱幻想，也会产生一些奇思妙想。这时候，我们一定不要浇灭孩子的热情，而是要及时给予他正面、积极的赏识，为他的奇思妙想提供有营养的"土壤和肥料"。

千万不要照搬别人的经验，要懂得理性思考

我接触的很多父母都有一个比较急切的态度，那就是希望学到别人成功的教育经验，这个所谓的"学"在某种程度上等于"照搬"。对此，我的回应是，千万不要照搬别人的教育经验，一定要懂得理性思考：别人成功的教育经验，在任何时候都只能供我们参考借鉴。

近年来，确实出现了一些父母，他们也把自己教育孩子的经验写了出来，受到很多读者的追捧。

例如，刘卫华女士和张欣武先生用自己摸索出来的方法把女儿刘亦婷送进了哈佛大学，"虎妈"蔡美儿女士用严厉的教育将大女儿送进哈佛大学，"狼爸"萧百佑先生将自己的3个孩子"打"进北大，南京的"鹰爸"则让年仅4岁的儿子在雪地中裸跑，以锻炼他的意志力……

我想，未来还会有很多成功父母的教育经验不断地产生，传播……

尽管一些成功父母的教育方法在社会上有诸多争议，但不可否认的是，他们的教育理念在某些方面一定有可取之处。但这也说明，他们的方法并不是放之四海而皆准的，不是万能的。我有时候就跟一些父母交流，我说，即使从你的孩子生下来开始，就把哈佛女孩的父母请到你的家里去教育你的孩子，十几年后也未必把你的孩子送进哈佛大学；即使把"狼爸"请到你的家里"打"你的孩子，十几年后也很难把你的孩子"打"进北大。

既然这样都做不到把孩子送进哈佛、送进北大，那我们自己照搬他们的教育经验就可以把孩子送进哈佛、送进北大吗？显然不太可能。所以，我们一定要理性思考他们的教育方法。

就"狼爸"萧百佑先生来说，实际上，他的打骂背后还有"爱"，那是从孩子出生起就不断表达的深层的爱，如果没看到这一点就去单纯地模仿，父母学到的只能是表面的"打"。

所以，面对别人的成功教育法，父母不要盲目，更清楚地了解某些教育

方法的真正内涵与作用才能更好地去实施。

尽管如此，社会上还是有一些人在做这样的事，照搬他人的教育经验。当然，最终的结果，都不是那么尽如人意，甚至还产生了不良影响。

其实家庭教育的方法不是死的，而是活的，要懂得活学活用，没有哪个方法、哪个秘诀能够改变或拯救你的孩子，对任何教育经验都不要试图去复制到你的家里。要把这些教育经验和孩子的实际结合起来，给孩子提供一种适合他的自然的教育方法。

所以，别人成功的教育经验要学，但不要学死了，学呆了。

第一，学习成功父母的教育心境。

当我们关注这些成功教子的案例时，不要用绝对批判和绝对崇拜的心态去阅读，而是探讨、体会、切磋。看看这些成功父母对孩子实施行为的背后，有什么样的动机，就是父母为什么要这样做。当看清为什么的时候，我们就可以领会那些成功父母的教育心境。

第二，体会教育精神，自然流露。

当我们领会了成功父母的教育心境时，就不会固执地认为哪种做法一定要用在孩子身上，哪种做法一定不能用。比如，成功父母在某个时候对孩子实施了暴力。作为局外人的我们是不是想："嗯，该打时，还是要打。"想法没错，而我们能不能把握好"该打的时机"，能不能在打孩子的时候控制住自己的情绪，而不是在孩子身上作情绪的随意发泄。而当我们真正体会到了教育的内涵，打与不打都是自然的事。

第三，透过思考提升教育智慧和能力。

因为每个父母所处的环境不同、家庭不同，孩子的性格特点、兴趣爱好、优势弱势也不同，别人的成功教育经验永远最适合他自己的孩子，却不一定适合其他的孩子。可见，所有成功父母的经验对其他父母而言只能起借鉴作用，这些成功经验是帮助我们提升自己的智慧和能力。所以，我们一定要在了解、认识这些成功经验的同时，进行思考。只有通过对教育经验的思考，我们才能更有适合自己孩子的教育方法，才能给孩子提供"一双合脚的鞋子"，从而更有效地解决孩子的具体问题。

　　第四，理智地实施某种教育方法。

　　要对孩子实施某种方法时，理智很重要。任何成功的父母都会谈到他是如何与孩子应对的，特别是当孩子犯错、失败、成功等时候，而世界上没有唯一标准的答案，因为没有一模一样的孩子。所以，无论采用什么方法，父母的清醒和理智很重要，只有确定自己是理智的，懂得对孩子"量体裁衣"，之后实施的教育方法才不会太有偏差。

"第一筷子菜应该夹给谁"是一种智慧

　　我想请大家思考一个问题："在你家吃饭的时候，第一筷子菜会夹给谁？"为什么会问这个问题，因为"第一筷子菜夹给谁"蕴含着很大的教育智慧。

　　有个男孩非常尊敬长辈，懂得和小朋友们分享，是一个懂事的孩子。在教育他的时候，妈妈懂得教育孩子要趁早的道理，并从小事开始抓起。比如，在饭桌上，爷爷、奶奶、爸爸、妈妈、孩子五口人一起吃饭。一般的家庭在吃菜的时候，长辈们都急着把最好吃的夹给孩子。而正确的做法不是这样的。这第一筷子菜一定是夹给爷爷或奶奶，然后父母互相夹给对方，最后是给孩子。吃水果时，礼让顺序也是先长辈，最后是孩子。其他方面的生活细节也是如此，久而久之，孩子自然而然学会要礼让长辈。

　　可在生活中，这么有智慧的家庭确实不太多。很多父母和老人都有这样的观念：孩子还小，所以要优先照顾他，处处以他为中心。一般来说，父母都会把第一筷子菜夹给孩子，而爷爷奶奶也不甘示弱，争着给孙辈们夹菜。这样的情景经常会发生在我们的生活中。

　　我们不要小看这些细节，如果长辈们都把这第一筷子菜夹给孩子了，孩子在吃饭时就会形成以自我为中心，只管自己吃好菜。其他方面也是如此，如果什么都以孩子为中心，孩子会慢慢变得自私起来，那么"小皇帝""小公主"就诞生了。

正因为如此，我才会问"你家吃饭时第一筷子菜夹给谁？"所以，我们一定要注重生活细节，遵循"先长辈，后孩子"的礼让顺序，将好习惯示范给孩子看。长此以往，我们不用说教，孩子也会明白先人后己的道理。

第一，吃饭夹菜，不要以孩子为中心。

可以说，这个夹菜的先后次序将决定了我们教育的成败，为什么这样说呢？因为，当我们把第一筷子菜夹给孩子，这个先后的次序就颠倒了。

一旦颠倒了先后次序，就不符合礼，不符合教育的规律。因为孩子会认为：在家里，我就是最大的，我可以为所欲为，所有的人都要为我服务。结果，孩子就容易产生傲慢、无礼、以自我为中心的人生态度。如果我们再一直这样溺爱自己的孩子，那么孩子就会很傲慢，没有礼貌，不能礼让他人，自然也不会拥有良好的人际关系。

良好的生活教育要从小培养，所以我们一定要引导孩子落实"或饮食，或坐走，长者先，幼者后"。无论是饮食，还是坐立行走，一定要遵循"长幼有序"的礼节，让年长者在先，年幼者在后。虽然这个礼节只是生活中的一个小细节，但是它却决定了孩子是否拥有谦虚、恭敬的人生态度。

说到了夹菜，说到了吃饭，就再多说两句。我知道很多父母或长辈在吃饭的时候会问孩子："这个菜好吃吗？""那个菜好吃吗？""哪个菜好吃？""喜欢吃吗？"类似这样的问题就会让孩子思考到底是哪个菜好吃。本来最初，在孩子的心里，并没有哪个菜好吃不好吃的概念，结果父母长辈这么一问，他就得说"爱吃"的、"不爱吃"的，就会对一些菜品有了"好吃不好吃"的概念，而且父母长辈也记住了，于是就给孩子做那些他"爱吃"的菜。到最后，一个挑食、偏食的孩子就被我们亲手培养出来了。所以，吃饭的时候不要去问孩子哪个菜好吃、喜欢哪个菜，等等。这也是一种教育智慧。

第二，教孩子落实"或饮食，或坐走，长者先，幼者后"。

当我们买了好吃的东西时，首先要想到自己的父母，可以亲手拿给父母吃，也可以让孩子拿给爷爷奶奶、姥姥姥爷吃。这样一来，在吃东西的时候，孩子就会先想到长辈，会请长辈先吃，自己再吃。

当我们吃饭的时候，要把好吃的饭菜端到靠近父母的地方，要先请长辈入座，把第一口菜夹给长辈，那么孩子就会效仿我们的行为，学着给长辈夹菜，而不是迫不及待地吃自己喜欢的食物。

另外，我们也要让孩子知道，主位是正对着门的位置，无论是在什么场合，都要把主位让给年高、德高、位高的人坐。因为当他们坐在主位时，就可以掌握整个场合的状况，以便招呼所有的人。

如今，我们经常在马路上看到这样的场景：孩子蹦蹦跳跳地走在前面，爷爷奶奶在后面帮着孙辈们背着书包，缓慢地跟在后面。这样的行为是颠倒的，我们一定要纠正。当孩子与爷爷奶奶一起外出时，我们要引导孩子把爷爷奶奶照顾好，可以走在他们的旁边，搀扶着他们缓步而行，不可以自己走得很快，把爷爷奶奶抛在后面。

当我们和孩子一起乘坐公交车或地铁时，要引领孩子主动往里走，以免堵在门口妨碍了后面的乘客上车。在乘车的过程中，如果遇到了老年人、孕妇、带小孩的人，我们要引导孩子主动让座。

孩子在落实这些行为的过程中，他的内心就会变得非常谦恭有礼，而这一份谦虚、恭敬的人生态度就会越来越扎实。那么，当孩子将来走上社会之后，也一定会具备彬彬有礼、谦谦君子的风范，懂得恭敬身边的每一个人。如此，他的人生事业就一定会越来越顺利。

第三，教育孩子一定要"慎于始"。

许多行为的第一次应对模式，对孩子的认识及习惯的养成有着重要的意义。父母第一次教得对，就能最大限度地避免以后修正孩子带来的痛苦和逆反。所以，我们要遵循"慎于始"的教育原则，对孩子的许多"第一次"要予以正确的引导。

所以，当发现孩子第一次犯错或做出不雅举动的时候，我们一定要及时纠正，例如：孩子第一次撒谎，第一次占小便宜，第一次逃课，第一次打架，第一次欺负同学，第一次对长辈放肆，第一次忘了带作业让你送……一定要有智慧去处理这些问题。千万不要以为他长大了，就自然好了，所谓"树大自然直"的说法是不准确的，反而是"小树不修剪，怎能长参天"的道理值得我们去思考。

比如，第一次忘了带作业让你送，怎么办？应该是不给他送，无论他怎么打电话哀求，都要"不动"，不然，你这次送了，很快就有下一次。如果这次不送，他被老师批评了，他下次就会记住，这时我们再提醒他，以后在头一天晚上就把第二天要带的书本文具等都准备好，并一一核对，就不会再出现漏带东西的情形了。只有孩子经历过，而且比较"深刻"地经历过，他的印象才会深，改正起来才不会那么费劲，才不会那么无所谓。

给孩子做事的机会，不做包办代替的"奴仆式父母"

平时，你"放权"给孩子了吗？所谓"放权"，就是给孩子做事的机会。你给他这样的机会了吗？还是我们对他的事情都包办代替呢？

孩子还是婴儿时，我们做父母的总要花费许多的时间和精力来照顾他。但当孩子渐渐长大，我们就应该从帮孩子做事改为教孩子做事，这样孩子才能渐渐学会许多技能，并逐渐拥有独立生活的能力。

但现代家庭多是独生子女，父母对孩子过于关爱，什么都不舍得让他做，自己甘当孩子的"奴仆"，处处为孩子代劳，对他的事情简直可以说是"包办代替"，而且还听其"指挥"，演绎了典型的"孩子呼，应勿缓；孩子命，行勿懒"！

不但如此，有的家庭甚至爷爷奶奶、外公外婆四人也成为了孩子的"奴仆"，而在这种"仆人"颇多的环境中长大的孩子极易自私自利、任性妄为、吃饭挑食、不求上进。

可见，这些由"奴仆型父母"精心服侍出的"小皇帝""小公主"无论是在心理上和生理上都不够"尊贵"。由于长期受到父母"无微不至"的照顾，孩子往往没有承担责任的能力，而且依赖性很强。不但如此，"奴仆型父母"培养出的孩子往往不懂得生活中有"不可以""不应该"等概念，他们会觉得只要自己愿意，一切事情都可以去做，而且父母应该毫无理由地满足自己的心愿。同时，他们也非常自私，内心感觉不到父母、家人及其他人的愿望和需要，仅仅关注自己的感受。

有个男孩升入了寄宿制初中。但因为之前在家被父母"伺候"惯了，生活自理能力就差得很。

入学还没几天，脏衣服就攒了一堆，看到其他同学洗衣服，他也学着把衣服泡在水里，然后倒上洗衣粉。但是，他不知道怎样洗，于是将衣服泡了很久之后，就用水冲一下完事了。可是，他发现衣服并没有洗干净，甚至有些洗衣粉还没有涮干净，衣服看上去反而更脏了。

周末放假回到家，男孩就开始抱怨母亲不能及时为他洗衣服，母亲这时候却下了狠心，硬是让孩子自己洗。可是男孩却要求母亲为他买洗衣机，把洗衣机送到学校宿舍，遭到母亲拒绝后，他竟然大闹起来，说："你们生了我，又让我到那儿去上学，竟然连洗衣服这样的问题都不帮我解决。难道要我天天穿脏衣服上学吗？"

这时，母亲才后悔以前照顾他太多了，而母亲提出要教他洗衣服时，他却闹情绪不肯学，说这是母亲应该做的，不是自己分内的事。

出现这样的状况，是迟早的事。但凡做父母的对孩子有一定的教育敏感度，都不会在孩子十几岁时，还如此"无微不至"地照顾他。遗憾的是，尽管很多父母都明白这个道理，可就是做不到，忍不住去包办代替，结果生生地把一颗可以成长的参天大树的种子培养成了温室幼苗！

今天的孩子得到父母的千般重视，并被寄予了莫大的期望。如果父母在日常生活中把自己置于孩子的"奴仆"的地位，处处为孩子代劳，那孩子还能真正成长吗？为他付出再多，寄予期望再高又能如何呢？即使他的成绩很高，知识很丰富，但一个连自己都照顾不好的人，何谈为他人付出和奉献呢？恐怕连最起码的家庭责任，他都担负不起。

父母怜爱孩子，孩子依恋父母，这本是一种天性。但是孩子若对父母过于依赖，父母事无巨细地照顾和保护孩子，反而会让孩子失去独立生活的机会，这样等于限制了孩子能力的发展，久而久之他便会变得平庸甚至无能。

照顾孩子，不等于做他的奴仆。虽说爱家庭、爱孩子的父母需要有些奉献精神，但却一定要区分奉献精神和给孩子做奴仆的区别。毫无原则地为孩子做奴仆不是奉献精神，而是奴性。而且，家庭成员间的关系是孩子见到的第一个人际关系模式，如果父母给孩子做出失去自尊和原则的反面榜样，孩子所见到的第一个人际关系模式就没有平等可言，那么他长大后也很难形成真正的自尊心、平等意识及独立性。

设想一下，当自己变老的时候，体力和精力都逐渐衰退以后，如果孩子还没有学会独自面对生活，遇到困难还是只会向父母哭泣，而父母此时已经无力再处处为他代劳，这将是怎样的一种悲哀？对于因教育方式不当，而没有教好孩子的父母，法国教育家卢梭曾这样形容他们的处境："他将因为自己的错误而流许多辛酸的眼泪，而且永远不能从哭泣中得到安慰。"希望这些话能够引起父母们的深思。

可是，父母到底该为孩子做些什么？哪些事是可以做的，哪些事不能为他们代劳呢？

第一，孩子力所能及的事，要让他自己做。

凡是孩子能力范围之内的事情，父母就不要为他代劳，而是让他自己做。如自己上闹钟，自己起床穿衣吃饭，收拾自己的房间，做适当的家务，洗自己的衣服，等等。

千万不要认为孩子还小，做起来很辛苦。其实，在年幼孩子的头脑中是没有"辛苦"这个概念的。但如果小时候在他不知道"辛苦"的时候没有学会这些，以后他知道"辛苦"后，这些事情对他来说岂止"辛苦"，简直是无尽的"痛苦"。

没有哪位父母不希望孩子以后能生活得幸福美好，但是父母若一直为他代劳，连最基本的生活技能都不教给他，就等于剥夺了孩子独自面对生活的机会。等他长大后需要自己独当一面的时候才发现，原来自己什么都不会，更别说有能力去追求成功和幸福了。所以，从某种程度上说，孩子处理生活中各种问题的能力高低，与其将来获得的幸福快乐是成正比的，爱孩子的父母一定要舍得让他自己做事，因为这是让孩子为未来的美好打下基础。

第二，对孩子有难度的事，要教他做。

有的父母也许会说，有些事孩子做起来还很吃力，甚至不太安全。如孩子学做饭，不但要与水、火打交道，还要使用煤气、菜刀。

虽然有些事情看起来有点难，但孩子到了一定的年龄后，通过学习就能掌握其中的技巧。如果父母加以指导和嘱咐，告诉他一些需要注意的安全事项，孩子还是可以完成的。但在学习的过程中，需要父母时常在旁边指导和监督，以防危险发生。

可能有的父母会感慨，费心费力地教他做，还不如自己做事简便省力呢！但教育孩子本来就需要很大的耐心，现在省心，以后会费十倍甚至百倍的心，而且还不一定把孩子教好。所以，父母不要怕麻烦，教孩子一定要有耐心。

第三，孩子在遇到困难时，要鼓励他做。

不管是成人还是孩子，生活中难免会遇到各种各样的问题。在孩子遇到困难时，父母不要想大显身手说："这可难不倒我，交给我好了！"而是应该鼓励孩子从不同的角度思考解决问题的方案，并告诉他："我相信，你一定能够做到！"

在父母的鼓励下，孩子就会有信心，并积极努力地寻求解决之道，很多时候他也许自己就能把问题解决掉了。而"奴仆型父母"这时也许会迫不及待地帮孩子解决问题，这样孩子下次遇到问题的时候根本就不会动脑思考解决方案，而是会直接找父母，让父母帮他想办法。如果父母不能解决问题，孩子甚至会埋怨父母无能。

事实上，每个孩子最初来到这个世界时，在能力上是没有太大差别的，他们同样都能学会走路说话。而之所以以后的能力会有很大差别，则是因为其后天的成长环境和受教育过程不同。所以，父母应该鼓励孩子相信自己的能力，让他拥有独立面对困难的勇气。

第四，给孩子机会，让他为父母代劳。

当孩子拥有了一定的能力，可以帮助他人时，父母就可以请他为自己代劳做一些事情，同时也应该鼓励他帮助别人。

"奴仆型父母"也许会想，不需要帮孩子做事，已经很满足了，为什么还要让孩子给自己做事呢？要知道，每一个人生来就有孝养父母的责任，虽说孩子在小的时候没有能力孝养父母，但孩子的孝道品行却需要从小培养。

如果从孩子年幼起父母就经常让他为自己做事，等他长大后就会觉得侍候父母、体贴父母是天经地义的事，做起来也很自然。

但若父母一直为孩子代劳，却从不让孩子为自己做事，等父母年老后，他就会觉得父母很麻烦：不但不能帮助自己，还要处处麻烦自己。"子不孝，父之过"，"奴仆型父母"虽然辛劳，却难以培养出贤孝的子女，当然这样的子女也难有担当精神，也难以遇到提携他的贵人，更难以在未来的社会立足与生存。到那时，将悔之晚矣。

从孩子出生起，其语言、行动、思考等各种能力都是在不断地学习和使用中获得的，处处为孩子代劳，等于剥夺孩子在生活中培养、锻炼各种能力的机会。从孩子的长远发展来看，给予孩子过多的爱并不是他的福气，孩子迟早要离开父母独立生活。所以，从小培养孩子的独立意识和能力，才是对他真正的爱护。那就请父母收起自己那双"奴仆式"的手吧！

孩子犯错，正是机会教育法的契机

古人说："人非圣贤，孰能无过？"的确是这样，每个人都难免会犯错误，孩子也是如此。犯错误本来是一件很正常的事，但是，当面对错误的时候，有的人勇于承认错误，并为错误承担后果；有的人为了逃避责任，就会极力掩饰错误，这就能区分出不同了。不过，对于孩子来说，他犯错误，正是进行机会教育法的契机，要引导他知错、认错、改错。

第一，面对孩子过错，要了解他的存心和做事动机。

对于孩子犯下的错误，我们先不要火冒三丈，而是要静下心来，了解一下他的存心和做事的动机。如果孩子是无意中犯下的错误，我们应该懂得包容，应该原谅他。比如，孩子不小心把水洒了一地，我们不要马上指责他，而是要原谅他的错误，要帮助他找到错误的根源，也许是因为地太滑了，也许是因为走路太快了。虽然孩子是无心犯下的错误，但是我们也要让他承担错误的后果。

如果孩子是有意犯下的错误，我们就应该采取适当的方法，给予引导和帮助。也许，孩子还没有认识到自己做的事情是错误的，那么我们就需要通过讲道理等方法，让他认识到自己的错误。也许，孩子明明知道自己所做的事情是错误的，还是执意去做，那么我们就需要采取相应的惩罚措施，让他改正错误，不要犯同样的错误。

比如，孩子小的时候，总是爱打人，给他讲道理，他也不听，那么，当孩子再打人的时候，我们就可以在他的小手上打一下，让他感受一下被打的滋味。孩子都有同理心，当他感受到被打是一种不舒服甚至是疼痛的感觉时，他就不会让周围人感受到同样的滋味了，自然也就不会再打人了。

当我们懂得正确对待孩子的错误时，孩子也知道我们为什么这样做时，他也就不会感到委屈、不公平，而是会有一种被尊重、被信任的感受，会更加尊重我们，会更加愿意与我们合作，愿意接受我们的教导。而且，在无形中，孩子也学会了正确对待他人的错误。

第二，引导孩子正确认识所犯的错误。

作为成年人，我们面对自己的错误，有时候因为碍于面子，害怕让他人知道，就会去掩饰错误，甚至会找很多理由来搪塞；作为孩子，他面对自己的错误，有时候因为害怕受到责备或惩罚，也会故意掩饰错误。结果，这样下来，我们不但没有改正错误，反而加重了错误。

做错事并不可怕，可怕的是不能勇于承认、改正错误。如果我们能够承认自己的错误或自己所做的不对的事情，并尽心尽力去改正，就一定能把错误改正过来，以后也不会再犯类似的错误了。其实，这就是人生的进步。

但孩子掩饰自己的错误也一定是有原因的，我们要善于发现这些原因。

孩子掩饰错误的原因可能有很多种，比如，有的孩子害怕周围人知道自己的错误而笑话自己；有的孩子总想给周围人留下好印象；有的孩子是为了逃避父母的批评或惩罚；等等。对不同情况，我们要采取不同对症方法。

对第一种情况，可以这样引导孩子：害怕被笑话，说明你有知耻心，这是好事，重要的是你要勇于正视、改正错误，真正做到"知耻近乎勇"。

对第二种情况，要让孩子明白：一个勇于承认并改正错误的孩子才会真正得到周围人的喜欢和尊重，给周围人留下好印象。所以，要及时改正错误。

对第三种情况，我们必须要改变过去的教育方式，面对犯错误的孩子，不要一上来就责备他，更不要在没有弄清事情真相之前就惩罚他，而是需要心平气和地引导他，本着"重动机、轻后果"的原则，帮助他分析犯错误的原因，以及改正错误的方法。

当然，孩子掩饰错误可能还有别的原因。那么，我们就要根据孩子的不同情况，采取不同的教育方法。所以，当孩子犯下错误时，我们要注意引导他。首先，要让孩子明白，无论是出于什么原因，掩饰错误比犯错误本身更严重。其次，要引导孩子彻底反省自己的行为，从而让他认识到错误。最后，提醒和帮助孩子改正错误。这样一来，孩子就懂得如何处理自己的错误了。有了正确对待错误的态度与方法，才能让自己不断进步。

第三，鼓励孩子做错了要勇于道歉。

一个孩子在犯错的同时，免不了都会给对方带来不便或伤害。这时候，大方而真诚地说一句"对不起"，就显得尤为重要。因为，道歉可以化解不满、化解矛盾，可以使对方感到宽慰。

当孩子因为过错而给他人带来不便或伤害时，内心就会产生内疚感。这时候，我们就要鼓励孩子勇于向他人道歉，以求得他人的谅解。

有一次，调皮的儿子误把爸爸手写的工作报告当成了没用的废纸，在空白的地方画起了画。当爸爸看到后，生气地训了儿子一顿，就独自到书房重新写工作报告了。

妈妈看到儿子很委屈，便对他说："孩子，妈妈知道，你不是故意这样做的。但是，你不知道，爸爸为了写那份工作报告，昨天一直熬夜到凌晨一点多，这是他辛辛苦苦得来的劳动成果。好了，你现在就去给爸爸道歉，以求得他的原谅吧！"

听了妈妈的话，儿子悄悄地来到爸爸的身边，说："爸爸，对不起，我不知道这是您辛苦了很久才写好的东西，我以后不会随便在纸上乱画了。"

爸爸看到懂事的儿子，摸了摸他的头，笑着说："儿子，以后想画画了，告诉爸爸，爸爸给你买图画本。好了，去做自己的事情吧，爸爸要重新写一份了。"

那一天，儿子非常安静，因为他不想打扰爸爸的工作。

在家庭中，当孩子因做错了事情而给我们其中的某一方带来不便时，另一方就要鼓励孩子勇于道歉，就像事例中的这对父母做的那样。

而今，学会道歉是孩子的必修课之一。因为一个学会道歉的孩子，无论将来走到哪里，都会受到他人的欢迎和尊重。

那么如何鼓励孩子做错了勇于道歉呢？

（1）做勇于向孩子道歉的父母。

当我们错怪了孩子，或者不小心伤害到了孩子，我们都要真诚地向他道歉。很多父母可能会有这样的担心：向孩子道歉是一件丢脸的事情，会丧失自己的威严。其实不然，我们勇于向孩子道歉，不仅可以维护面子、威严，更可以增进与孩子之间的感情。

另外，对于在这种环境中成长的孩子，学会道歉就是一件水到渠成的事情了。当孩子因做错了事情而需要道歉的时候，他就会想：爸爸妈妈犯了错误都会道歉，那我还有什么理由不去道歉呢？

（2）让孩子明白为什么要道歉。

每当孩子犯了错误，很多父母都会急于对他说："快道歉！"殊不知，这样的做法是不对的。当孩子还不知道自己错在了哪里，就要在我们的强迫下向对方道歉，这样的道歉又有什么意义呢？

因此，当孩子做错了事情的时候，我们首先要心平气和地给孩子讲道理，让他知道自己错在了哪里，给对方造成了怎样的伤害；然后，我们要鼓励他勇敢地向对方道歉；最后，我们还要引导他想办法弥补因自己的过错而给对方造成的伤害。

（3）但也别让道歉成为孩子的一种脱身法。

当孩子不愿意向对方表达歉意时，很多父母都会威胁道："你今天不道歉，就甭想做其他事情。"无奈之下，孩子只好道歉。那么，孩子就会认为，只要我道歉，就可以脱身，就可以避免很多后患。结果，道歉失去了其存在的价值和意义。

对此，我们要改变引导孩子勇于道歉的方式，不要去强迫，而是要在自然而然地情况下、以他能接受的方式，鼓励他向对方道歉，让他明白：道歉应该是发自内心的，是一种真诚的举动，有口无心的道歉不仅不能化解矛盾，反而会让对方更加失望。

第四，引导孩子做到"知过—悔过—改过"。

世上没有完美无缺的人，所谓"金无足赤，人无完人"，每个人都是在"知过—悔过—改过"中得到进步和提升的。

《菜根谭》中有这样一句话："弥天大罪，当不得一个悔字。"一个人即使犯了滔天大罪，只要懂得忏悔，也能补救这种弥天的大错、大罪。因为，当一个人能忏悔自己的错误，他自己就生出了善心，那过去的罪恶也就烟消云散了。正所谓"过而能改，善莫大焉！"只要改过了，就是最大的善了。

因此，要让孩子认识到自己的错误，再去忏悔自己的错误，最终在忏悔之后下决心彻底改正错误。改正错误的标准，就是不再犯同样的错误。如果这次改了，下次遇到类似的情形，还会再犯错误，那就等于没改。

另外，我们在引导孩子改正错误的时候，也可以从他的错误中寻找值得表扬的地方，让表扬成为他改正错误的动力。我们要掌握一些表扬的艺术，比如，掌握表扬的尺度，要与事实相符，不要让孩子感到不真实；注意表扬的方式、语气，不要让孩子认为我们是在嘲笑他。总之，我们要让孩子感受到我们发自内心的表扬，从而促使他积极改正错误。

最好的孩子不都是"别人家的"

很多父母都有拿自己的孩子跟别人家的孩子相比较的习惯，而且也会轻而易举地得出一个结论——最好的孩子都是"别人家的"。

有心理专家表示，"别人家的孩子"甚至会诱发个别孩子的心理问题，因为这样的"比较"是对孩子自尊心的严重伤害。

遗憾的是，今天很多父母总是不自觉地将自己的孩子与别的孩子相比。常听到有些父母这样对孩子说："你看××学习好又懂事，再看看你自己……"父母在说这些话时本来是希望孩子向别的孩子学习，但是结果却是伤害了孩子的自尊心。

一位妈妈对7岁的儿子说道："你看周阿姨家的亮亮，钢琴弹得多好，而且每次到家就做作业，从来不用父母催。你可好，到家就玩，又不练琴，也不写作业！"

儿子回应道："你觉得他好，就让他来做你儿子吧！"

妈妈当场被堵得没话说了。她写电子邮件向专家咨询："明明我是想给孩子树立一个榜样，让他向亮亮学习，不是说同龄人的榜样最有效吗？为什么他会这么抵触呢？"

其实这位妈妈的疑惑很好解释。

她只要换位思考一下，如果儿子说："妈妈，你看人家周阿姨，长得漂亮，又温柔，从来不骂小孩，做菜还好吃，你再看看你。"

这时，妈妈会有什么反应呢？很有可能是心里酸酸的，然后对儿子说："你觉得她那么好，你去当她儿子好了。"

孩子和成年人一样，都有自尊心。榜样只有自觉自愿地学习才会有效果，而榜样如果是由别人指出来，那和当面指出他的缺点没什么区别。所以，妈妈的话让儿子很反感。

还有些父母也喜欢比较，不过他们的目的不在于让孩子学习对方的优点，而是希望通过炫耀自己的孩子来满足自己的虚荣心。他们热衷于攀比孩子的学习成绩、竞赛排名、才艺，甚至是开始说话的早晚。这样做，看起来似乎是为孩子争得了面子，让孩子拥有了自信，但事实恰恰相反，这种比较得来的自信无比脆弱，孩子只要遇上一个比他更优秀的孩子，他的自信马上就被摧毁了。那时，他会像当初看不起别人一样看不起自己，从而陷入自卑。

其中的原因是什么呢？其实，在孩子的价值观中，优秀是比出来的，这种优秀的前提是"比别人强"，他不关注自己的真正能力，只关注名次。也就是说，即使孩子很优秀，但是只要周围有比他强的人，他就会自卑。这样，除了第一名，其他人都是自卑的；即使是第一名，也担心自己是否能永远保持这个名次。

这种比较不但会让孩子感到自卑，也会带给孩子过大的压力。

其实，真正的优秀是无法在与别人的比较中得出结果的，只有和自己相比，才能看到自己的成长与进步。那么，从孩子健康成长的角度考虑，我们是不应该拿孩子作比较的，因为最好的孩子就在我们自己的家里。

第一，认识到每一个孩子的独特性。

要意识到，自己的孩子是独一无二的。相信每一位父母都不会认错自己的孩子。但是，如果做这样一个实验：将班上的孩子集合在一起，让他们每个人在纸上写一句话，最后让父母只凭这些话，猜哪个是自己的孩子，有几个人能够猜对呢？

不得不说，我们所了解的，也许只是孩子的身体罢了；所熟悉的，也许只是孩子的那张脸。对于孩子的思想，我们又了解多少呢？一个人成长的轨迹总是遵循着他的思考模式和价值观，单从这个角度看，其实每个孩子都是不同的，因为很少有人会有一样的命运。即使从小学到大学念的都是同一所学校，名次相近，毕业之后的人生也是千差万别的。

名次总是抹杀独特性，而我们要想发现孩子的独特性，就要细心地去观察孩子，比如，孩子对什么感兴趣、孩子玩什么玩得比较好，谈到某些东西孩子总会很来劲……孩子的独特性不在于名次，而在于天性。我们要做的，就是鼓励孩子将自己天性中的潜能发挥出来，而不是为了虚荣逼孩子去争或许对他毫无意义的名次。

第二，不要用别的孩子的优点反衬自己孩子的缺点。

"你看××……"这句话可能发生在很多场景。比如，妻子埋怨丈夫赚不到钱，妈妈埋怨孩子不优秀，孩子抱怨妈妈不给自己买玩具……

不管是什么场景，对方听到这句话时，都是不愉快的。成年人之间至少还是平等的，如果意见不合可以争辩一番，但是对于孩子来说，妈妈事先就站在了一个"法官"的位置，如果妈妈总是用别的孩子的优点来反衬自己孩子的缺点，孩子怎么可能不自卑呢？

现在的孩子接触的信息多，也越来越聪敏，自尊心又很强，所以，他就会认为父母的话是在侮辱自己，从而感觉自尊心受到了伤害。

所以，我们在希望孩子改掉某些缺点时，最好是带着诚意来和孩子沟通，而不是用比较的方式来批判他。可以这样说："孩子，你看，你这个乱放东西的习惯很不好，等你想找东西时总是找不到。最好从现在开始练习将东西放在固定的地方，很快你就会发现这样做的益处了。"

很多时候，我们总是认为孩子不尊重自己，总是和自己顶嘴。其实，是我们在和孩子沟通时诚意不足造成的，如果我们给了孩子足够的尊重，孩子对我们的建议也会欣然接受的。

第三，将积极"攀比"和为虚荣攀比区分开来。

孩子需要积极的"攀比"。当父母营造出的气氛是"积极攀比"时，孩子的能力能得到最大限度的激发，他会摆脱闲散和懒惰，力争上游，不甘落后。可是当父母是为了面子而让孩子做一些无谓的"攀比"时，这时重要的不是孩子的能力与价值，而是要压过对方，这是一种消极"攀比"。

这两种"攀比"的区别在于，进行积极"攀比"时，总是希望对手更强，这样才能在"攀比"的过程中不断进步；而进行消极"攀比"时，总是希望对手多失误、差劲一点，这样才能尽可能轻松地取得胜利，无所谓进步，只有胜负。孩子会明显地感觉到父母态度的差别，在不得不进行消极"攀比"时，心中充满的不是进取心，而是焦虑感和对于失败的恐惧。

因此，建议父母不要在孩子之间作比较，并不是禁止父母鼓励孩子"攀比"。相反，积极"攀比"是需要提倡和鼓励的；同样，为虚荣"攀比"也是坚决不能做的。

我们应该从自己的心态入手，将自己的关注点从与别的孩子的横向比较中转移，多对自己的孩子进行纵向比较，看孩子的能力是否得到了很好的发展，是否比以前有明显的进步。

对手只是一面镜子，一个标尺，重要的是挑战自我。只有当我们拥有这种心态，并将其传达给孩子时，"攀比"才能向积极的方向发展，最终达到共同进步的目的。

第四，注意淡化孩子的"横向比较"思维模式。

不只是父母会将孩子进行横向比较，孩子自己也有横向比较的倾向。生活中，常常看到孩子要求父母来比较他和别的孩子。比如："妈妈，我俩谁画的画比较好看？""妈妈，我弹钢琴好，还是她弹得好？"这时，如果父母不说自己的孩子好，孩子往往不肯罢休。那么，该怎样淡化孩子这种"横向比较"的思维方式呢？

一种比较好的做法是我们将点评具体化，即避开"好"与"坏"这个问题，具体说孩子的画哪个地方画得出彩，对方的画哪个地方画得比较有神。这样一来，我们既明确指出了孩子的优点和缺陷，又回避了横向比较。

总之，无论何时，我们都不要让那个"别人家的孩子"来跟自己家的孩子"较劲"了！

不要以"期望"的名义给孩子压力

要说我们做父母的对孩子没有任何期望，那一定是假话。每位父母都会对自己的孩子报有一定的期望，但期望的内容不相同，期望的高低程度也不一样。而俗语说"望子成龙，盼女成凤"，说明期望孩子成龙成凤也是做父母的正常心理。但今天，很多父母由于对孩子的期望过高，最终导致孩子的性格畸形、心理产生疾病，甚至酿成悲剧。

对孩子寄予过高的期望，只能让孩子背负沉重负担而迈不动脚步。对此，著名教育专家孙云晓先生也曾指出，父母过高的期望值使孩子面临巨大压力，尤其是与学习有关的压力，从而导致许多孩子产生一种较强烈的焦虑心态，即"童年恐慌"。

曾有这样一则报道：

有个孩子钢琴弹得非常好，比赛经常获奖。一次，他钢琴比赛又得了奖，有记者就采访他："你现在的感受是什么？最想做什么？"孩子说："我想把钢琴砸掉。"听到这样的回答，记者和观众都愣住了……

　　其实，这只是结果。那么，原因在哪里？因为父母希望孩子以后上音乐学院，成为钢琴家。也就是说，父母对孩子的期望太高了。尽管父母为了达成这个期望，竭尽全力地为孩子提供最好的条件，但这似乎并没有按照父母期望的那样发展。

　　当一个个悲剧发生的时候，父母也很冤枉：对孩子有较高的期望有什么错？希望他以后能够有好的事业和人生，不对吗？成功人士不都是"吃了苦中苦，才方为人上人"的吗？说得没错。但父母忽视了孩子的感受，没有与孩子进行心灵的沟通，也没有及时排解和疏导孩子的压力，更没有根据孩子的实际情况调整"期望"。

　　而父母一味地强调孩子要达到的终极目标使其压力越来越大，最终无法承受，才会用比较极端的方式表达内心的脆弱。也就是说，父母的期望一旦超出孩子的承受能力，孩子不但难以进步，还会走上心灵崩溃的边缘，导致悲剧的发生。

　　那么，父母的哪些期望或伴随着期望的哪些举动会让孩子不堪重负？大致有这几种：第一，在不了解孩子喜好和能力的情况下，擅自为孩子制定目标，并要求他一定达到；第二，在孩子达成近期目标的过程中，不断强调完成终极目标的重要性，还时不时地把利害关系讲给孩子听；第三，经常拿孩子与优秀的同伴作比较，希望孩子能赶上或超过对方；第四，把孩子实现期望当成自己的生活重点，为了让孩子实现期望，父母不惜任何代价，可以作出任何牺牲，包括辞职、陪读、花高额的费用请名师等，还不时提醒孩子记住父母的付出。

　　一个心智尚未发育成熟的孩子，能承受这么多吗？相信一个成年人面对如此大的期望时，都会有重重压力，调节不好也会生病，何况一个孩子？

　　既然如此，那是不是我们干脆就不要对孩子有任何期望了？当然这也是一种极端。其实，对孩子的期望，要有，但要有度，要合理；对孩子，不逼迫，多沟通，多排解压力。

第一，对孩子性格、能力、潜力各方面有充分了解和判断。

我们在对孩子有期望之前，应该充分了解孩子。了解的过程不是简单而粗略的，而是要通过孩子的行为举止、语言表情，或者经历任何一件事情后的反应去分析孩子的性格特征、心理承受能力、智力特点、发展潜能等基本情况。在全面了解之后，我们才不会盲目地对孩子有不切合他实际情况的期望。

比如，孩子并没有对音乐表示爱好，我们就不能期望孩子一定要成为音乐家；孩子心灵脆弱、承受能力较差，父母就不能用强硬的态度逼迫孩子完成期望。总之，父母要尊重孩子的个体特征，否则对孩子的期望不但起不到激励作用，反而可能"逼坏孩子、累坏自己"。

第二，根据孩子的潜能，帮孩子确立适合的近期目标。

孩子长远计划的实现是要靠每一个近期目标达成支撑的，近期目标没有实现，终极目标就更难实现了。因此，父母不要给孩子增加无谓的负担，我们能做的就是根据孩子的潜能，帮他制定适合自己的近期目标，并鼓励孩子去完成。孩子一旦完成了近期目标，离终极目标就又近了一步。

不要借着"期望"的名义，给孩子无形的压力。

有的父母往往在期望的背后有一些不妥的心态和举动，从而导致孩子无法承受。因此，我们要了解孩子、理解孩子，在孩子确立目标、实现目标的过程中鼓励他、引导他，少给他增加无谓的压力。最终，实现孩子自我期望和父母期望的完美结合。

一位妈妈很希望女儿能考入中央美术学院。女儿上初中后，就总能听到妈妈说："别忘了你的目标是中央美院啊！现在要是不努力，6年后，要是考不上，后悔莫及。"

这位妈妈说得不能算错，但是，错的是她经常这样说。女儿终于忍不住说："烦死了，中央美院，中央美院，天天都是中央美院，还早着呢，谁愿意考谁考去！"

其实，当我们一次告诉孩子名校目标的时候，孩子会因为有了努力奋斗的目标而心潮澎湃。但是，如果天天强调这个终极目标，孩子不但不会觉得这是动力，反而会认为这是压力。因此，我们要拿捏好这个期望的度，过与不及都不是好事。

另外，我们最好不要为了让孩子实现目标而转移自己的生活重心，比如，辞职陪读、花大笔钱财为孩子找老师……仿佛父母活着的意义就是为了孩子，这种压力谁都难以承受。在孩子的人生道路上，我们始终起到的是辅助作用。不要给孩子增添无谓的压力，更不能把自己的存在价值作为筹码压在孩子身上，孩子无论如何也承受不起。

第三，根据实际情况，及时调整对孩子的期望，使之更合理。

曾看过一个关于老母鸡和小鸡崽的小故事：

一只老母鸡领着一群小鸡崽出去玩儿，它们来到水塘边，正好看到一群小鸭子在游水。

老母鸡就对小鸡崽们说："孩子们，你们也下去游水吧，跟小鸭子们一块游！"

小鸡崽们着急地说："妈妈，我们不会游水啊！"

老母鸡也着急了："笨蛋，人家小鸭子那么小都会游水，你们怎么就不会呢？我生你们有什么用？我花了21天才把你们孵出来，还这么辛苦地带你们，你们却连水都不敢下！真是太让我伤心了！"

小鸡崽们都非常委屈，它们真想问问老母鸡："妈妈，您会游水吗？"

不过，它们当然不敢问，如果问了，老母鸡可能就会更生气，甚至会大发雷霆，扑打着翅膀呵斥它们："反了，还敢跟我顶嘴！看我不啄你们……"

看，老母鸡让小鸡崽们去游水，显然是不现实的，这种期望不可能实现。想想，自己都不行，为什么却要求孩子一定行？自己是个凡人，却要求孩子成为超人，可能吗？所以，对孩子的期望一定要合理，要现实。而孩子是否能够达到，还要看孩子迈向目标的每一步走得是否到位。如果通过孩子的努力实践，我们发现当初的目标定得过高后，就要从心态上调整期望值，使之更合理，并暗示孩子"可以退而求其次"。这样，孩子也不会觉得期望难以达到，我们也不会觉得孩子不争气。

孩子实现目标的过程是一个动态而变化的过程，也是我们深入了解孩子，或者孩子深入了解自己的过程。所以，遇到问题及时调整是非常必要的，万万不可不管实际情况过高地要求孩子。

赏识教育是一把"双刃剑"，不要让它伤了孩子

近些年来，赏识教育盛行，很多父母仿佛得到了教育的秘诀，纷纷投入实践。

但是一部分父母只知其然不知其所以然，盲目效仿，整天将对孩子的称赞挂在嘴边。于是一个有趣的现象出现了：孩子芝麻大的优点被无限放大，不是优点还要被说成优点，明明犯了错误，父母还不敢直说，却暗自告诉自己他以后一定能改正……从中不难看出一点自欺欺人的意味来。

结果呢？事与愿违，孩子的成绩平平，其他方面也没有明显的进步，甚至还多出了很多新毛病。问题到底出在哪儿呢？

有人曾说："赏识是一种爱的表现，它不是虚情假意地作秀，也不是毫无原则地包办、溺爱，更不是功利性地激励，而是发自内心的关爱与期待。"这句话说得太好了，孩子需要表扬，但表扬应该是父母发自内心、没有造作的表扬。而那种过于功利性的赞美只会适得其反，甚至引导孩子走向误区。

一个7岁的女孩学习钢琴，妈妈担心她失去兴趣，所以总是以奖励或表扬的方式激励她。

一次，妈妈带她去学琴。学琴时，女儿弹完后，老师只是和她交代了这首曲子产生的背景、故事，然后又问了她的一些想法，并没有对她的弹奏进行评价。

妈妈很疑惑，问及老师原因后才知道，原来不作评价，是免得孩子只是为了得到表扬才去弹琴，而破坏她对钢琴本身的兴趣。

仔细思考老师的这番话，其实很有道理。很多妈妈怕孩子失去学习的兴

趣，不得已用物质奖励或者赞美激励孩子，结果很多孩子主动做一件事的动力就是为了得到表扬。可是当有一天孩子对这些表扬出现"审美疲劳"，产生厌烦的情绪时，不知道他的兴趣还能坚持多久？

一位妈妈经常用夸奖的方式激励女儿，从小就如此。

如今女儿已经6岁了，妈妈发现了一个问题，不管她做什么，都喜欢比赛，而且还一定要赢。如果输了，就闷闷不乐。如果比赛中途发现比不过人家，她就说："你们跑吧，我不跑了。"以这种方式退出比赛，但从她的目光里还是能看出她很想赢。

这位妈妈平时只注重表扬女儿的结果，却忽略了过程，所以使孩子认为"第一"很重要，而且他害怕失败，害怕没有掌声和鲜花，其承受失败的能力也比较差。

有个13岁男孩刚上初中二年级，妈妈的教育方式一向以表扬代替责备。男孩学习成绩也一直很好，可是性格却越来越忧虑，而且非常害怕考试。

当问及男孩原因时，他说："害怕自己考不好，落到前三名以外。"

问男孩为什么这么在意成绩时，他说："我怕对不起爸爸妈妈，让他们失望，使他们在亲人面前没有面子。"

这个成绩名列前茅的男孩，由于长期生活在父母和亲人们的表扬中，从未尝过失去表扬的滋味。所以他害怕失去别人的肯定，也因此背负着很大的心理负担。由此可见，过度夸奖很可能会增加孩子的心理压力，导致他心理脆弱，甚至遇到事情失去信心。

著名教育家陈鹤琴先生说："小孩子是喜欢称赞的。这种称赞心，我们做父母的教育小孩子时应当利用。然而不可用得太滥，一滥就失掉了效用，反不如不用。"还有心理学家在经过研究后也发现，如果孩子一直只听到众多赞扬之声，那么他就很容易变成谁也碰不得的"小霸王"，听不得别人的一点批评，受不得一丁点儿委屈。这样的孩子无法面对挫折，更无法应对可能出现的各种问题。而且，有的孩子还可能为了获得父母赏识而做出过激行为。

赏识孩子是好事，但是需要原则，要适度，而无原则的、过多过滥的赏识甚至会成为一种"精神鸦片"，只会腐蚀孩子的内心世界，让孩子自大、任性。所以，从某种意义上说，赏识教育是一把"双刃剑"，要会用，而不要让它伤了孩子。

那么，赏识的原则是什么？如何让赏识教育发挥最好的作用？

第一，赏识一定是发自内心的。

一些父母反映："赏识在我家孩子身上不管用，他不吃表扬这一套。"如果真是这样，父母就要认真反省自己的态度了。

一位妈妈在学习了赏识教育后，决定改变以前的教育方式。回到家，无论女儿做什么，她都说："女儿，你太棒了，简直太聪明了！"

一天下来，女儿感觉莫名其妙，晚上终于忍不住了，把手放在妈妈的脑门上，说："妈妈，您今天没发烧吧？"

妈妈突如其来的表扬会让女儿觉得难为情，夸多了还可能会觉得妈妈很虚伪，甚至使她认为这是一种羞辱和讽刺，所以最后引起她的反感情绪，原因就是妈妈没有发自内心地赏识女儿的优点。

如果每位父母都能发自内心地赏识孩子，就是口头上不表扬他，哪怕一个温柔的眼神、一个会心的微笑，他也能感觉得到父母的爱。

一个女孩非常喜欢弹钢琴，她说："我一天最快乐的时光就是弹钢琴，因为爸爸妈妈喜欢听我弹。"

原来有一次，女孩在屋里练琴，弹完后，屋里静悄悄的。女儿猛然一回头，发现爸爸妈妈倚在旁边静静地听，妈妈的眼里含着泪水。

女孩被吓到了，问："妈，您怎么了？我哪里弹错了吗？"

妈妈笑了笑说："没有，我是被你的曲子打动了，你弹得太好了，把我们一天的疲劳都赶走了。"

妈妈真心地赏识女儿，才会为她所弹奏的乐曲所感动。这种真心的赏识相信要比单纯地说 100 句"你弹得真棒"更能起到激励的作用。

因此，我们还是要从内心深处，学会用欣赏的眼光看待孩子，相信那样会收获更多的意外和喜悦。

第二，真实地表扬孩子的行为。

表扬讲求场合和方法，如果父母一味表扬孩子"你真棒""你真聪明"，甚至给他"戴高帽子"。这种夸张的赏识，只会增加孩子的负担，使他的进取心转化成担心、害怕，所以孩子才会有中途放弃的情况。可见，简单随意的表扬不等于赏识。

其实，赏识教育不光是让孩子有赢的信心，还要让孩子输得起。父母要让孩子明白一个道理，"第一"并不是最重要的，只要努力了就是好样的，重要的是过程中的收获。当孩子失败了，父母也不要责备他，相反要鼓励他再接再厉。

此外，表扬的对象应该是孩子的行为，而不是孩子本人，比如，女儿给妈妈捶腿，妈妈夸女儿"你真是个懂事的孩子"，就不如夸她"手劲儿刚好，妈妈感觉舒服多了，你真是个孝顺的孩子"。这样孩子就会知道帮妈妈捶腿是孝的行为，有孝心是好的。

当然，对于年龄小的孩子，父母的表扬一定要及时，这样才会调动起他的积极性。

第三，夸奖的语言要适量。

不吝啬对孩子的称赞，对父母来说都是不难做到的，但如何才能把握好度才是关键。因为夸奖就像是糖，是孩子生活中必需的调味品，但多了，就会甜得难受。

一般情况下，当孩子努力地完成某项任务或取得好成绩时，他应该得到赞美。但同一件事，我们不要重复赞美。当他养成良好的习惯后，我们就可以适当地减少这方面的赞美。另外，当众赞美孩子也要谨慎，避免让他产生傲慢的心理。我们还要注意不要试图用表扬来遮盖孩子生活上和学习上的不足，要让他清楚地认识自己的优缺点，这样才有益于问题的解决。

第四，赏识孩子的努力而不是聪明。

赏识孩子原本是为了激励孩子发挥潜能。然而，当孩子经常听到我们对他的聪明表示赞许时，难免会变得骄傲起来。而我们如果很赏识孩子的勤奋和努力，孩子就会通过正确的方式把自己的优势全部发挥出来。所以，我们要懂得赏识孩子的努力并非聪明。

有一对姐妹，姐姐比妹妹大 3 岁，妹妹常常表现得聪明伶俐、活泼可爱。

父母也对小女儿表现出的聪明表示惊讶，同时又免不了一番赞赏。时间一长，全家的眼光都关注在小女儿身上，致使小女儿越发活泼，甚至有点目中无人，而大女儿总是安静地坐在一边，一副对周围一切漠不关心的样子。

随着两个姐妹的长大，性格差异越来越大。妹妹虽然聪明，但逐渐表现出蛮横无理，姐姐却显得有点自卑，而且不善于和他人交往。直到姐妹俩的父亲在书店里了解了一些教育方面的书籍后才发现，两个孩子的问题大部分出在父母身上。

父亲经过一段时间的观察，发现小女儿做什么事情都期待赞扬，而他和妻子每次也"成全"了她。而夫妻俩长期对小女儿的赞赏，从而忽略了对大女儿的关注，其实大女儿并不笨，只是获得的赏识太少。

经过反思，父亲和孩子的母亲一起渐渐不再对小女儿说"你怎么这么聪明"等类似的语言，反而，当大女儿在任何方面取得进步时，他们都会关切地说："不错！原来我们的女儿这么努力！"家庭气氛的转变，使两个孩子都逐渐意识到，父母不再关注谁更聪明，而是注重谁最努力。

于是，姐妹俩争先在学习、德行等方面努力起来，姐姐慢慢地自信多了，而妹妹也把注意力转移到如何更努力上。两个人齐头并进，性格逐渐随和、阳光起来，姐妹俩也越来越受大家欢迎。

姐妹俩之所以有很大改变就是在于父母对他们赏识的转变。父亲明白了赏识孩子的努力远比赏识孩子的聪明更重要，因为"努力"是孩子可以落实的方向，而"聪明"却是一个看不见、摸不到的空壳，还很容易让孩子迷失方向。

我们都听说过"聪明反被聪明误"这句话。孩子聪明本来是好事，怎么又会被聪明给耽误了呢？主要原因就是孩子迷失在聪明的赞许中无法自拔。而又听说过"笨鸟先飞"或"早起的鸟儿有食吃"等名谚，这都是说明一个人一生的成败在于努力的程度而不是聪明的程度。

我们可以问自己，希望孩子在"聪明"的赏识中一无是处，还是希望孩子在努力的过程中获得幸福和成功，相信我们都会选择后者。所以，孩子的努力，比聪明更重要。

对此，我们要注意以下几点：

（1）理智看待孩子的先天优势。

每个孩子在刚出生不久就会把自己独特的天赋表现出来，我们只要频繁和孩子接触并细心观察，就一定能发现孩子的先天优势。作为父母，我们不仅要引导孩子认识自己的天赋，还要预防孩子在优势中骄傲自满。所以，要理智看待孩子的优势，既不能粗心到发现不了孩子的天赋，又不能过分认为孩子的优势是独一无二的。只要我们的心态平衡了，对孩子的赏识就是自然和合理的，孩子也不会因父母的赏识而找不着"北"。

（2）不过分赏识孩子的外表。

对于孩子的外表、体形、面貌等先天的遗传基因的优势，不可过分赏识。我们对孩子外貌的夸奖，不但会无形中增加孩子的傲慢心，而且孩子也会瞧不起那些外表不是很突出的同伴。孩子的这种心理对他的人际交往有很大的阻碍，而且容易把原本的优势转变成劣势。

所以，与其赏识孩子漂亮，不如夸奖孩子的微笑很温暖，夸奖孩子有礼貌等。因为外表不是孩子自己努力得来的结果，而礼貌和微笑是孩子良好行为的表现。我们如果这么赏识他的微笑、礼貌了，孩子也会在我们的肯定声中做得更好。

（3）不要把"你很聪明"常常挂在嘴边。

孩子头脑聪明是好事，无论大人还是孩子，都会为自己聪明而感到自信和自豪。但是，我们总是对孩子说"你很聪明"，久而久之，孩子做任何事情都希望得到别人对自己聪明的赏识。而且，孩子一旦做事成功就以为是自己聪明的结果，一旦失败，就会怀疑是不是自己不够聪明了。这样，孩子很难把成功和失败的真正原因找出来。

当然，孩子都愿意别人夸他聪明。有的学习优异的孩子为了得到聪明的"头衔"，常常在同伴面前装作不怎么努力的样子，但回到家里却拼命地学，以保证良好的成绩。这样，自己不但不能有效合理利用时间，而且一旦被识破还会招致"虚伪"的名声。

有的学习成绩不好的孩子，听多了别人对自己聪明的赏识，总会认为：

我很聪明，我只要学习起来，绝对成绩优异。然而，他就是在这种错觉中浪费了时间和青春。因为，他过分认为自己的聪明，从而很难有真正"学起来"的一天。

所以，父母不要把"你很聪明"常常挂在嘴边的话，要在孩子取得进步时说："这是你努力的结果！"这样，孩子会清醒地面对自己的成败，也会知道自己该如何扬长避短。

（4）不是绝对不夸孩子聪明。

有的孩子天生不是很聪明，自然很难听到父母和老师对他的赞许，甚至还有可能听到"你很笨"的评价。这样，孩子很容易认为自己真的很笨，有了这种心理暗示，他在做事的时候很难放开手脚，不容易有成功的体验，容易有自卑倾向。

那么，对于这样的孩子，我们首先要给孩子能"够得着"的任务，在孩子体会到成功的甜头时，毫不吝啬地告诉孩子："你很聪明！"这种赏识是帮助孩子重新认识自己，孩子不至于在"自己很笨"的误区里自暴自弃。

一个女孩反应不快而且做事拖沓，经常会遭到别人的埋怨和责备。她为此感到自卑，在学校不敢举手发言，下课也不和同学玩，在家里更是闷闷不乐。父母为了让孩子自信起来，就在一个周末把她独自留在家里，让她尝试整理自己的房间。

接受任务后，她精心布置起自己的小天地，还特意折了很多纸鹤串起来挂在窗户上。父母回来时，看到孩子布置的房间和美丽的纸鹤，真是喜出望外，连声称赞："真漂亮！你很聪明！"孩子听到父母的赞美，露出了甜甜的笑容。

从此，她和父母的交流多了起来，父母也有意识地针对她的每一点进步大加赞赏，还鼓励她参加学校举行的手工制作展览。于是，她把很多纸鹤"组装"成一只色彩斑斓的大纸鹤，并作为作品展出，没想到，她的大纸鹤得到了同学和老师赞许。之后，她性格慢慢开朗起来，各科成绩也上去了，最后以优异的成绩考取了美术学院。

我们让自卑的孩子知道"你很聪明"之后，还要鼓励他不断努力，在努力中感受自己的价值。其实，这个世界上没有笨孩子，"笨"只是孩子在某一方面表现出的不足。我们对孩子的赏识会让孩子清醒而理智地看待自己，并把自己的长处发挥出来。

（5）让孩子明白努力比聪明更有用。

我们要让成长过程中的孩子知道努力比聪明更有用。当孩子在某一方面取得进步和成绩时，我们要及时给孩子分析原因，让他明白：对一件事情的重视和努力，是获得成功的关键，而不是把主要原因归于运气、智商等非努力因素。

反之，当孩子失败时，我们也要帮他学会自我反省，因为只有反省，才会有努力改进的空间。如果孩子都把失败的原因总结到客观因素上，又怎么能通过努力转败为胜呢？

所以，我们在平日里就该"淡忘"孩子的聪明，并把注意力放在孩子的努力上。当孩子常常听到说"不错，这正是你努力的结果"时，孩子就能感觉到我们赏识的是自己努力的方面而不是聪明的表现。所以，孩子就知道自己人生的方向是不断努力，而不是不断展现自己的聪明。如此，孩子将会不断进步。

第五，不要因为赏识教育而不再批评孩子。

赏识教育是必要的，但并不是说，有了赏识教育，就可以没有批评教育了，或者说，因为赏识教育提倡表扬孩子，于是就不再批评孩子了。这其实是一个误区。所以，当孩子做错了，需要受到批评的时候，我们也不能去"吝啬"自己的批评。不过要注意一点，批评还是就事论事，不是针对孩子的人格，不要去"翻旧账"，不是严厉地呵斥，更不是吼叫与打骂。当然，父母在批评孩子的同时，也要及时表达对孩子的爱，告诉他，批评他是因为他做错了，是为了让他得到更好的成长，而不是父母不爱他了，我们会一直爱着他的。

最后，再次提醒与强调：赏识孩子绝对不是简单的"你很棒"，也绝对不是整天让孩子泡在赞美里。相反，父母赏识孩子的出发点应该是"我相信你行"，给孩子信心和勇气，让他在赏识的力量下慢慢产生"我能行"的意识。

同时，父母要把握好真诚、真实、适度的原则，孩子的潜能才会被真正发掘出来。

对孩子的学习要善于启发，而不是强行"灌输"

孔子曾说："不愤不启，不悱不发。举一隅不以三隅反，则不复也。"意思是说，学生如果不经过思考并有所体会，想说却说不出来时，就不去开导他；如果不是经过冥思苦想而又想不通时，就不去启发他。如果他不能举一反三，就不要再反复地给他举例子了。

这是孔子的教育思想，也是现在的父母们应该引以为戒的警语，即要对孩子严格要求，先让他积极思考，再进行适时启发。

在孩子学习的问题上，他才是主体，是应该动手、动脑主动探索、求教的一方，而我们只是孩子的引导者、启发者，不能代替孩子决定他应该学什么、怎样学及必须要达到何种程度等。

可是，有些父母却将孩子的学习当成了自己要完成的任务，并把学习看成是孩子唯一的人生出路，看成是他将来通往功成名就的桥梁，而且还将孩子一生的幸福与之画上了等号。在这种功利心的驱使之下，这些父母选择了忽视孩子的感受，剥夺他的主动权，一方面不断给孩子增加学习量和学习难度；另一方面又不停地代替他解决学习上的各种问题。

请仔细想一下，在这个无异于父母自问自答的过程中，孩子得到了什么？是快乐和幸福吗？是真正的成长吗？不是，除了身心的疲惫，孩子得到的只是一些已经被父母嚼烂了的、毫无味道的"残羹冷炙"！孩子很可能会因此失去勤于动手、动脑的能力，也会失去对学习的兴趣，进而不肯再在学习上下功夫了。

所以，不要再做孩子学习上的灌输者了，而是应该努力做他的启发者！启发孩子学会思考，唤起他的学习热情，激发他学习的主动性，使他能尝到学习的乐趣。当孩子真正喜爱上学习之后，他就不会再把学习看成是负担了。

教育的本质，不是把大脑装满，而是把心灯点亮；不是灌满一桶水，而是点燃一把火；不是知识的灌输，而是智慧的唤醒。

那么，如何才能做好孩子的启发者而不是"灌输者"呢？

第一，顺应孩子天性，不强制他所有时间都学习。

王阳明先生曾说："大抵童子之情，乐嬉游，而惮拘检，如草木之始萌芽，舒畅之，则条达，摧挠之，则衰萎。"意思是说，孩子天生喜爱嬉戏玩乐，而害怕被拘束，就像刚要萌芽的小草，顺应它的成长，它就会蓬勃地向上生长，摧残、阻挠它，它就会逐渐衰败。

可见，如果我们不顺应孩子的天性，总是对他进行"填鸭式"教育，强制着他将所有的时间都用在学习上，无疑是在做揠苗助长的事情，其结果就是孩子越来越讨厌学习，越来越缺少学习的主动性。

所以，我们不宜额外加重孩子学习负担，如报各种课外辅导班、让他做大量的习题等，也不应该在孩子写作业时全程陪在他身边，替他解决所有问题……

在这点上，最好的做法是为他创造良好的学习环境，点拨他的疑问，为他指引努力的方向，而不是给他提供现成的答案。

第二，掌握提问的艺术，启发孩子的各种能力。

在提示、启发孩子时，如果掌握了提问的艺术，知道该怎样向孩子提问题、怎样启发他提出疑问、如何与他进行讨论等，就可以帮助孩子对问题进行深入思考，从而实现启发孩子的最终目的——让他拥有独立解决问题的能力。

比如，当孩子对某种事物产生了探寻的兴趣时，就可以自然地问出如"你从中观察到了什么""这和你想的一样吗"等类似问题；当他对此事物有了一定的了解时，可以问"这是怎么回事呢""如果不是这样，那会出现怎样的情况"等问题。当他得出了自己的结论时，我们还可以就他的结论加以提问，提示他对得出的结论加以审视和确认。

此外，孩子在与父母互相提问、互相讨论的过程中，他的想象力、思考力、表达力等都得到了不同程度的锻炼与发挥，这对他的学习和成长都是非常有好处的。

第三，要适时地去赞赏孩子，使他获得成就感。

先讲一个小故事：

一天晚饭后，4岁的儿子拿着他心爱的童话书来到妈妈跟前，要妈妈给他讲《三只小猪》的故事。妈妈将儿子抱在怀里，绘声绘色地为他讲起了故事。

讲完故事后，妈妈问儿子："三只小猪中谁盖的房子最牢固？"

儿子回答说："猪小弟盖的最牢固。"

妈妈又问："猪小弟为什么能盖出牢固的房子呀？"

儿子想了想说："因为他勤快、认真！他的两个哥哥都太懒了。"

妈妈竖起大拇指，笑着对儿子说："你答对了！那我们是不是也应该向猪小弟学习，做事的时候要勤快、认真一点呢？"

听了妈妈的话，儿子笑着点了点头。

这位妈妈利用给孩子讲故事的机会，通过巧妙的提问启发孩子去思考问题，并在他回答出问题后，及时给予了他应有的赞赏。这使孩子获得了不小的成就感，也让他以后会对类似的事情，如学习、思考等更感兴趣。

我们也可以像这位妈妈一样，趁机提醒孩子要向那些拥有优秀品质的好榜样学习，这是很好的启发孩子的方法，可谓是"寓教于乐"了。

第四，读经教育与"填鸭式"或"灌输式"教育不同。

前面讲了读经典教育，可能在一些人看来也是"填鸭式"教育或"灌输式"教育，其实不然。

填鸭，是为商人在卖鸭子之前，给鸭子使劲喂食，即使鸭子吃不下去了，也要使劲再塞一些，以增加鸭子的重量。把"填鸭"借用到教孩子学习上，就是硬逼着孩子去学习他还学不来的东西。但"读经典教育"跟"填鸭式"教育是不同的，读经典就是让孩子诵读经典，在没有任何压力的情况下，孩子们轻松快乐地读经典，在记忆力最好的年龄把经典熟读成诵。

孩子在记忆力好的年龄是一定要吸收东西的，不让他背经典，他就会背广告，总之他不会闲着。很多孩子热衷于复述广告，因为他们都有强大的吸收力和学习的热情。读诵经典跟复述广告是一样的道理，都是孩子在记忆力的最佳发展阶段来做的，而读诵经典对孩子来说，是一件"正事儿"，因为他需要吸收，需要储存，所以不能说是"填鸭"。

填鸭，是填了很多食，而那些食物是鸭子不需要的。但孩子不一样，他的记忆力非常好，不记这个，就记那个，在这个时候不让他通过读诵的方式记几部经典，又让他去记什么呢？难道仅仅是儿歌吗？等他长大了，他有经典在大脑中，他的理解力也有高度的发展了，他就能在生活和工作中自然地对经典进行"反刍"，最终理解，并能有所悟，还能灵活运用，指导他的人生，这一点，儿歌做得到吗？

现在想想，是不是我们对小时候五六岁、六七岁时记的一些东西还很熟悉呢？但如果仅仅是儿歌又有什么价值呢？所以，我们应该有所反思，除了儿歌之外，孩子还可以吸收更有营养的东西。

现在的课程，有需要理解的，也有需要背诵的。那么，我们就要知道，该理解的课程就去让孩子理解，该记忆该背诵的课程就一定要让他去记忆背诵；还要知道，哪些是孩子现在就用的，哪些是给孩子的未来人生智慧打基础的；更要知道，经典可以开发孩子的人性、品格与智慧，而这也正是教育的关键，如果忽略了这一点的话，那就培养不出真正的人才。

希望这些话能打消我们的疑虑，让我们生起对经典教育的信心。

"养不教，父之过"，父亲教育一定不容缺失

虽然这本书是写给"父母"看的，但我确信，读这本书的妈妈会比爸爸多，因为一般的观念都认为，教育孩子是妈妈的事，而爸爸则只管在外面挣钱即可。有这样的认知观念，就会产生这样的结果：读家庭教育书的爸爸会相对少很多。所以，我在这里要特别强调一下这个主题——"养不教，父之过"，父亲教育一定不容缺失。

古代启蒙经典《三字经》说："养不教，父之过。"如果生了孩子，只知道养活他，而不去教育他，那就是父亲的过错，是做父亲的失职。如果你总是以这样或那样的理由拒绝履行对孩子的教育职责，孩子就会因为父亲教育的缺失而一生都缺"钙"。

孩子是需要父亲的爱的，没有父亲的爱，或者说，孩子感受不到你的爱的话，他就会认为父亲是没用的。我曾听到一对母女之间的一段对话，也许可以说明这个问题。

一个四五岁的小女孩问："妈妈，我是您生的吗？"

母亲回答说："当然是呀，我的宝贝儿！"

小女孩又问："那哥哥是谁生的呢？"

母亲笑着说："傻孩子，哥哥当然也是我生的呀！"

小女孩有点不懂了，她眨眨大眼睛，有点失望地说："连哥哥也是妈妈生的，那要爸爸还有什么用呢？"

这看起来就像是一个小笑话，可是，你能笑得出来吗？

可能，会有一丝愧疚萦绕你的心头。孩子出生后，第一个生长的环境就是家庭，而父亲和母亲就是孩子义不容辞的第一任老师。其实，父亲和母亲对孩子的成长有着同等重要的作用。从某种意义上来说，父亲的作用可能比母亲更大。

孩子的成长是不可逆的，孩子的童年"不二来"，所以，即便父亲再忙，父亲也要给予孩子更多的、及时的、深度的陪伴。比如，经常回家和孩子一起吃晚饭。有父亲在，孩子就会有安全感。

没有人天生就是优秀父亲，优秀父亲都是学出来的。所以，作为父亲，如果不想让孩子缺少父亲教育，那就好好学习为孩子的教育付出吧！

可能很多父亲都会有很多理由来解释父亲教育的缺失。但是，你有没有想到，孩子那孤独的眼神会让每一位母亲心碎。因为，缺少父亲教育的孩子就好像是一个孤儿。也许你认为这夸张了，其实，一点儿都没有夸张。

虽然在某种程度上说，父亲教育决定孩子的一生，但是孩子并不是一生都需要父亲陪在他身边教育他。德国著名教育家卡尔·威特曾明确指出，孩子需要父亲陪在身边最多只有 10 年。他说，孩子在 8 岁前，父亲主要是做风筝的，他需要做的事情就是，保护孩子的身心健康。当孩子成长到 8 岁以后，父亲要做的就是放飞风筝了。但事实上，今天绝大多数母亲把教育孩子当成了自己的天职，而且，绝大多数父亲也认为教育孩子是母亲的事，而与自己无关。不知道做父亲的想过没有，缺少了父亲的关怀和爱，孩子能健康成长吗？

每一位父亲都应该知道，孩子刚刚出生时，就与父亲产生了强烈的依恋之情。你可以回忆一下，当你出现或在场时，孩子是否会注视着你，是否会表现得异常活跃，是否渴望被你拥抱？所以，父亲都应该重视自己对孩子的作用与影响，尽到做父亲的责任。

一份权威研究报告指出：在一天中，与父亲接触多于两小时的男孩子，比起那些在一星期之内与父亲接触不到 6 小时的孩子，人际关系更融洽，从事活动的风格更大度，并且具有强烈的进取心和探索精神。而且，与父亲充分交流的孩子，其性别特点会更鲜明：小男孩与父亲交流多，看起来就会更像个男子汉；而小女孩与父亲交流多，看起来则更像个小淑女。

还有一份调查：英国牛津大学曾以 1958 年出生的 17000 名孩子为对象，对他们的成长发育全过程进行跟踪调查 33 年，结果发现，在那些爸爸积极参与孩子发展和教育的家庭长大的孩子，无论是学习成绩，还是社会生活和婚姻生活都比其他孩子更胜一筹。

看，这就是父亲教育的作用。

每一位父亲都深爱着自己的孩子，都希望他能健康快乐地成长，过上幸福的人生。但是，你想过没有，孩子的幸福人生是一下子就能得来的吗？当然不是，这需要你的付出，需要你的教育与培养。所以，不要以这样或那样的理由拒绝履行对孩子的教育职责。

孩子在成长过程中缺少父爱，也就是父亲的角色缺失或弱化，将给孩子带来不安全感，会让孩子感到孤独和焦虑；缺乏父亲教育的孩子情绪极易变得异常，容易产生攻击行为，甚至会走上犯罪的道路；孩子缺少父爱，容易形成性格缺陷，甚至产生心理疾病；另外，缺少父亲教育的孩子，还容易产生恋母情结，而且比较难以转变。

父爱缺失是孩子成长中的隐痛，是家庭教育的缺陷，将会给孩子的一生带来无法弥补的遗憾。美国心理学家格塞尔曾说："失去父爱是人类感情发展的一种缺陷和不平衡。"可见，父亲对孩子的教育作用不可替代！

所以，在教育孩子这件事上，父亲不要把自己"边缘化"，不要再做教育孩子的"二线"辅助者，而要迅速投身到"一线"中，用爱、关怀和良好的情绪去感染孩子，让自己的言行举止去影响孩子。

第七章

勉励孩子，更要提升自己

到这里，这本书也就接近尾声了。在本书的最后，我想特别送给为人父母者几句话，希望我们都能透过这几句话来勉励自己，提升自己，当然，也最好能把这几句话的人生智慧与教育哲理传递给孩子，最终达成全家人一起进步、一起成长的良好局面。

掌控情绪，才能掌控未来

有句话说，"掌控情绪，才能掌控未来"，我深以为然。很多读者也表示，这句话对他们的启发很大，并决心改掉自己的坏情绪，变得理性一些，尤其是在教育孩子的时候，更是不能做情绪的奴隶，而要做情绪的主人，不要让孩子感觉到父母在教育他的时候是在对他进行情绪的发泄。

其实这句话，不仅仅是对为人父母者说的，也是对孩子说的。或者说，当父母掌控了自己的情绪，就能掌控自己的未来，也能掌控孩子的未来；而如果父母再把这句话的真谛传给孩子，那么，孩子也会从这句话中受益无穷。

我们可能都有这样的经历：孩子犯错的时候，我们本想冷静地和他谈谈，但是由于情绪激动，交谈变成了批评；工作中，遇到问题的时候，我们本想冷静解决，但一时冲动，让不该说的话脱口而出，既得罪了同事，又没解决问题……冲动，曾让我们吃尽了苦头，但到了某些时候，我们又充满了"冲动的勇气"。

当我们冲动的时候，孩子也看在眼里记在心里，当他遇到问题的时候，他也任由情绪主宰他的大脑。于是，冲动就这样"遗传"了下来，孩子也成为一个不够理性的人。

为了避免这种情况的发生，我们应该试着去掌控自己的情绪，尽量保持情绪稳定，并将掌控情绪的方法也传递给孩子。

第一，及时对坏情绪"叫停"。

心理学上有个著名的情绪连锁反应案例——"踢猫效应"：

一家公司的董事长有一次因为超速驾驶而被警察开了罚单，结果那天他迟到了。气愤至极的董事长就将气撒在了销售经理身上，他把销售经理叫到办公室狠狠地训斥了一顿。

挨了一顿训的销售经理也憋了一肚子气，回到自己的办公室就对秘书好一番挑剔。

平白无故受到牵连的秘书也觉得窝火，于是，就开始找电话接线员的碴儿。

接线员受到数落后，回到家也依然心情不爽，只得对着自己的儿子大发雷霆。

儿子莫名其妙地就受了一顿训斥，自然也恼火不已，最终无处撒气的他，对着家里的猫狠狠地踢了一脚。

猫很害怕，就逃到街上，正好一辆卡车开过来，司机赶紧避让，没想到却把对面的小车给撞了，而那个小车司机正是前面那家公司的董事长。

猫被踢了，是猫的原因吗？当然不是。孩子被吼叫了，就是孩子的原因吗？当然也不一定是。董事长不高兴，由此引发的一连串的情绪循环，最后又回到了董事长这里。想想看，这个被撞的董事长，他会意识到自己被撞竟然是因为自己超速被警察罚而去朝销售经理撒气而导致的吗？这个隐患，或者说这个情绪传染的循环，他是很难意识到的。但在生活中，就有这么巧的事情发生。

从这个"踢猫效应"可以看出，坏情绪犹如多米诺骨牌，造成了一系列的连锁反应，带来巨大的破坏性。不让坏情绪起作用的唯一方法，就是要懂得及时对坏情绪"叫停"，不要让坏情绪蔓延，从而做一个理性的人，做一个有强大自制力和健康心态的人。

当我们生气的时候，一时冲动想要说什么、做什么的时候，马上让自己停下来。当我们心情不好，想拿孩子出气的时候，更要及时对坏情绪"叫停"。只有我们及时有效地缓解了自己的坏情绪，才能给孩子一个开心的面孔。

第二，用正确的方式释放情绪。

既然坏情绪不会因被压抑而消失，我们就应该学会用正确的方式去释放坏情绪。同样，孩子也需要释放情绪，如果释放坏情绪的方式不当，也许会带来坏结果。比如，有的人生气时会摔东西、骂人、打人，这样释放情绪的方式是不可取的。

我们可以用做运动、洗热水澡、写日记、听舒缓的音乐、微笑、深呼吸、数数、跟人倾诉等方法去释放坏情绪，只要不将坏情绪发泄到他人身上，坏情绪就不会传播下去。

当然，这样的方法也可以及时教给孩子。

第三，不要去压抑孩子的情绪。

孩子的情绪很容易受到周围环境的影响，而家庭环境对他的影响尤其大。如果父母在家中交谈能保持和颜悦色、轻声细语、互相尊重，在这样安详、和谐、平和、宁静的家庭气氛中，孩子通常也能更好地控制自己的情绪。

遗憾的是，如今很多父母自己都心浮气躁，难以控制情绪，而且大多带着功利的心态教育孩子，导致孩子情绪越发不稳定，也越发不能控制。

在孩子的成长道路上，最大的阻碍之一并不是学习成绩不好，也不是不能考个好大学，而是他在面对困难和挫折的时候，缺乏对情绪的掌控，缺乏控制冲动的能力。据调查，大部分被送进监狱的青少年，他们之所以犯罪，是因为不能掌控自己的情绪，大多是被"魔鬼"——一时的冲动给害了，结果铸成大错，但却悔之晚矣。

可以说，孩子只有掌控了自己的情绪，才能掌控自己的未来。但是，要想保持情绪上无坚不摧的状态是很难达到的，而且孩子也不可能一下子就学会掌控自己的情绪，这需要父母耐心地加以引导和帮助，让孩子通过平时的学习和训练，逐渐提高自己处理情绪的能力。

有的父母不允许孩子有自己的情绪，当孩子哭闹的时候，他说："不许哭！"当孩子向父母表达自己的不满情绪的时候，父母也不以为然地说："一个小孩子家，哪来这么多的意见？"其实这是不应该的。

因为这样无形中就导致孩子的不良情绪得不到释放，反而会越堆积越多，这些不良情绪会影响孩子的身心健康。所以，我们不能刻意让孩子去压抑不良情绪，要知道不良情绪是不会因为被压抑而自行消失的。

第四，教孩子保持冷静，培养积极的良好心态。

孩子的成长过程中，总会遇到一些影响情绪的事情，这些事情会让他产生如愤怒、悔恨、焦躁、自满等消极负面情绪。当他被这些情绪包围时，就无法冷静地控制自己的情绪。父母要用正确的态度引导孩子保持冷静、积极的心态。

比如，当孩子面对奖赏或荣誉时，我们不能把孩子吹得天花乱坠，这会导致孩子骄傲自满，我们应该客观地评价孩子的成绩，给予适当地肯定和鼓励；当孩子考试没考好时，我们也不能劈头盖脸地一顿责骂，或者勒令孩子下次一定要考出好成绩，而是应该平心静气地与孩子一起分析没考好的原因，找到原因后鼓励孩子积极面对，认真改进，这样才能减轻他的心理压力，让孩子情绪不那么浮躁。

另外，我们也要尽早地让孩子正确地认识自己的情绪，让他知道情绪分为积极的情绪和消极的情绪，积极的情绪有益于他的身心健康，而消极的情绪却会影响他的身体健康和心智的发展。告诉孩子，情绪是可以被掌控的，只要孩子能时刻保持冷静和宽容的心态，就可以不被情绪所掌控，而是能做情绪的主人。

第五，帮助孩子宣泄负面情绪。

教孩子掌控自己的情绪，并不是说让孩子压抑自己的情绪，因为害怕、失望、愤怒、消极、焦虑等负面情绪积压在孩子心中得不到宣泄，就会导致他的心理压力过大，对他的身体健康和心理发展都极为不利。

所以，发现孩子有不良的负面情绪时，我们一定要帮助他学会宣泄。多带孩子亲近大自然其实是一个不错的情绪宣泄方法。当孩子觉得烦闷、难过时，我们可以带他出去看看大自然的花草树木、山水虫鱼等，这些无不蕴含着美的因素，让孩子觉得心情愉悦，而且大自然的广博也可以让孩子心胸开阔，性格开朗。此外，我们还可以用平和的心态引导孩子向自己倾诉，让他将内心的愤怒、压力与害怕都说出来，然后再有的放矢地开导孩子，这样也能让孩子的负面情绪得以宣泄。当然，我们也可以想办法转移孩子的注意力。

这个是结果，原因在哪里？要由果溯因

我们在生活中看到的很多问题其实都是结果，或者说是表象，而要想真正解决这个问题，就一定要知道原因在哪里，要善于去分析问题或表象背后的原因，要懂得由果推因。

比如，孔子的家族、范仲淹的家族，为什么到今天依旧这么兴旺，绵延千年而不衰，一定是有原因的，这个原因绝对不是因为有钱，而是因为他们的家族有好的教育，有好的家风、德风传承，正所谓"积善之家，必有余庆"。而有的家族为什么就被人家唾弃？那也是有原因的，一定是做了不好的事，正所谓"积不善之家，必有余殃"。

所以，无论是福还是祸，都是有原因的，而最大的原因就是自己，正如道家经典《太伤感应篇》开篇所讲："祸福无门，惟人自召，善恶之报，如影随形。"

有的人可能认为一讲这些好像就是迷信，其实不是这样的。

我们大概在小学三四年级的时候，学数学，需要列出计算过程或具体的计算步骤，那个时候就学过两个符号，一个是"∵"（代表因为），一个是"∴"（代表所以），因为、所以，就是最简单、最直接的"因"与"果"，难道不是吗？

当我们的工作出现了问题，这是结果，难道没有原因吗？当家庭关系出现了问题，这也是结果，难道没有原因吗？当然有。

还有，孩子教育不好，这也是结果，难道没有原因吗？当然有。我们进一步去思考：孩子不听话是结果，原因在哪里？孩子不爱学习是结果，原因在哪里？孩子不学好是结果，原因在哪里？孩子不受教是结果，原因在哪里？……所有的一切结果，都仅仅是结果而已，原因到底在哪里？这需要我们弄清楚。只有找到真正的原因，才能对症下药，才不会"头痛医头，脚痛医脚"。而这个原因，很可能就在我们自己的身上。

所以说，有"果"必有"因"，要想让"果"好，就必须从"因"上下功夫，"因"不好，自然不会有好"果"。就像农民春天不播种，怎么期待秋天有收获呢？这是多么简单的道理！

可见，种下一个善因，就会结出一个善果；而种下一个恶因，就会结出一个恶果。念头也是如此，人要有好的念头，要有善念，才会感召好事到来；如果都是恶念，那也会感召恶事到来。这就是"心想事成"的道理，想好事来好事，想坏事就会来坏事。无论是《秘密》系列，还是《吸引力法则》，还是《念力的秘密》等这些引进版的图书，其实核心内容都是"'心'想事成"。所以，《论语·为政》说：子曰："《诗》三百，一言以蔽之，曰：'思无邪'。"意思是，孔子说，《诗经》305篇，用一句话概括它，就是"思想纯正"。我们又何尝不应该如此呢？如果人人都能做到"思无邪"，让思想"不走邪路"，提升自己的修养、情操，温柔敦厚，那还有不好的事情发生吗？

还有孟子说的"爱人者，人恒爱之；敬人者，人恒敬之"，以及"得道者多助，失道者寡助"等，分析一下，说的其实都是"结果"与"原因"。当然，类似的说法，古今中外太多太多了，实在不需要我们一一举例。

我们也可以观察一下周围的人，或者看一下新闻报道，就会发现很多事情（或任何事情）的发生，都是有原因的，几乎没有无缘无故发生的事，而一旦把这些问题或事情背后的原因找出来，就能避免问题的出现或不好的事情的发生。

所以，无论是在生活中还是在工作、学习中，我们遇到事情，一定要提起"这个是结果，原因在哪里"的念头，认真思考原因，一定"要由果推因"，才能找到解决问题的根本。

而这一点，也需要我们尽早让孩子知道。如果孩子早一天知道，那他在考试成绩不好时，就会懂得成绩不好只是结果，原因在哪里？要努力去分析原因。当孩子遇到一些困难时，他也会懂得那仅仅是个结果，为什么会有遇到这些困难，为什么不能自己去克服这些困难。如此用心去思考，他一定会找到原因，也会从中学到做事的方法与智慧。

行有不得者，皆反求诸己

在生活中遇到不顺心的事情，遇到了困难，遇到了阻碍……我们会怎么想？会从自己身上找原因，还是从外界、他人身上找原因？

孟子在两千多年前就说过这样一句话："行有不得者，皆反求诸己。"也就是说，遇到了困难、不如意、不顺心、阻碍等情形，一定要从自身找原因，而不要从外界和他人身上找原因，否则永远找不到真正的原因。其实，出现这些不顺，都是由自己造成的。这一点，我们可以认真思考，看对照自己经历的种种，能否得出这个结论。

无论是孩子，还是成人，为人处世，都离不开"自省"，也就是自我反省。自我反省，也是教育的重要关键词，需要我们重新认识它。

一个善于反省的人，内心世界一定是安定、踏实的。反省就像在炎热的夏天饮下一口清泉水，它会让燥热难忍的我们平静下来，因为我们不再抱怨别人，而是反过来看清自己。反省会让生活突然变得轻松起来，会让周围的人突然变得美丽起来，甚至会让空气都变得新鲜起来。学会了自省，我们和孩子就会一起走进阳光明媚的世界里。

讲一个流传了很久的故事，几乎人人都知道，但好像都把它当成了一个普通故事，而没有发现它的妙处，也没有在生活中变通地去实践它。

故事是这样的：

列宁8岁那年，母亲带着他去姑妈家做客。活泼好动的列宁，不小心打碎了姑妈家的花瓶，但并没有人看见。

后来，姑妈问孩子们："是谁打碎了花瓶？"

所有孩子都说："不是我！"

列宁也低声说"不是我"，因为他害怕受惩罚。

母亲已经猜到是列宁打碎的，但并没有当场说出真相。她希望列宁可以对错误进行自我反省。

于是，在接下来的 3 个月里，母亲一直保持沉默，她在等待列宁自己发现错误并勇敢承认。

终于有一天，列宁受不了内心的谴责，在母亲面前失声大哭起来，说："我骗了姑妈，花瓶是我打碎的！"

此时，母亲很欣慰并鼓励列宁主动给姑妈写信承认错误。

最终，姑妈原谅了他，还夸他是个知道反省并承认错误的好孩子。

犯错本身不可怕，而掩饰错误却会让心灵备受煎熬。当一个人犯错的时候，内心都会感到不安、自责、恐慌，这是人性的本善在提醒我们。

相信列宁在挣扎是否要承认错误的 3 个月里，就像在地狱里煎熬一样。直到反省承认后，他才重新回到了"天堂"。而列宁的母亲有难得的智慧和耐心，她知道孩子的善良和单纯可以激发自我反省，所以，她只做了一件事，等待。

当我们还是孩子的时候，有父母和老师指出我们的错误，我们不得不反省改过。等我们渐渐长大，很少有人能当面指出我们的错误，不是因为我们没有错，而是我们很难接受别人指出的错误。这个过程，我们是不是自然而然失去了反省能力？失去反省能力意味着什么？意味着我们的人生事业不会有进展，只能原地踏步，甚至退步，越来越糟。

所以，为了我们和孩子共同追求的美好生活，我们和孩子都要懂得"行有不得者，皆反求诸己"，都要去努力学习自我反省。

第一，我们自己要这样自我反省。

先说我们自己吧，我们怎样做到自我反省呢？

（1）在每一次不顺中，找自己的原因。

当一件不愉快的事情发生后，每个人都有两种心理趋向，一是没有发现自己的问题，从而埋怨他人；二是发现自己也有不妥之处，于是理解他人。

其实，埋怨的心情不仅很难受，紧接着会有责备、争执、再度的不愉快……恶性循环就这样开始了。但如果我们能在每一个不愉快、每一个困难、每一次彷徨时，回头看找出自己存在的问题，心中马上就会感到释然，从而会冷静地去解决。

（2）要明白，只有自己才能改变自己。

生活中，人与人之间会发生大大小小的不开心的事，我们都会希望对方可以改一改，如果对方一如既往我们会很失望。而回头看一下，把期待放在他人身上，最终很可能等来的是失望……是不是还是改变自己容易些？毕竟，我们对谁都没有对自己有把握，我们控制不了别人，但是可以控制自己，我们管不了别人做什么，但是我们可以管理自己。所以，回过头来反省，其实才是真正轻松的人生。

（3）要善于从别人身上看自己。

当我们的眼睛只顾着看别人的时候，很难看到自己。当我们因为别人说话的语气而生气时，我们会不会用同样的语气对其他人说话？别说不会！因为自己的问题都很难察觉。所以，请学会从别人身上看自己。别人的语气让我们难受了，这是在提醒我们，不能用这样的语气跟别人说话。别人做的事让我们难过了，这是在提醒我们，不能做这种事情，要从别人的"反射"中提升自己。

第二，教孩子学会进行自我反省。

当我们自己做到了自省，才有智慧教孩子学习自省。

（1）理智对待孩子的错误。

当孩子犯错误的时候，请允许孩子做出解释，父母只有全面了解事情的真相，才能引导孩子自我反省。千万不要一上来就斥责、恐吓，或者包庇、推脱责任，更不要按自己的推测去误导孩子。父母只有冷静，孩子才敢于反省和承认错误。

（2）让孩子学会接受批评。

虽然我们在提倡鼓励教育，但鼓励并非简单的表扬，而常得到表扬的孩子，久而久之会骄傲，会很难接受批评的言语。所以，无论是赞赏还是批评，我们都要慎重使用。当孩子沮丧时，需要鼓励，但孩子已经有能力做一些事情，就不用时时肯定了。

但对孩子的错误，我们一定要提出批评意见，不一定要大声呵斥，但要让孩子知道自己的不足。我们要引导孩子坦诚接受他人的批评，有则改之，无则加勉。

（3）教孩子体会反省后的心安。

当孩子犯错之后，在没有反省之前都会有一段心理煎熬期，但我们引导孩子反省、承认错误、承担责任的时候，孩子会感到轻松。我们可以提醒孩子感受前后两种不同的心态，让孩子渐渐在生活中体会，只有反省才会轻松。

（4）引导孩子见贤思齐，学会自省。

孔子曾说："见贤思齐焉，见不贤而内自省也。"孩子只有"取其所长，弃其所短"，才能使自己的德行和学问得到提升。见贤思齐、见恶内省，这对一个人的修身来说是非常重要的。我们做父母的，应该做到这点，而对于孩子来说，他也应该尽可能早地做到这一点。

要告诉孩子：看到他人的优点和善行，我们应该向他学习，心存见贤思齐的念头，即使我们与他的距离相差很大，只要有信心，只要肯努力，也能慢慢地追赶上。看到他人的缺点和不好的行为，我们要立刻反省自己的思想行为，如果自己也存在同样的过错，就要立刻改正过来；如果没有，也要随时提醒自己不要犯同样的过错。

当孩子看到他人的优点，或者看到他人取得好成绩，或者看到他人做善事的时候，都要向他人学习，不要嫉妒、诋毁他人。即使孩子与他人的差距很大，只要孩子有信心，并坚持不懈地努力，就会逐渐缩短差距，然后一点一点地追赶上。如果孩子没有做到"见善思齐"，而是嫉妒、诋毁他人，那么孩子与他人的差距就会越来越大，最终永远也不会赶上人家。所以，我们要引导孩子善于向他人学习，奋力追赶上他人的脚步。

人生最重要的不是奋斗，而是抉择

要想获得成功，就一定要奋斗。这恐怕是连孩子都知道的道理，当然就不用说我们成年人了。可事实上，这个社会上，很多人，或者绝大部分人都在努力奋斗，但却并没有获得成功，这是为什么？

奋斗一定会有结果，但却不一定有好的结果。换句话说，奋斗过后，迎来的不一定是成功。所以，人生最重要的好像并不是奋斗，是什么呢？对，是抉择！是正确的抉择，抉择正确的奋斗方向。

我们一生都面临着各种各样的抉择，上学要抉择，工作要抉择，找对象要抉择……在人生的道路上，我们总会遇到一个个十字路口，总要去抉择。如果我们抉择对了，就会朝着正确的方向奋斗，那么离自己的目标就会越来越近；如果我们抉择错了，就会朝着错误的方向奋斗，如同那个《南辕北辙》的寓言故事一样，那么离自己的目标就会越来越远。严重一点的，会因为一个错误的抉择而痛苦一生。

我们的人生抉择还没有做完，孩子的抉择又来了。

在教育孩子这个问题上，同样需要我们去抉择。教育需要抉择：什么是教育的首要任务，什么是教育的次要任务。这个教育的先后顺序一定要做对抉择，正如《大学》所提到的："物有本末，事有终始，知所先后，则近道矣。"

要深刻领悟教育的"本"与"末"。

我们经常会听到有的父母对孩子说："你只要好好学习就行了，其他事情你都不用去管。"而且，很多父母每天都在抓孩子的分数。其实，当我们这样去做的时候，就已经做了一个抉择：重视孩子的学习成绩。那么，这些父母自然就会忽视孩子的道德修养，而这一错误的抉择将会影响孩子的一生。

所以，我们应该做对抉择，既要重视孩子的学习，又要重视孩子的道德修养，而且还要把道德修养当作教育的首要任务。

抉择对于一个人，对于一个家庭来说，都至关重要。一个抉择如果出现了偏差，可能终其一生都难以拉得回来；而一个抉择做对了，造福的可能不仅仅是我们自己，还有我们的孩子，甚至是造福于我们的社会国家、世世代代的子孙。

所以，我们又怎么能对抉择这件事马虎呢？一定要认真对待，一定要做对的抉择，做善的抉择，做有德行的抉择，做利人的抉择。同时，也要把抉择与奋斗的本末关系告诉孩子，让孩子更有智慧。

敢于承担责任，这才是成长的开始

一个没有责任感的人，是缺乏理想的，他只想索取，不想付出，因为他没有从根本上认识到自己应该在社会中、在家庭中扮演怎样的角色，那他永远也不会长大，永远藏在我们的羽翼之下，一旦他离开我们，他就会寸步难行；一个没有责任感的人，在工作和学习中只能应付别人，但同时也是在应付自己，他就会一事无成……总之，一个不能承担责任的孩子，注定成不了大器。

一个人敢于承担责任，才是成长的开始。责任感的培养，要从小开始，要让孩子从小就有担当精神。

让孩子自己承担过失，看似很残酷，好像不近人情，其实这正是我们对孩子的一种深沉的爱。一般来说，孩子犯错误的时候就是我们教育他的时候，因为此时，他的内心会感到愧疚和不安，使得他更容易听得进道理，总结出经验和教训。

所以，要教育孩子从小对自己的行为负责，不要替他承担一切，否则会淡化他的责任感，不利于他的成长。在孩子的成长过程中，我们还必须让孩子懂得为自己的过失负责，养成可贵的责任感，他才能独立应付生活的考验。

事实上，对于孩子来讲，责任感能够让他以一种认真、负责的态度来对待周围的人和事。所以，具有责任感的孩子往往能以负责的态度、友好的方式与同伴相处。

研究发现，天才少年之所以聪明，是他们往往比平常儿童有更多的责任感，从而促进这些孩子认真思考、有效学习。所以，责任感是让天才少年学业突出的一个重要因素。

看，孩子的做人、做事、交往，甚至学习，都离不开责任感。

孩子不仅要对自己的言行负责，还要对关爱他的父母、老师和同学负责。孩子也是社会的一员，所以，也要对社会、对国家负责。

第一，我们先要提升家庭责任意识。

家庭是孩子成长的重要场所，作为父母，想要培养孩子有责任心，就要积极提升自己的家庭责任意识。在生活中，要特别重视自己的一言一行。比如，不要忽略家庭中的任何小事，认真做饭，做好家务……这些都处处体现着责任心；再如，少说推卸责任的话，遇到事情不要抱怨、责备，因为这暗含着推卸责任的心态，是会影响孩子的，当他遇到不顺心时，他会习惯性地指责别人；还比如，要多为他人着想，在生活中、工作中多点付出少些计较，多点体谅少些埋怨，多点理解少些要求，多换位思考，少唯我独尊……这种力量很强大，会让我们自己和孩子一同树立强烈的责任感。

第二，要放手，让孩子从小事做起。

培养孩子的责任感不要忽略孩子身边发生的日常小事，小事往往会对孩子责任感的养成发挥巨大的作用。孩子的成长是一个较长的过程，在这个过程中，他每天都会遇到许多小事，我们要善于抓住这些点滴小事培养孩子的责任感。

比如，孩子小的时候，可以让他自己盛饭，自己拿凳子，自己吃饭等。开始，孩子可能不习惯，我们可以和孩子一起来做，我们多做点，让孩子学着做。慢慢地，孩子做起这些小事来就会比较自然。随着孩子年龄的增长，可以放手让他多做一些事。这样，孩子就会明白，这些小事都是他的责任，他必须自己完成。由此，孩子的责任感就会慢慢形成。

这个过程，我们最易出现的就是急躁，看着孩子笨手笨脚地干那些大人两三下就能做好的事情，很容易说："算了，算了，我来吧！"要记得，我们的用意不是赶快把事情做完，而是培养孩子。所以，我们要耐心地对孩子提供帮助，告诉他："不要着急，慢慢来"。等孩子做熟了，就可以让他经常做，千万别忘记给予明确的鼓励和肯定。

第三，鼓励孩子勇敢地承担责任。

要鼓励孩子不逃避责任，让他知道他不同的举动都会产生不同的后果，要勇于承担自己行为的后果。比如，孩子不小心弄坏了别人的物品或损坏了公共物品，不要责备他，而是让他详细描述事情的经过，从中帮助孩子理清楚事情的来龙去脉。当然，如果自己的孩子错了，去给损失的一方承认错误是必须的，但这并没有结束，还要引导孩子赔偿人家（必要时，可以动用孩子的零花钱，或者预支零花钱）。这是孩子懂得负责任的开始。

第四，让孩子管理好自己的物品。

孩子的生活空间很细致，他的家当无非一些铅笔、橡皮等文具或一些小物件。我们帮助孩子建立良好管理物品的习惯，自然是在培养孩子小小的责任心。

一位妈妈在女儿的铅笔盒里发现了不属于她的铅笔。妈妈一再追问女儿，"这是谁的铅笔？"孩子也吞吞吐吐地说："不清楚。"

妈妈说："借用完别人的东西，一定要及时归还，明天要还给人家，而且记得道歉。"

其实，孩子的责任心就在一点一滴的小事中培养起来的。

第五，要求孩子做事一定要有始有终。

很多孩子做事都虎头蛇尾，长此以往，孩子就会越来越没有责任心。所以，我们要选难度适当的任务让孩子完成，在这个过程中给予他适当的帮助和监督，提醒他不轻易放弃，养成有始有终的做事习惯。这样，既能培养他做事的信心，也能培养他做事的责任心。

相信"人之初，性本善"，孩子是可以教得好的

《三字经》开篇就讲，"人之初，性本善"，意思是，每个人生来天性都是极其善良的。可能这里就会有一个疑问，"既然这么善良，那为什么人还会变坏呢？"这就是《三字经》接下来所回答的了，"性相近，习相远"，天性虽然很相近，都很善良，但由于受后天的生活和学习环境的熏染，习性就变了，结果就有了不同，就产生了差距。

所以，如果一个人周期的环境不好，即使他天性善良，也难免受到污染。当然，如果从小就有非常好的价值判断标准，有很强的定力，有很厉害的"革除物欲"的功夫，那也没有问题，遗憾的是，具备这种定力和功夫的人太少了，简直是凤毛麟角！

尽管"性相近，习相远"，我们还是要相信"人之初，性本善"，相信人是可以教得好的，孩子是可以教得好的，为什么有这种信心？

我们看那些"十恶不赦"的人，在被绳之以法之前，他那种天性善良的品性就显露出来了，他会痛哭流涕，会说对不起很多人，尤其对不起父母，对父母不孝。虽然他们在社会上无恶不作，可以说是十足的大恶人，但是在临刑的时候，他们还是希望见父母一面，还是希望当面向父母忏悔，甚至会说出"孩儿不孝，来世再报亲恩"的话。这就是"人之初，性本善"。他们在作恶的时候，善良的本性被恶习遮蔽了，而当这些恶习被人为地拿掉或揭开的时候，他善良的本性还是会重见光明的，只不过那个时候，已经晚了。

还有，我们在观看感人的电影、电视节目或舞台剧目的时候，往往会感动得泪流满面，为什么？因为心中有善，因为那些场景触碰了我们内心的本善。

有一位"不良少年"，在听到讲孝道的课程后，很受感动，也有良心发现，回家之后去跟他的父亲悔过，说对不起父母，甚至下跪，痛哭流涕，诉说自己的种种不良行为，请求父亲的原谅，他的真诚，令人动容，也令他的父亲感动不已，跟着孩子一起流泪。

后来，这位父亲很感慨地说："我当了十几年的父亲，第一次感受到当父亲的幸福！"

可见，不是孩子不愿意学，是没有人去教他这些人生的道理和智慧。坏人是教出来的，好人也是教出来的。

所以，我们要相信"人之初，性本善"，要做一个善人，如果还有不善的念头与行为，也要尽快拿掉它们，以免我们善良的本性被它们污染，被遮蔽，从而做出害人害己，让自己遗憾后悔，让父母亲人蒙羞的事情。

再有，就是我们要让孩子做到"人之初，性本善"，要长久地保持下去，如果中间出现了一点恶的苗头，一定要尽早对治。

古老的《学记》里有这样一句话，"教也者，长善而救其失者也。"长善，就是长养孩子的善念、善心、善行；救失，就是挽救过失。也就是说，教育，就是"长善救失"，也就是通过教育把人善良的本性引发出来。所以，如果孩子出现了问题，就要对其进行"长善救失"。

今天的孩子之所以有这么多的问题，就是因为"失"得太多了。

先来看一下大环境：电视、网络、报纸、杂志、书籍……现代社会的视觉污染、听觉污染……导致孩子的心灵受到污染和伤害。

再来看一下小环境：家庭暴力（包括冷暴力）、夫妻相恶（不和、出轨、离婚）、长幼无序、自私自利、骄奢怠惰……导致孩子心灵遭受蹂躏。

所以，不难发现，其实没有坏孩子，只有缺少爱的孩子。只有把该属于孩子的爱找回来，还给他，孩子就可以教得好。

我想，谁也不愿意看到自己的孩子变成一个坏孩子吧！那么，我们应该如何做呢？

为了让孩子保持本善的心，不让他变坏，最重要的方法就是专心致志地教育孩子，即教育的根本之道，最重要的、最珍贵的是专一。转而言之，从孩子出生开始，甚至孩子还在腹中的时候，我们就要开始教育他，让他本善的心一直保持。

顺便再提一句，荀子曾讲，"人之初，性本恶"，很多人以为这跟孟子讲的"人之初，性本善"是矛盾的。其实不然，孟子讲的"性本善"的"性"是天性、本性，天性向善，本性善良；而荀子讲的"性本恶"的"性"是习性，习性容易受到后天不良环境的污染，容易变坏。所以，他们讲的实际上是一回事。

别人对不对不重要，重要的是自己先做对

今天，很多人都看别人，看别人做得对不对，而不看自己做得对不对，

其实这也是不理智的。别人对不对不重要，重要的是自己要先做对。

《论语·学而》开篇就讲："人不知，而不愠，不亦君子乎？"意思是说，人家不了解我，我却不怨恨，不也是君子吗？这是有道德学问的人。《论语·学而》的最后说："不患人之不己知，患不知人也。"这是"学而"篇的精神所系，意思是说，别人不了解我，我也不着急；我着急的是自己不了解别人。换句话说，不要担心别人不了解你，最重要的是你是否了解别人。可见，别人对不对不是最重要的事情，最重要的事是先要问自己有没有做对。自己对还是不对，好还是不好，首先要自己去观照；不要先去要求别人，而是先要求自己。只要是真的正确，就要一往无前、义无反顾地去做，至于有没有掌声与鲜花，有没有别人的喝彩，有没有别人的赞赏、表扬，都不重要，而且也不去要求这些。

一个人应该有这种认识，要先做正自己，要让自己有正心、正念、正行……

第一，做正自己，不被不良习气污染。

要想做正自己，一个人就必须不被社会上那些不良的习气所污染，不要去学习那些不良的行为，比如，不要沾染黄赌毒，不要有外心外遇，千万不要以为那些行为是潇洒的，其实那对自己、对家庭、对孩子都是致命的，是害人又害己还害下一代的事。

所以，不要去那些不良场所，所谓"斗闹场，绝勿近"，"斗"就是争斗的地方，"闹"就是非常热闹、非常繁华的场所，就是那些容易产生争斗，或者非常热闹，甚至容易闹事的地方，我们都不要接近。

不要去做任何对家庭、对妻子、对丈夫、对孩子不负责任、没有道义、不尽情义、辜负恩义的事，要保全自己的声誉，这也是给父母、给孩子保全声誉。

第二，教孩子远离各种"斗闹场"，做对自己。

我们做父母自己做正，远离各种"斗闹场"，也要教孩子明白"斗闹场，绝勿近"的道理。因为孩子常常身处什么样的环境，就决定他有什么样的未来。所以，让孩子远离对他身心成长没有好处的环境是非常必要的。

然而，现在很多孩子不懂得这个道理，也不知道拒绝他人的邀请，就会出入类似酒吧、网吧、歌厅、舞厅等地方，不出事则罢，一出事就后悔终身；有的孩子爱凑热闹，特别喜欢到人多处看热闹，殊不知，这热闹场所中暗含着太多的危险！一旦发生意外状况，很可能给自己带来或身体或心灵的伤害。所以，那些场所都不该接近，只有远离才能保护自己的身心健康，保证自己的生命安全。

我们要让孩子知道，"斗闹场"里"危机四伏"，不能随便进出，要是运气不好，可能还会有生命危险。即便生命没有受到威胁，在网吧、酒吧、歌舞厅出入久了，可能就会染上一些恶习。等到染上了再改，就很难了。所以，要做好预防工作，远离污染身心的地方，保持人性本有的纯净。

第三，不要受家里的"斗闹场"的影响。

当今社会，不是只有酒吧、网吧、歌舞厅才是"斗闹场"，如果我们常常把朋友约到家中喝酒、唱歌、娱乐，这与酒吧、歌厅就没有什么区别；而随着网络通信的发达，几乎每个家庭都装有网线，孩子虽然可以通过网络了解世界，查找需要的资料，但是，黄色和暴力的画面、视频、文字充斥网络，如果孩子常常浏览这些东西，那岂不是足不出户就听闻邪僻事了吗？还有，如今的电视节目，有很多都无益于孩子的身心健康发展，一些争斗、暴力、情爱的场面常常被孩子看到，那与在"斗闹场"中也没有什么不同。

因此，我们不能任由孩子随便上网、浏览网页、看电视节目，要适度监管，给孩子讲清道理，让他有选择、有节制地去上网、看电视。当然，我们自己也不要被这个与自己零距离的"斗闹场"所污染、所迷惑。

另外，我们要注意自己的言行举止，不要看不好的东西，如色情视频、电脑里、手机里一定不要收藏、下载这些东西，家里也不要存放这类光盘，以免孩子看到后心灵受到污染和伤害，悔之晚矣。所以，要尽全力为孩子打造一个纯净的家庭环境，让他健康、愉快地成长。

宁为成功找方法，不为失败找借口

这个时代的人都想获得成功，但成功是有方法的，所以要为成功找方法。但话说回来，有成功就会有失败，之所以会失败，也是有原因的，只有找到失败的原因，并努力改进，就离成功不远了，正所谓"失败乃成功之母"，但这就要求，我们一定不要为失败找借口。

为成功找方法，是积极的，是正向的，当然对人生成长的帮助是很大的；为失败找借口，是消极的，是负向的，当然对人生成长是没有任何帮助的，而且还会实现"逆生长"。所以，我们的人生态度应该是，宁为成功找方法，不为失败找借口。

当下是一个终身学习的时代，要"活到老，学到老"，所以我们要一直学习，主动学习，积极学习，自动自发地学习，这不仅是为自己，也是为孩子。

很多年前，我发过一条微博，内容是："在孩子面前，最好是戒网，尤其是戒掉手机网，最好连电视也关了，你会发现，你的心变净了，再捧起一本好书，你的心会变得丰盈了，孩子也变得爱学习了，也不用催促了。坚持一段时间下来，你会发现，你不仅没有失去什么，而是获得了更多，自己，孩子，爱人，家庭都受益了。你赚大了，恭喜你！"

这条微博，引发很多人的共鸣。

有的父母可能认为自己都三四十岁了，还有什么好学的啊！最好不要这样想。要知道，人就是一部机器，这部机器不用、不多用就会慢慢地坏掉，而多用就可以越来越灵活，正如"常用的钥匙总是亮闪闪的"，而不用的钥匙就会锈迹斑斑。

不要说自己的记忆力不好了，记不住东西，说"人越老记忆力就越差"，其实这句话只说对了一半。怎么讲？因为不用，不去记忆，记忆力当然会随着年龄的增长而越来越差，但如果去用，经常用，记忆力是可以提升回来的。说自己记忆力不好，就是那个记忆力一直在衰退而又给自己找借口的人。

说到找借口，想起两句话，一句是"久病床前无孝子"，另一句是"英雄难过美人关"。请问，这两句话是谁说的？一定不是圣贤人说的，而是那个不去实际照顾病床上的父母而又想给自己一个"孝子"名号的人说的，是那个既不是英雄又贪恋美色又想给自己一个"英雄"名号的人说的。

再说回学习来，《三字经》里讲，"若梁灏，八十二，对大廷，魁多士。"梁灏真是"活到老，学到老"，而在今天这个信息瞬息万变的时代，更是需要我们不断去学习。

我们可以学自己工作需要的专业书，可以学提升道德学问的圣贤书，等等。这其实也是给孩子做学习的榜样。但是有一点要注意，我们可以看报纸杂志，但是不要认为这是在给孩子做榜样，因为在孩子看来，看报纸杂志是休闲娱乐，不是学习。所以，不妨多读点好书。

另外，如果我们在学习、工作、生活等方面总是为成功找方法，不是为失败找借口的话，孩子也会受到感染，也会向我们学习。而如果我们再适时地提点一下孩子，告诉他其中的道理，那孩子从小就会懂得"宁为成功找方法，不为失败找借口"的深意，那么他的道德学问、人生智慧都会在短时间内大幅提升，从而早日成人、成才，实现人生理想，拥有幸福人生。

好的家庭教育方法，一定要努力去实践

最后，我想说的就是，好的家庭教育方法，一定要努力去实践，要学以致用，而不是当知识来充实大脑。

还要有明确的判断力，在教育方法的选择上，不可以随时、轻易地"改旗易帜"，不要今天用美国的教育方法，明天用意大利的教育方法，再明天用英国的教育方法，最后用芬兰的教育方法……孩子不是实验品，等你把所有的方法都实验完毕，发现都不行时，孩子已经长大了。怎么办？所以，要选用最契合我们孩子实际的教育方法，选择的时候一定要慎重，一旦选定，最好坚定不移地、持续地执行、落实。

《中庸》说："博学之，审问之，慎思之，明辨之，笃行之。"说的就是为学的几个层次，或者几个环环相扣的阶段。博学之，就是要广泛地学习，涉猎知识，以博大的胸怀兼容并包，做到"海纳百川、有容乃大"，这是第一阶段；审问之，是第二阶段，就是如果遇到不明白的问题，就要追问到底；慎思之，是第三阶段，即问过之后还要通过自己的思考分析来考察、判断，从而为自己所用；明辨之，是第四阶段，即去辨别，如果不去辨别，难免会"博学"到鱼龙混杂、良莠不齐、真假难辨的知识，学问是越辩越明的，所以明辨是非常有必要的；笃行之，是最后一个阶段，即把所学一心一意、踏踏实实地落到实处，做到知行合一，而且要坚持不懈。如此做学问，才能真正学有所成。

博学，审问，慎思，明辨，都非常重要，但笃行更加重要，因为没有笃行，之前的四个阶段都等于零，都是无用功。所以，学问重在笃行。

我一般也会在讲座结束时，送给听讲座的老师、父母一句话："解行相应，知行合一；言行一致，力行落实。"里面有四个"行"字，即笃行，就是说，一定要去实践这些教育方法。衷心希望每一位父母都能做最有智慧的父母，为家庭家族、为社会和国家培育英才！